旅 游 学

主　编　谢春山　邹　凯
副主编　谷晓萍　戴晓丹　王贺婵

北京理工大学出版社
BEIJING INSTITUTE OF TECHNOLOGY PRESS

版权专有　侵权必究

图书在版编目（CIP）数据

旅游学 / 谢春山，邹凯主编. --北京：北京理工大学出版社，2017.7（2024.8 重印）

ISBN 978-7-5682-4412-1

Ⅰ.①旅…　Ⅱ.①谢…②邹…　Ⅲ.①旅游学-高等学校-教材　Ⅳ.①F590

中国版本图书馆 CIP 数据核字（2017）第 176481 号

责任编辑：陆世立		**文案编辑**：赵　轩	
责任校对：周瑞红		**责任印制**：施胜娟	

出版发行 /	北京理工大学出版社有限责任公司
社　　址 /	北京市丰台区四合庄路 6 号
邮　　编 /	100070
电　　话 /	（010）68914026（教材售后服务热线）
	（010）68944437（课件资源服务热线）
网　　址 /	http://www.bitpress.com.cn
版 印 次 /	2024 年 8 月第 1 版第 3 次印刷
印　　刷 /	廊坊市印艺阁数字科技有限公司
开　　本 /	787 mm×1092 mm　1/16
印　　张 /	14.25
字　　数 /	353 千字
定　　价 /	45.00 元

图书出现印装质量问题，请拨打售后服务热线，负责调换

前言

随着经济的持续发展和旅游业的繁荣壮大,中国的旅游教育也进入了一个快速发展的时期,旅游院校的数量和旅游专业的招生人数每年都在增长。截至 2015 年底,全国共有高、中等旅游院校 2 447 所,其中高等院校 1 658 所,中等职业学校 789 所。全国旅游院校在校生共计 791 832 人,其中高等院校在校生为 565 832 人,中等职业学校在校生为 226 000 人。旅游教育规模的不断扩大和旅游市场对应用型旅游类专业人才需求的急剧增加对旅游教材的编写提出了新的要求。如何编写出一批高质量的、适应新一轮教学改革专业调整方案的、切合应用型本科教材建设目标的旅游管理、酒店管理类课程规划教材成为国内众多出版社关注的重点。

在此背景之下,北京理工大学出版社于 2015 年 12 月 25—26 日在沈阳召开教材编写研讨会,共同探讨本系列教材的建设、规划和编写事宜。辽宁师范大学谢春山教授、辽东学院邹凯副教授被推荐为《旅游学》的主编,沈阳农业大学谷晓萍博士、沈阳工学院戴晓丹老师、锦州师范高等专科学校王贺婵老师为副主编。谢春山教授具体负责本教材的编写组织和统稿工作。

旅游学是旅游管理专业应用型本科教学中最为重要的基础课程,是学习其他专业课程的理论基础。目前,此类教材品种繁多,但存在的问题也不少,其中最为严重的就是内容的重复和体例的相似,致使很多教材难以体现出自己的特色。因此,如何将旅游学的基本知识与基本理论同应用型本科教育所应突出的实践性和应用性相结合,从而编写出一本高质量的、特色鲜明的应用型本科教材,既是从事旅游基础理论教学的广大教师的追求,也是其应尽的责任。

与其他同类教材相比,本教材在编写过程中着重在以下几个方面突出自己的特色:

(一)观点见解新颖。目前,国内现有的旅游学概论教材面临着核心概念混乱的状态。很多学者在研究中对旅游的本质与概念各持己见,未形成统一的观点,这实际上反映出很多作者对旅游的本质和内涵的认识是不全面的,或者说虽名为旅游学,实际上写的是旅游学之外的延伸内容。因此,本教材回归本位,从旅游的本体出发,围绕旅游的本质、特征、分类等层面均提出了一些新的见解。

(二)逻辑关系严谨。一般来说,教材是作者多年研究成果的积淀,正常的逻辑顺序应当是先有学术论文、学术著作,经过不断的修正、提炼后才形成教材,而目前的多数教材只是相关知识的简单嫁接和组合。本教材以旅游本体的研究为核心,按照由内到外的逻辑顺序,依次分析探讨旅游的主体观、客体观、条件观、历史观、区域观,最后从实践操作的层面探讨旅游的效应观、产业观和发展观,有其内在的逻辑性。既有核心,又有外围;既有本体,又有外在的环境、效应等,体现了严谨的逻辑关系。

(三)内容体例科学。长期以来,一些旅游学研究者多热衷于旅游学的次要领域如旅游资源开发、旅游规划等的研究,而对旅游学的核心领域如旅游主体、旅游客体等的研究却关注较少,致使旅游学核心领域的研究始终未有大的突破。作者认为旅游学研究必须坚持严谨、科学、规范、深入的原则,采用多视角多层次的研究方法,在深入理解和把握旅游本质内涵的基础上,既要研究旅游的本体,也要研究旅游的客体;既要研究旅游的区域特征,又要研究旅游的历史和未来;既要研究旅游活动的功能与效应,也要研究旅游产业的结构布局与发展对策。因此,同同类教材相比,本教材具有较为科学的内容编排体例。

《旅游学》为集体合作编写的产物,具体分工如下:谢春山编写第一、二章,戴晓丹编写第三、四章,谷晓萍编写第五、六章,邹凯编写第七、八章,王贺婵编写第九、十章。辽宁师范大学历史文化旅游学院旅游管理专业的部分研究生为本教材的编写付出了艰苦的努力,其中邵蕾撰写了第一章和第七章初稿,于霞撰写了第二章初稿,王伟文撰写了第三章初稿,魏占慧撰写了第四章初稿。此外,研究生曲彦慧、付丹和衣博文同学也在本教材的编写过程中做了大量的文字校对工作。

本书的编写,得到了北京理工大学出版社有关领导和编辑的大力支持和帮助,特别是阎少华总编、张浩宇编辑更是付出了艰苦的努力,从本教材的组织谋划、提纲的拟订、正文的写作、文稿的修改直至教材的最终出版,几乎每一个细节都凝聚着他们的心血,这种耐心、细致和极端负责的精神令我们很是感动,在此深表谢意。在本教材的编写过程中,编者们参考了大量的相关著作与文献,也吸收了众多学者的观点和研究成果,恕不一一列出,在此一并表示感谢。本教材的编写,也得到了审稿专家的耐心点评和指导,在此亦深表谢忱。

由于时间仓促,加之水平有限,本教材如有缺点和疏漏之处,恳请广大读者和学界同仁批评指正。对此,我们将不胜感激!

编　者

2016 年 10 月

目 录

第一章　导论 ………………………………………………………………… 1
　第一节　旅游学的产生和发展 …………………………………………… 1
　　一、国外旅游研究的历程 ………………………………………………… 1
　　二、国内旅游研究的历程 ………………………………………………… 4
　第二节　旅游学的研究对象与内容 ……………………………………… 6
　　一、旅游学研究对象与内容诸观点述评 ………………………………… 7
　　二、旅游学研究对象的重新认识 ………………………………………… 9
　　三、旅游学的研究内容 …………………………………………………… 10
　第三节　旅游学的学科性质 ……………………………………………… 12
　　一、国外研究对旅游学学科性质的认识 ………………………………… 12
　　二、国内研究对旅游学学科性质的认识 ………………………………… 14
　　三、旅游学的学科性质辨析 ……………………………………………… 15
　第四节　旅游学的研究方法与研究意义 ………………………………… 17
　　一、旅游学的研究方法 …………………………………………………… 17
　　二、旅游学的研究意义 …………………………………………………… 19

第二章　旅游的本体观 ……………………………………………………… 27
　第一节　旅游的定义 ……………………………………………………… 27
　　一、旅游的早期释义 ……………………………………………………… 27
　　二、"旅游"诸定义述评 …………………………………………………… 28
　　三、旅游的定义及内涵 …………………………………………………… 30
　第二节　旅游的本质 ……………………………………………………… 31
　　一、旅游本质研究述评 …………………………………………………… 31
　　二、旅游本质的辨析 ……………………………………………………… 33

第三节 旅游的特征 …… 35
- 一、旅游特征研究述评 …… 35
- 二、旅游特征研究的基本原则 …… 35
- 三、旅游的主要特征 …… 36

第四节 旅游的分类 …… 37
- 一、观光旅游 …… 38
- 二、度假旅游 …… 38
- 三、文化旅游 …… 39
- 四、宗教旅游 …… 39
- 五、商务旅游 …… 39
- 六、购物旅游 …… 40
- 七、乡村旅游 …… 40
- 八、工业旅游 …… 41
- 九、探险旅游 …… 41

第三章 旅游的主体观 …… 48

第一节 旅游者的定义与分类 …… 48
- 一、旅游者的定义 …… 49
- 二、旅游者的分类 …… 52

第二节 旅游者的心理需要与特征 …… 54
- 一、启动阶段旅游者的心理需要与特征 …… 54
- 二、旅行阶段旅游者的心理需要与特征 …… 55
- 三、游览阶段旅游者的心理需要与特征 …… 56
- 四、结束阶段旅游者的心理需要与特征 …… 57

第三节 旅游者的行为表现与特征 …… 58
- 一、旅游者的旅游决策行为与特征 …… 58
- 二、旅游者的空间运行行为与特征 …… 60
- 三、旅游者的异地失范行为与特征 …… 62

第四章 旅游的客体观 …… 69

第一节 旅游资源的定义、特征与分类 …… 69
- 一、旅游资源的定义 …… 69
- 二、旅游资源的特征 …… 71
- 三、旅游资源的分类 …… 74

第二节 旅游产品的定义、特征与分类 …… 75
- 一、旅游产品的定义 …… 75

二、旅游产品的特征 ··· 78
　　三、旅游产品的分类 ··· 80
第三节　旅游线路的定义、特征与分类 ·· 81
　　一、旅游线路的定义 ··· 81
　　二、旅游线路的特征 ··· 83
　　三、旅游线路的分类 ··· 85

第五章　旅游的条件观 ··· 93
第一节　影响旅游产生和发展的宏观客观条件 ···································· 93
　　一、政治条件 ··· 93
　　二、经济条件 ··· 94
　　三、社会条件 ··· 95
第二节　影响旅游产生和发展的微观客观条件 ···································· 96
　　一、可自由支配收入水平 ··· 96
　　二、足够的闲暇时间 ··· 98
　　三、身体健康状况 ·· 102
　　四、家庭生命周期 ·· 102
第三节　影响旅游产生和发展的主观条件 ·· 103
　　一、旅游动机的概念 ·· 103
　　二、旅游动机与需要 ·· 103
　　三、旅游动机的类型 ·· 105
　　四、影响旅游动机的因素 ·· 107

第六章　旅游的历史观 ·· 113
第一节　古代旅行的发展历程及特点 ·· 113
　　一、旅游的起源与产生 ·· 113
　　二、国外的古代旅行 ·· 115
　　三、中国的古代旅行 ·· 117
　　四、古代旅行的特点 ·· 120
第二节　近代旅游的发展历程及特点 ·· 121
　　一、国外的近代旅游 ·· 121
　　二、中国的近代旅游 ·· 123
　　三、近代旅游的特点 ·· 124
第三节　现代旅游的发展历程及特点 ·· 124
　　一、国外的现代旅游 ·· 124
　　二、中国的现代旅游 ·· 126

三、现代旅游的特点 ··· 129

第七章 旅游的区域观 ··· 133

第一节 国际旅游的发展现状及特征 ··· 133
一、国际旅游的概念与分类 ··· 133
二、国际旅游的发展历程 ··· 134
三、国际旅游的发展特征 ··· 135

第二节 中国旅游的发展及特征 ·· 136
一、入境旅游的发展与特征 ··· 136
二、出境旅游的发展与特征 ··· 138
三、国内旅游的发展与特征 ··· 140

第三节 中国旅游区域的差异与整合 ··· 143
一、旅游区域的概念与分类 ··· 143
二、中国旅游区域的差异 ··· 145
三、中国旅游区域的整合 ··· 146

第八章 旅游的效应观 ··· 155

第一节 旅游的经济效应 ·· 155
一、旅游对经济的积极效应 ··· 155
二、旅游对经济的消极效应 ··· 157

第二节 旅游的社会效应 ·· 158
一、旅游对社会的积极效应 ··· 158
二、旅游对社会的消极效应 ··· 159
三、正确认识旅游的社会影响 ·· 161

第三节 旅游的环境效应 ·· 162
一、旅游对环境的积极效应 ··· 162
二、旅游对环境的消极效应 ··· 163

第四节 旅游的空间效应 ·· 164
一、旅游的空间效应概述 ··· 164
二、旅游空间效应的影响因素 ·· 165
三、旅游空间效应的表现 ··· 166
四、旅游空间效应的调控对策 ·· 168

第九章 旅游的产业观 ··· 174

第一节 旅游产业的内涵与特点 ·· 174
一、旅游产业的内涵 ·· 174
二、旅游产业的特点 ·· 177

第二节　旅游产业的结构与功能 ··· 179
　　　一、旅游产业的结构 ··· 179
　　　二、旅游产业的功能 ··· 181
　　第三节　旅游产业的空间布局与发展对策 ····································· 183
　　　一、旅游产业的空间布局 ··· 183
　　　二、旅游产业的发展对策 ··· 188

第十章　旅游的发展观 ·· 196
　　第一节　旅游发展的影响因素 ··· 196
　　　一、自然环境因素 ·· 196
　　　二、经济发展水平 ·· 197
　　　三、社会文化因素 ·· 197
　　　四、政治因素 ··· 197
　　　五、科学技术因素 ·· 198
　　第二节　旅游的可持续发展 ·· 198
　　　一、可持续发展的提出、内涵与基本原则 ································· 198
　　　二、旅游可持续发展的内涵与要求 ·· 200
　　第三节　旅游的发展趋势 ··· 206
　　　一、世界旅游的发展趋势 ··· 206
　　　二、中国旅游的发展趋势 ··· 209

第一章

导 论

本章导读

旅游学随着近代社会旅游活动的蓬勃发展而产生，并随着旅游业的发展而不断完善。本章在分析梳理旅游学成长历程的基础上，重点阐述了旅游学的研究对象、研究内容、学科性质、学科特点以及旅游学的研究方法与研究意义。

学习目标

1. 了解国内外旅游研究的发展阶段、发展态势及特点；
2. 理解旅游学的研究对象和研究内容；
3. 认识旅游学的学科性质；
4. 掌握旅游学的主要研究方法；
5. 理解旅游学的研究意义。

核心概念

旅游学　研究对象　研究内容　学科性质　研究方法

第一节　旅游学的产生和发展

一般说来，一个学科的形成和发展总要遵循一定的规律，它是经济和社会发展的必然结果，其产生必须具备特定的条件。所谓特定条件，一是社会的关注和重视，即某一现象让人们意识或认识到同自己的生存或命运紧密关联，于是开始自觉或不自觉地去关注、了解和研究它；二是其他学科能从理论、方法、手段等方面为其研究提供必要的条件与环境。

虽然旅游活动本身产生较早，但只是到了近代社会以后，才获得了空前蓬勃的发展，并受到人们的广泛关注。同时，进入近代社会以来，一大批自然科学与社会科学的基础理论也日渐成熟，为旅游学的研究奠定了坚实的方法论基础。因此，从这个意义上来说，旅游学是随着近代社会旅游的发展而产生，并随着旅游业的发展而不断完善的一门新兴学科。

一、国外旅游研究的历程

事实上，古希腊、罗马、阿拉伯等国家自古以来都有对商贸、朝圣、游乐等性质的旅行活动的记载。但直到产业革命前后，英国和欧洲才出现了许多关于中古时代旅行、游憩地、矿泉温泉疗养以及大游学（Grand Tour）情况的研究描述，而且这些研究大都是从历史角度作一般的或专题的考察。因此，严格来讲，这还不算是近代意义上的旅游研究。本书所涉及的旅游研究，都是指产业革命以后出现的对旅游现象的研究。

受经济和社会的发展，特别是旅游业发展的影响，西方国家在近代开始了对旅游现象的研究，其研究历程主要经过了早期认知、中期过渡及近期大发展三个阶段。早期的旅游研究，主要侧重于旅游活动的外部现象及其经济效应的描述与认知。随着研究的不断深入，人们的关注点由原来单一的经济层面，逐渐拓展到经济、社会、文化、环境等众多的综合层面。近年来，国外的学者正在积极倡导采用这种多层面、多视角、跨学科的研究方法进行旅游学的基础理论研究。

1. 早期认知阶段（19世纪中叶—20世纪30年代末）

近代西方国家对旅游活动的关注大致始于19世纪中叶。伴随着产业革命的兴起与城市化进程的加快，人们的工作性质发生了很大的变化，从而大大提升了人们走出家门参加旅游活动的意愿与需求。一方面，产业工人带薪休假权利的获得为旅游活动的展开提供了必要条件。另一方面，伴随着以中产阶级为代表的新的富裕阶层的迅速兴起，旅游规模不断扩大。此外，以蒸汽机车为代表的近代交通运输方式的出现，更为人们的出行创造了较为便利的条件。

在此背景之下，英国人托马斯·库克于1845年正式创办了世界上第一家旅行社，开辟了近代旅游业发展的先河。之后，各国不同类别、不同规格、不同性质的旅游俱乐部开始大量出现，使西方近代旅游业呈现出空前繁荣的景象。同时，进入近代社会以来，西方的经济学、统计学、心理学等学科都获得了较大的发展，并处于较为兴旺的发展阶段。这些学科从理论、方法和手段上，为旅游的学术研究提供了强有力的理论支持与方法指导。

第一次世界大战后，旅游活动被普遍视为一种具有重要经济意义的活动。这种认识也深刻影响着学术界的思想。在意大利政府统计局工作的鲍迪奥于1899年发表了《在意大利的外国人的移动及其消费的金钱》，被认为是最早从学术角度研究旅游的文献。此后，在意大利、德国、瑞士和奥地利等国家的高等学府相继出现了一批从事旅游研究的学者，从游客人数、逗留时间和消费能力等方面来探寻与认知旅游现象的经济含义。如1927年，罗马大学讲师马里奥蒂出版了《旅游经济学讲义》一书，首次从经济学的角度对旅游现象做了系统的剖析和论证。柏林大学的葛留克斯曼阐述了其关于旅游研究的观点，于1935年出版《旅游总论》一书，系统地论证了旅游活动的发生、基础、性质和社会影响。虽然这些学者使早期的旅游研究呈现出明显的经济学色彩，但他们在早期和中期所做的许多研究工作都具有开创性，所取得的研究成果也都具有重要的价值与意义，有些成果至今仍具有较大的影响力。

2. 中期过渡阶段（20世纪40年代初—50年代末）

20世纪20—40年代，世界进入了严重危机和多灾多难的时期。始于1929年发达工业国家的经济大萧条，逐渐形成全球性的经济危机。20世纪30年代，由日本军国主义者和德国纳粹分子发动的侵略战争最终酿成了第二次世界大战。尽管战争时期各参战国的旅游研究多已停止，但在永久中立国瑞士，旅游研究却仍在学术界中进行，并取得了具有重大意义的理论突破。

1942年，瑞士圣加伦大学的亨泽克尔教授和伯尔尼大学的克雷夫教授出版了《旅游总论概要》一书，明确指出旅游现象是具有众多相互作用要素和方面的复合体，这个复合体是以旅游活动为中心，与国民、保健、经济、政治、社会、文化、技术等社会中的各种要素相互作用的产物。他们认为，旅游现象具有多方位、多层面结构的特点，需要通过多学科综合研究；旅游现象不具有经济性质，而更接近于社会学的范围；旅游经济也不应该是经济学的一个分支。较之葛留克斯曼的观点，尽管二人的认识和见解更加全面深刻，但在当时的西方学术界并未得到应有的重视。他们的影响主要限于德语国家和日本的学术界，在英语国家的旅游学术论著中很少提及他们的研究工作。

第二次世界大战结束后，旅游普遍被看成是一种恢复和发展经济的手段。学术界也认为旅游是一个劳动力密集型的行业，对经济不发达国家和地区以及发达国家的边远地区都能带来显著的经济效益。这一时期，北美学术界对旅游现象的研究开始活跃起来，其中地理学界率先意识到旅游活动的重要性。例如，1945 年，雷瑟琳（Eiselen）将旅游现象作为现代重要的社会现象提出并加以研究。进入 20 世纪 50 年代，有更多学科跻身于旅游研究活动中来，并提出了诸多对旅游现象研究的见解。1953 年，史密斯（Smith）提出了在大学中开设旅游地理学方面课程的建议，同期，学者亚历山大（Alexander）开始关注旅游对接待地造成的影响。心理学方面，1954 年，在马斯洛提出"需求层次理论"的同时，学者法伯（Farber）开始了对旅游活动中的心理现象和旅游研究的心理学方法的探索。此外，伴随着欧洲和地中海地区旅游活动的恢复和发展，蒂尔登（Tilden）于 1957 年就大量外来游客涌入接待地所引发的文化差异问题也进行了深入的讨论。20 世纪 50 年代中期，喷气式民航客机的广泛应用使洲际旅游变得轻而易举。大规模的游客流动扩展到全世界，世界旅游发展进入了"现代时期"。世界范围的旅游大发展，同时也带来了大量前所未有的问题，促使国外旅游研究进入了一个迅速发展时期。

3. 近期大发展阶段（20 世纪 60 年代初至今）

进入 20 世纪 60 年代，全球范围内大规模客流的急剧膨胀所造成的对接待地社会特别是对不发达国家和地区的影响，越来越多地受到人们的关注。一些来自北美和其他英语国家的研究者在经济学、社会学、人类学、心理学、地理学、环境和生态科学等专业领域内展开了对现代旅游影响的研究，为国外旅游研究开辟了一个新的领域。20 世纪 60 年代以后，旅游对发展中国家的影响尤其是社会文化影响方面成为"旅游影响研究"中的焦点。由发达国家游客带来的大量的不同的文化冲击着接待地的传统伦理观念，使当地社会的凝聚力减弱。接待地传统文化的衰退问题、文化的商品化问题、"伪民俗文化"问题以及因旅游活动所引起的卖淫、犯罪、赌博、环境污染和生态破坏等问题成为学者们关注的重点。1977 年，史密斯主编了《主人与客人：旅游人类学》一书，该书于 1989 年修订后，使旅游的社会文化影响的研究取得了突破性的进展，被看作是旅游社会文化影响研究的里程碑。

20 世纪 80 年代末 90 年代初，旅游研究的方法问题在英语世界的旅游研究中受到了普遍重视。学者们开始将旅游现象作为一个与社会诸多方面存在交叉、重叠关系的社会综合体来研究，在学科上提出跨学科研究的观点，在范围上提出多层面研究的见解，使旅游学术研究上升到了较高层次的探索内涵实质的研究阶段。随着旅游研究的深入，一些具体的研究方法，如现场调查法、"投入—产出"分析法、系统分析方法等纷纷被应用和借鉴到旅游研究中来，有关旅游研究的常用方法汇编之类的书籍也开始出版。如 1989 年里奇和戈尔德纳编辑出版的《旅行、旅游与接待业研究——管理和研究手册》，威特和莫廷诺合编的《旅游：市场营销与管理手册》，英国学者史密斯编辑的《旅游分析手册》以及1992年维尔编写的《休闲与旅游研究方法——使用指南》等。

到了20世纪后期，国外旅游学研究开始注重学科理论体系建设，关注热点问题，突出心理行为主义分析，拓展新的研究视角和领域。其中，关于旅游者、旅游业主、旅游地居民、旅游从业者心理和行为的研究成为国外旅游学研究的最大热点。此外，学者们对旅游市场需求分析与预测、旅游营销和旅游细分市场的实证分析、文化旅游和旅游效应等方面的关注度也比较高。

总体看来，虽然西方学术界对旅游现象的研究如火如荼，但对旅游学是否是一门独立的学科至今仍存在较大的分歧，尚未形成一致的观点。主要原因在于，有相当一部分的研究者一直视旅游为一项产业而非一门学科，认为旅游研究缺乏系统的理论支撑，研究视野过于广泛分散，一些基本概念的认识存在多种不同理解、难以形成统一意见，等等。这使得西方的旅游研究长期存在重应用、轻理论的局限。

二、国内旅游研究的历程

国内关于旅游的研究远远落后于西方，直到20世纪20年代末才开始出现少量的旅游文献。1927年春创刊的《旅游杂志》是中国的第一本旅游杂志。20世纪30年代江绍原出版了中国第一本旅游学专著《中国古代旅行之研究》。此外，1932年卢寿联和张丹子出版的《饭店应用侍应学》，1944年余贵堂出版的《游览事业之理论与实际》，也是较早全面论述旅游业的著作，但未引起各方重视。中国旅游研究真正开始走上正轨，并取得较大成就的时期是1978年改革开放以后的30多年。

综合考虑学者们的研究成果以及中国旅游业30多年发展的特点及其重大事件，大体上可将国内旅游研究划分为探索与奠基、发展与深化、繁荣与困惑、成熟与完善四个阶段。

1. 探索与奠基阶段（1978—1987年）

此阶段，国内的旅游研究刚刚起步，专门从事旅游研究的人员不多，旅游研究成果数量较少，质量较低。由于相关的理论与概念体系尚未建立，旅游教材缺乏，使得部分开设旅游专业的高校不得不从国外引进教材，经过消化吸收后再尝试编写适合中国国情的旅游教材。随着国家对旅游产业重视程度的提高，人文地理学和经济学领域的一些学者以旅游课题的形式，开始了对旅游资源开发利用、旅游经济整体发展战略等问题的研究，并取得了有一定价值的研究成果。

虽然这一阶段的旅游研究成果不多，但许多标志性成果和事件的出现，决定了这一时期是中国旅游研究重要的探索奠基阶段。1987年，由孙尚清主持的"中国旅游经济发展战略研究"是我国第一个国家重点旅游课题，基本确立了我国旅游研究的框架和旅游经济的发展方向。1978年，国家旅游行政管理部门正式设立了旅游教育机构，主要负责旅游人才培养、从业人员培训和高层次的组织管理人才培训。此后，国内第一所旅游中等专业学校、第一所旅游高等专业学校相继成立，国家旅游局亦与南开大学等8所高等院校联合开办旅游系或旅游专业，使国内旅游专业师资队伍逐渐形成。与此同时，一批涉及旅游产业、旅游经济、旅游交通、导游教育、旅游市场营销等内容的中文旅游教材和专著也相继出版，极大地推动了国内旅游研究和旅游教育的发展。

总之，这一阶段旅游研究的奠基作用，主要体现在通过一些标志性研究成果和引进国外先进理论，初步形成了国内旅游研究和教育的基础和框架，为中国旅游产业的发展、旅游人才的培养、旅游学科建设的进步和旅游管理的强化等奠定了坚实的基础。

2. 发展与深化阶段（1988—1997年）

严格意义上的旅游科学研究始于这一阶段，以1988年首个旅游项目获批为国家自然科学基金项目为标志。自1993年开始，国家社会科学基金、国家自然科学基金等各类科学研究资助基金开始关注旅游研究，相关的研究立项和研究课题不断增多，促进了旅游研究的发展。随着旅游研究的深入，旅游学科逐渐向多样化的方向发展，各分支学科研究成果的分布渐趋均衡，许多新的研究领域，如旅游健康保健、旅游美学、旅游法学等，均在这一阶段开始产生论文。

伴随着旅游产业的发展和对旅游专业人才需求的急剧上升，旅游教育迅速发展，一些院校纷纷开设旅游专业或设置旅游专业方向，使全国开设旅游专业的院校数量迅速攀升。一些拥有与旅游专业关系密切或相近专业的院校纷纷开始招收旅游类或旅游专业方向的硕士生、博士生，使我国旅游高等教育基本形成了"本科—硕士—博士"人才培养体系，极大地推动了旅游研究的发展。同时，为了满足旅游业对旅游人才的需求，各种形式的成人教育与专业培训也逐渐兴起，旅游中等职业教育在国民教育体系中的地位亦进一步得到巩固。

总体看来，国内旅游研究在深化发展阶段表现出鲜明的特征：一方面，国家科研基金开始资助旅游研究，旅游院校迅速发展，形成了完整的旅游人才培养体系；另一方面，一批旅游学者在继续系统介绍国外旅游研究成果的同时开始自觉地加强自主创新，撰写了不少符合中国国情的旅游研究著作、教材和论文，使国内的旅游研究不断发展和深化。

3. 繁荣与困惑阶段（1998—2008年）

这一阶段是中国旅游研究全面繁荣的阶段，表现在旅游学术论文发表、旅游类图书出版、旅游项目获批、旅游专利申请等各个方面。从研究主体看，旅游研究机构剧增，数量是上一阶段的6~7倍，从事旅游研究的人员也呈倍增趋势；从成果数量和规模来看，旅游论文成果最为丰硕，2001—2007年发表的学术论文占30年旅游论文总量的69%，其他各个指标也均为历史最高水平；从研究主题来看，涉及旅游发展实践中出现的多个具体问题，包括旅游企业管理、地方旅游业发展、旅游资源开发、旅游市场开发、旅游规划和旅游产品营销等方面，丰富了旅游学的各个分支学科。

与此同时，旅游教育的办学层次也得到进一步的提升。2003年，国务院学位委员会通过评审首次批准云南大学、陕西师范大学设置独立的旅游管理二级学科博士学位点，标志着我国旅游高等教育的"专科—本科—研究生（硕士、博士）"培养体系得到进一步的完善。为加快对高层次、专业化和高质量的旅游师资力量的培养，2004年辽宁师范大学在全国范围内率先招收课程与教学论（旅游教育方向）的硕士研究生。此后，东北师范大学、沈阳师范大学等部分高校也开始招收旅游教育方向的硕士生，极大地促进了国内旅游教育与研究的发展。

当然，在这样一个旅游研究与旅游教育大发展的时期，中国旅游研究也出现了成长中的困惑与烦恼，主要表现在：第一，随着学校数量的迅速增加及旅游职业技术学院和中等专业学校的快速发展，一些重点院校的旅游学科地位却相对下降，面临着边缘化的困境；第二，在旅游市场需求迅速攀升、旅游规划设计与咨询机构迅猛发展对比之下，旅游基础理论和核心问题的研究却始终显得非常薄弱；第三，虽然旅游研究成果在数量规模上较为巨大，质量和水平也呈现逐渐提升之势，但同其他成熟学科相比较而言，共识不多、体系庞杂、内核不强等问题仍然明显地存在。这就要求旅游学在成长历程中，必须加快学习借鉴相关成熟学科的理论和方法的步伐，逐渐构建、完善旅游学自身的学科体系。

4. 成熟与完善阶段（2009年至今）

2009年是中国旅游业发展中极为不平凡的一年。面对全球性金融危机和甲型H1N1流感的双重洗礼，中国旅游业依旧保持了平稳较快增长。《中华人民共和国旅游法》的颁布与实施，更是将我国旅游业发展提升至国家战略的高度，这不仅给我国旅游业发展带来了新的春天，同时也给旅游科学研究带来了新的历史机遇。在国家旅游局的高度重视下，中国旅游研究院在2009年启动了国家旅游局省部级科研立项工作，并于2010年启动科研成果评奖工作。这意味着旅游界终于同时拥有了自己的省部级科研立项和科研奖项。旅游研究也进入了不断成熟与完善的新一轮的发展阶段。

这一时期，学者们致力于采用新的视角和方法进行旅游研究。旅游研究的新视角主要体现在理论新视角和微空间新视角两个方面。理论新视角从地方性知识、权利与责任、现象学等理论视角切入分析旅游现象与本质；微空间视角与传统旅游研究更多关注宏观和中观尺度的旅游空间不同，对旅游微空间的解读与多元关系分析也成为学者的关注点，如对城市广场舞和书店、书吧等微空间的关注。旅游研究方法方面，当前的旅游研究不再仅仅是案例和实证研究，更多是定量与定性方法的混合使用，以及在理论层面上强调思辨逻辑推理，即回到基础理论层面对旅游本质进行思辨和分析。

同时，当前的旅游研究也呈现出一些新趋势。首先，在学科层面，旅游研究正从多学科走向跨学科。旅游学作为一门年轻学科，在成长历程中势必会借鉴相关成熟学科的理论和方法，逐渐构建、完善自身的学科体系。当前，有一些不同的学科如地理学、经济学、人类学、社会学以及管理学等纷纷介入旅游领域对旅游现象进行研究，但各学科的旅游研究之间缺乏对话与沟通。因此，未来的旅游研究更可能是跨越多学科、整合多学科进行。其次，在内容层面，旅游研究的新趋势体现在从描述性研究转向解释性研究，从宏观叙事转向微观叙事，从关注旅游空间中的物转向关注旅游空间中的人。

我国现代旅游研究虽然起步较晚，但改革开放30多年来，在旅游产业飞速发展的实践推动下，在几代旅游学者的辛勤耕耘和淬炼下，在相关学科的交叉、融合与集成建构下，旅游研究从无到有，从小到大，一路走来取得了显著的进展，为旅游产业的发展做出了巨大的贡献。在取得巨大进步的同时，我们也认识到目前旅游研究还存在理论滞后于实践、创新资源投入欠缺、国际化发展不够、团队研发平台较少、理论核心不强、研发动力不以及创新不多等一些现实问题，这已然成为制约我国旅游研究成熟完善的瓶颈。因此，我们应遵循学科发展规律，进一步凝聚学界力量，直面现实、攻克难题，在新的发展进程中奠定新的格局，创造新的辉煌。

第二节　旅游学的研究对象与内容

旅游学是随着近代社会旅游的发展而产生，并随着旅游业的发展而不断完善的一门新兴学科。虽然目前学术界对旅游学的研究已广泛展开并取得了较为可观的成果，但在一些基本问题的研究方面还远未达成共识，特别是在有关旅游学的研究对象与内容方面更是众说纷纭，莫衷一是，严重影响了旅游学及旅游研究的发展。为此，本书在分析梳理前人已有研究成果的基础上，对旅游学的研究对象与研究内容进行深入的研究与探讨，以促进旅游学科体系的完善和发展。

一、旅游学研究对象与内容诸观点述评

旅游研究实际上是一个主客双方交相互动的动态过程。如果将研究者视为研究主体，那么其所研究的对象自然就是研究客体。因此，研究对象实际上是相对于研究主体的一个概念，是任何一门学科都必须明确的首要问题。虽然国内外学者对旅游学的研究对象问题进行了卓有成就的研究和探讨，但由于受旅游现象的复杂性与多变性等因素的影响，目前人们对旅游学研究对象的认识方面呈现出多种不同的观点，主要以要素说、系统说、关系—现象说以及矛盾说等为代表。为科学认识和把握旅游学的研究对象，有必要对上述诸说加以分析评述。

1. 要素说

要素说目前比较流行的观点主要有"三要素"说和"六要素"说两种。

1980年，何礼荪先生率先提出旅游的三要素：饭店、交通和服务。这一概括，对我国当时旅游业的兴起有重要的现实指导作用。后来，不同的学者基于不同的视角，对于"三要素"的看法也不尽相同。其中最流行的是"三体说"，即认为三要素指旅游主体、旅游客体与旅游介体（媒体）。如王德刚（1998），李肇荣、曹华盛（2006），王兆明等（2007）认为，旅游学是以旅游的三要素（旅游主体、旅游客体、旅游媒介）为核心，研究旅游活动和旅游业的发展规律的学科。"三体说"将旅游看作一种综合现象来研究，有助于对旅游学研究对象探讨的深入和视野的拓宽。"三体说"的不足在于将旅游主体、客体和媒体定义为旅游学研究对象的核心，太过于一般化，没有体现旅游现象的特殊性。毕竟，任何人类活动都与主体、客体和媒体有关，而不仅仅是旅游活动。同时，"三体说"将本不与旅游者和旅游资源同时产生的旅游业（旅游媒体）与之等量齐观，共同视为旅游活动的基本要素，显然存在一定问题。

"六要素"最初是由孙尚清在其主持出版的《中国旅游经济发展战略报告》中明确指出的，就是指旅游者的"食、住、行、游、购、娱"六类行为，并以此来概括旅游的主要特征，指代旅游学的研究对象。"六要素"既反映出旅游者需求与消费的基本结构，又刻画出旅游业与旅游供给的主体结构，简单通俗，概括性强，符合人们对旅游现象的表面感知，深受人们欢迎，至今仍有一定的影响。但是，"六要素"说是建立在"旅游是一种经济活动"这一命题之上的简单阐述，用系统的观点来分析，存在明显不足。它将旅游学的研究对象规定为旅游经济活动，体现了人们对旅游学的研究仍停留在初级或表面的认识层面。该观点因缺乏层次与核心，没有主次之分，无论在理论上还是在实践上都有许多弊端。它使人们的认识停留在旅游现象的表面上，关注的是旅游活动中的物质构成，理解的是旅游构成要素的性质及其关系，而忽略了表面背后将这些要素有机联系在一起的旅游活动的内在矛盾。以这种方式来探讨旅游学科的研究对象，反映出旅游学科还不够成熟。

近年来，也有人对旅游的"六要素"进行了重新审视。魏小安等（2003）提出"文、讯、境、科、制、合"的旅游目的地发展要素和环境保障要素。王昆欣（2005）从马斯洛需

求层次、科学发展观和旅游发展史三个角度进行考察，认为"行、吃、住、游、娱、购"是旅游活动萌芽期的旅游活动，就此提出旅游活动发展期的"新六要素"，即资源、环境、文化、科技、余暇、金钱。新六要素论的提出体现了旅游活动内容的变化，这和"六要素"的形成和发展是一脉相承的。但就其内容而言，"新六要素"还是不能够很好地描述和概括主体的需求与介体的活动。虽然旅游活动需要资源、环境、文化、科技等要素，但即使"有闲有钱"，旅游者若没有旅游动机和欲望，那么旅游也不会发生。还有的学者从更高层面上概括了旅游活动的基本要素，如陈兴中、郑柳青（2007）认为旅游的"新六要素"应该为：旅游资源、生态环境、经济基础、文化底蕴、文明状况、员工素质。虽然这种说法概括性更强，体现了旅游活动的本质，但是很显然，上述"新六要素"称之为旅游企业（客体）的活动要素未尝不可，但称之为旅游活动的要素则显得牵强。旅游的主体是人（旅游者）而不是物（旅游企业、旅游产品或旅游产业），如果旅游活动的"要素论"不是从主体的角度而是从客体的角度来定义和界定所谓的要素，那么该要素只能被认为是发展旅游业的要素，或者是促进旅游业更好地发展的条件。

2. 系统说

当人们逐渐认识到要素说存在的问题之后，一些学者开始致力于建立一个系统来阐释旅游学的研究对象。其中，以吴必虎的"旅游系统"说影响较大。吴必虎（1998）认为，从系统理论的角度来考虑旅游活动，旅游学科的研究对象应该是游憩系统。之所以称游憩系统，是因为旅游学科的研究对象不仅包括过夜游，还包括家庭内游憩、户外日常休闲、一日游及较长时段的度假活动等众多的游憩活动。游憩活动（旅游活动）是一个开放的复杂系统，该系统对特征的把握及其在旅游开发规划、经营、管理中的应用就是旅游学科的核心任务。当然，在实际运用中，为便于大众所接受，我们可以用"旅游系统"来指代"游憩系统"这一概念。旅游系统构架包括客源市场系统、出行系统、目的地系统和支持系统四个部分。

应当说，系统说运用"旅游系统"这一概念来描述和解释旅游学的研究对象，并对游憩现象的结构、过程和内容作了较为全面而完整的分析与归纳，使人们能更好地理解旅游系统各要素的功能和旅游现象的运行范式，有助于旅游规划理论与实践的发展和旅游基础理论问题研究的深入。其不足在于，"旅游系统"说解释的仍是旅游活动的支撑体，虽然重点强调了旅游研究的整体性，但更多的却是对旅游学研究对象外延的阐述，对其内涵的规定却语焉不详。同时，"旅游系统"说在系统的科学性、严密性和操作性等方面还存在较大的推敲余地。

3. 关系—现象说

持有该观点的学者认为，旅游学的研究对象主要是旅游活动中的各种关系和现象，如杨时进、沈受君（1996）认为，旅游学是反映旅游活动的最一般规律的科学，是旅游活动的实践经验的综合概括，也是哲学和相关学科的理论在旅游领域中的一个发展，其研究对象是构成全部旅游活动的诸要素和关系及其运行中的规律性现象；刘伟、朱玉槐（2001）将旅游学归属为一门研究人类旅游活动发生、发展的一般规律的科学；李冠瑶、刘海鸿（2005）认为，旅游学研究对象是旅游活动及其所引发的各种现象和关系，研究内容是旅游活动、产生的关系及影响研究；申葆嘉（2010）提出，旅游学是研究旅游运行规律，研究动态旅游现象的一门学科，系统地解释旅游现象各种关系和现象之间的互动关系。

关系—现象说将动态的、表面的旅游现象以及透过旅游现象所折射出来的固定的、内在的旅游活动规律系统地结合在一起，有利于人们更好地理解旅游活动中出现的各种旅游现象以及旅游各要素之间的关系，掌握旅游活动的运行规律，对促进旅游学科的基础理论研究以及加强旅游活动的实践指导都有十分重要的意义。但是，关系—现象说往往只是对发生在旅游活动过程中的旅游现象及其运行的一般规律的研究，而对旅游活动或现象形成前的原因以及发生后造成的影响尚未进行深入探讨。

4. 矛盾说

持矛盾说的学者认为，旅游学的研究对象主要是旅游活动中的各种内在矛盾。如董玉明、王雷亭（2000）认为，旅游学是以世界范围为统一整体，以一定的社会经济条件为基础，研究旅游活动和由这一活动所引起的多种关系与其矛盾运动规律的学科；张立明、敖荣军（2003）将旅游看作一种综合的社会现象，认为旅游学就是以各种旅游活动为背景，研究旅游活动过程中的各种内在矛盾，解释这种矛盾运动的规律性的一门科学；何丽芳、贺湘辉等（2006）提出，旅游学的研究对象是旅游活动的内在矛盾，旅游学的任务是要通过研究来认识这种矛盾的性质及其运动规律和它所产生的各种外部影响；陶汉军（2006）具体指出了旅游学的研究对象是出游期望与旅游产品效用之间的矛盾运动规律；马勇、周霄（2008）将旅游者活动和旅游产业活动在旅游运作过程中的内在矛盾视为旅游学的核心研究对象；谢彦君（2011）认为，旅游学的研究对象是旅游活动的内在矛盾及其表现，通过研究来认识这种矛盾的性质及其发生原因、形态结构、运动规律和它所产生的各种外部影响。旅游活动既包括旅游者的活动也包括旅游产业活动，而这两种活动恰好构成了旅游现象基本矛盾的两个方面，由此衍生出旅游期望与旅游感受、旅游动机与旅游体验、旅游需求与旅游供给、旅游流量与旅游容量等一系列的矛盾形式和矛盾运动。由这些矛盾所展示出的立体的、丰富多彩的旅游现象，是综合性的旅游学科开展研究的对象领域。

矛盾说表面上看似乎舍弃了旅游现象中太多复杂的东西，但实际上却是透过错综复杂的旅游现象直接深入其内部，抓住了旅游活动的本质与核心，足以牵一发而动全身。同时，矛盾说通过对旅游现象的广泛观察和对其他学科成果的借鉴和吸收，在"最基础而不是最概要的意义上达到了对各门学科的综合"，为旅游学科理论体系的构建打下了坚实的基础。

综上所述，近年来国内一些学者从不同的角度、在不同程度上对旅游学的研究对象问题所进行的研究，是对"个别的具体社会科学都涉及，但不做专门研究的东西"作多方面积极探索的表现，是旅游学从不成熟走向成熟过程中的必然现象。当然，上述学者们关于旅游学研究对象问题的研究仍存在着较大的问题与不足，使旅游学的研究始终处于徘徊不前的状态。

二、旅游学研究对象的重新认识

通过对上述具有代表性的旅游研究对象观点的分析和梳理，我们认为，要探讨旅游学的研究对象，仅仅从某一角度或在某一领域进行分析是不恰当的，也难经推敲。因此，要科学地分析和探讨旅游学的研究对象，应当遵循以下几项原则和规范：

第一，要遵循社会科学学术活动共同的认识规律，要从历史的、社会的角度去考察分析旅游现象，不能孤立地将旅游活动的表面现象作为本质现象来研究。

第二，旅游学的研究对象应当是一个有机的整体而不是经分析后重新组装的整体，否则，将使旅游研究对象失去"灵魂"和内在的联系。

第三，旅游学的研究对象应当是旅游活动或旅游现象本身而不是其他，它既是一个外在表象与内在本质相统一的客观存在，也是一个动态的旅游活动和静态的旅游现象相统一的有机体。

第四，对旅游学研究对象的探讨应采用科学的研究方法，体现严谨的逻辑规范。

鉴于此，我们认为，旅游学应以旅游者的旅游活动或旅游现象为研究对象，重点分析和探讨旅游活动（旅游现象）的成因、运动规律及其影响。

这一观点的积极意义在于：

首先，将历史和社会的角度融为一体，既探讨旅游活动或现象的成因，又探讨旅游活动的影响，有助于人们透过旅游活动的外在表象探寻其内在本质。

其次，将旅游活动或现象作为一个有机的整体来考虑，避免了要素说、关系—现象说等将整体肢解或分析为部分的弊病，有助于人们科学认识旅游活动或现象的本质。

再次，将静态的旅游现象和动态的旅游活动有机地结合起来，有助于人们从内与外、动与静等辩证的视角分析和认识旅游活动（旅游现象）。

最后，将旅游活动或旅游现象视为旅游学的研究对象，按照由内到外的顺序，探讨旅游活动的成因、自身运动规律和外在的影响，体现了严谨的逻辑性，有利于人们科学认识旅游活动的本质。

三、旅游学的研究内容

研究内容是研究对象的具体化，是按照一定的视角和层面对研究对象所作的进一步的分类。本书将旅游活动（旅游现象）视为旅游学的研究对象，按照主客关系的不同和内外顺序的差异，可进一步将旅游活动即旅游学研究内容分为三个层面：形成旅游活动的驱动系统、旅游活动自身的核心系统和旅游活动对外造成影响的外延系统。如图 1-1 所示。

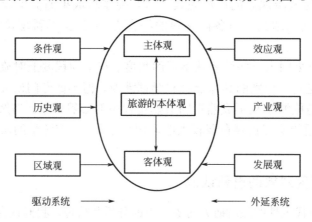

图 1-1 旅游学的研究内容

（1）旅游活动的驱动系统旨在探讨旅游活动形成和发展的成因及其影响因素，主要包括旅游活动的条件观、历史观、区域观。

条件观探讨旅游产生的主客观条件及其过程。客观条件可分为经济、社会、政治等宏观条件和旅游者自身的收入水平、时间因素、身体状况、家庭状况等微观条件；主观条件主要指旅游者主观上的旅游动机，按照出游目的地的不同，旅游动机按照不同的标准可分为多种不同的类型。

历史观分析旅游产生的不同阶段及其特征。旅游是人类社会发展到一定阶段的产物，产生于原始社会末期。对中国来说，完整意义的旅游活动出现在南北朝时期；对世界来说，第一次工业革命后才有了真正意义上的旅游。为了更清楚地认识现代旅游活动的发展，对人类旅游发展历史的学习非常必要。中外旅游活动的发展史，大致分为三个大的阶段：古代旅行活动、近代旅游活动和现代旅游活动。

区域观研究不同区域范围内旅游的类型、形式、特征等。旅游区域是以行政区划为基础的旅游活动联系相对紧密的旅游要素集中区域。在此范围内，各组成部分有着较高的近似性、较接近的文化背景或类似的旅游产品形式，具有地理共同性及资源结构上的相似性。区域观介绍了国际旅游的形成条件、影响因素及流动特征，并结合我国国情探讨了入境旅游、国内旅游、出境旅游、旅游区域划分的不同层面、区域旅游发展态势及特点，以全面认识和理解区域旅游发展规律。

（2）旅游活动的核心系统旨在讨论旅游自身的状况和运动规律，主要包括旅游活动的本体观、主体观、客体观。

本体观研究旅游的内在本质与外在特征。旅游的本质可以从不同的层面来解读，其内涵包括：旅游是一种异地体验，一种综合性体验和一种短暂性体验。旅游活动内容的丰富性、旅游形式的多样性决定了旅游特征的复杂性。研究者遵循从旅游者的视角出发的原则和体现旅游整体的原则，认为旅游活动的特征主要有：暂时性、异地性、休闲性、消费性、社会性、综合性。

主体观包括旅游者外出旅游的需要、动机及体验过程。追求新奇与逃避现实触发了人们的旅游需要。当旅游需要强烈到一定程度并遇到旅游外部条件时，旅游动机由此产生。在旅游动机的引导下旅游者离家外出，开始旅游历程，在旅游启动、旅行、游览以及结束等阶段，进行不同阶段的审美体验。

客体观研究旅游客体的构成要素与基本内容。旅游客体是旅游活动中外在于旅游主体的一种客观存在，是旅游者欣赏和体验的对象。旅游客体的特征包括：形态上的客观性；功能上的观赏性；主客关系上的对象性；空间分布上的地域性；内容上的丰富性。旅游客体的结构由两部分构成。一部分是不需要人力进行加工可直接拿来观赏的客观存在，我们可以将之视为"旅游资源"；另一部分是需要人工加工和规划设计的部分，我们可以视为"旅游产品"。

（3）旅游活动的外延系统旨在讨论旅游活动的外在影响，主要包括旅游活动的效应观、产业观和发展观。

效应观描述的是旅游对经济、文化、社会及环境等方面的影响，是指旅游活动所引发的种种利害关系。旅游是一把双刃剑，对经济、社会和环境既有积极影响，同时也存在着消极影响。要正确认识旅游与经济、社会文化的互动效应，以及旅游与生态环境的相互影响，提高对旅游业发展所导致的环境污染现象的重视，以推动旅游与经济、文化及生态环境的协调发展。

产业观是从产业的视角研究旅游产业构成、结构及其发展特征等。同其他产业相比，旅游产业有着较为特殊的内涵：旅游产业是一个范围非常宽泛的，跨部门、跨行业、跨产业的有机的企业和行业的集合体。主要的旅游产业结构有部门（行业）结构、地域结构、组织结构和产品结构等。旅游产业发展的主要思路与对策是注重文化内涵的塑造，树立大旅游大市场观念，加强宏观调控，突出重点与层次，建立产业集群，优先发展旅游城市，发挥资源优势，实现产业和区域的整合，促进旅游产业的发展。

发展观探讨现今旅游业发展的概况及其未来发展趋势等。可持续发展理论因其内涵为既满足当代人的需求，又不对后代人满足其自身需求的能力构成危害的发展，而被作为旅游业现今及未来发展的理论指导。旅游可持续发展已经成为中国乃至世界未来旅游业发展的主旋律。

旅游学研究对象的具体化成为研究内容，而研究内容范围的划定在一定程度上突出了研究对象的地位。由驱动系统到核心系统再到外延系统的研究内容框架，全面而清晰地囊括了旅游活动涉及的各方面，精确而全面的研究内容为旅游学的研究提供了有力的支持与保障。

第三节 旅游学的学科性质

分析探讨旅游学的学科性质是旅游学理论研究的重要内容之一。只有科学认识学科性质，才能准确定位学科地位，进而明确学科建设和发展的方向。从某种意义上来说，旅游学之所以到现在还没有形成自己独特的理论和方法论体系，之所以至今还没有树立起应有的学科地位，其根本原因就在于对学科性质的模糊认识。因此，对旅游学的学科性质进行研究与探讨具有重要的意义。

一、国外研究对旅游学学科性质的认识

国外学者对旅游学学科性质的认识经历了一个由单一学科到多学科，进而发展到跨学科，并朝着独立学科方向发展的渐进过程。

1. 旅游学具有经济学属性

一般来说，尽管个别的旅游活动在人类历史上产生较早，几乎与人类的产生相仿，但直到近代社会以后，人类的旅游活动才逐渐发展到一定规模，进而引起了一系列的社会影响和问题，使人们不得不对其加以重视，并进行仔细的观察与研究。由于这种研究是由一些外在于旅游者的"旁观者"所进行的，他们在最初的阶段只是看到了旅游者的旅游活动所带来的经济利益，而没有顾及旅游者的体验和感受。也就是说，这些学者实际上是将"旅游者的旅游活动"看成了"旅游业者的经营活动"，因而得出了旅游活动具有经济性质的结论。这样一来，关于旅游活动的研究或理论自然就被纳入了经济学的范畴。

国外旅游研究最早出现在意大利。1899年，意大利学者鲍迪奥在《在意大利的外国人

的移动及其消费的金钱》一文中从经济学的角度探讨了旅游对目的地经济的影响。后来，意大利罗马大学的讲师马里奥蒂在1927年出版的《旅游经济讲义》一书中明确指出旅游是一种经济性质的社会现象。这一观点得到了德国学者鲍尔曼的支持。此后，在相当长的一段时期里，旅游学隶属于经济学的观点在西方的学术界大行其道，流行甚广，一直影响到今天。

2. 旅游学具有多学科属性

对于马里奥蒂的研究结论，柏林大学的葛留克斯曼教授在1935年出版的《旅游总论》中却持有不同观点。与马里奥蒂只从旅游活动的表面形态、结构着眼研究不同，葛留克斯曼认为，研究旅游现象就是研究旅游活动的基础、发生的原因、运行的手段及其对社会的影响等问题，是范围非常广泛的领域，需要从不同学科角度去研究，而不能只从经济学的角度去考察它。尽管这一观点在当时受到了某些批评，但葛留克斯曼的思想方法却开拓了后来学者研究旅游现象的道路。

1942年瑞士学者亨泽克尔和克雷夫出版了《旅游总论概要》一书，认为旅游现象本质上是具有众多相互作用要素和方面的复合体，这个复合体是以旅游活动为中心，与经济、社会、政治、文化、技术等社会中的各种要素和方面相互作用的产物，需要进行多学科综合研究，进而得出旅游现象不具有经济性质而更接近于社会学研究范围的结论，并进一步论述了旅游经济也不该是经济学的一个分支。至此，我们可以看出，西方学者对旅游学科性质的认识，已经由最初的单一的经济学性质发展到需要进行多学科综合研究的多学科性质的阶段。

3. 旅游学具有跨学科属性

第二次世界大战爆发后，随着昔日繁华的欧洲变成一片废墟，北美地区逐渐成为世界经济的中心，世界范围内旅游研究的中心也相应转移到了北美地区。受战后和平环境的影响和战后欧洲经济复苏、恢复重建的刺激，社会科学的一些重要学科，如经济学、人文地理学、社会学、人类学、心理学、环境科学和生态学等学科的学者们，纷纷自觉或不自觉地参与到对旅游现象的研究中来。这种趋势一方面反映了人们开始注意到旅游现象的复杂内涵，另一方面也是现代学术研究崇尚跨学科方法的观念折射。

这种旨在突出对旅游的跨学科研究的趋势，在20世纪60年代成为旅游学研究的主流，并集中反映在对"旅游影响"或"旅游效应"的研究方面。20世纪80年代，勒贝尔基于旅游学基本理论和一系列广泛的应用学科研究，对跨学科研究和多学科研究做了区分，并初步得出了"旅游研究是跨学科研究"的结论。这种观点后来得到了夏洛特和达赞的支持。跨学科的研究方法对后世的旅游研究影响较大，使旅游学术研究逐步形成多学科渗透研究的基本格局。

4. 旅游学具有独立性学科属性

第二次世界大战过后，学者们对旅游学学科性质的探讨仍是仁者见仁、智者见智。有的学者不太赞成将旅游学看成是现有学科内的一个研究领域，认为旅游学是一门新兴的独立性学科。如霍革辛斯基（1985）、罗维斯科（1988）、科明克（1989）等学者认为旅游学属于一门独立学科，有着自身独立的学科体系，并提出未来应加强自身理论体系框架的构建。

虽然有些学者不完全赞同这种观点，但却将其看成是旅游学的未来发展趋势。如夏洛特、达赞（1997）提出，虽然旅游学能否发展成为一门独立性学科是不确定的，但当前研究迹象表明，旅游学是朝着独立性学科方向发展的，同时多学科合作的程度也在提高，并且这种趋势有所增强。

二、国内研究对旅游学学科性质的认识

总体上看，国内学者对旅游学学科性质的认识受国外学者的影响较大，主要有以下几种观点。

1. 旅游学具有经济学/管理学属性

既然国内旅游学的研究在最初阶段几乎完全是借鉴和模仿国外的相关理论和方法，那么，在西方影响甚大的旅游学具有经济学属性的观点在国内备受推崇就成为一种必然。因此，自1978年中国旅游学研究兴起直到1983年，国内的旅游学多从属于应用经济学、人文地理学等学科之下，基本上是从经济学、地理学等传统学科转型而来的，具有浓厚的经济学色彩。受此影响，1983年，旅游学被国家正式纳入"经济学"门类，成为"应用经济学"一级学科下设的"旅游经济学"二级学科。之后，随着现代管理学的兴盛和影响的日益扩大，旅游学又于1998年被划分到"管理学"门类"工商管理"一级学科下，成为"旅游管理"二级学科。2012年，教育部发布的《普通高等学校本科专业目录（2012）》将旅游管理升级为与工商管理平级的一级学科。虽然目前旅游学的学科地位得到了大大的提升，但尚未形成可靠的、完善的基础理论，过多地关注旅游现象的外在表现，很少触及表象之后的内核，这种划分多少也反映出旅游学学科地位的尴尬和无奈。

2. 旅游学具有跨学科属性

持有该观点的学者认为，随着旅游活动的深入开展，不同学科背景的研究者开始注重旅游现象，各分支学科也就开始介入了旅游学研究，主要体现在管理学、地理学、社会学、经济学等学科，因而旅游学就有了跨学科属性。如申葆嘉（1997）提到旅游学具有"跨学科、多学科性质"，并已经具备成为独立学科的基本条件。谢彦君（2004）也提及旅游学的"跨学科性质"。他认为跨学科是中等层次的，多学科间相互作用、相互补充的合作研究。旅游学的跨学科性质不仅仅表现在旅游学研究的历史进程当中，也植根于旅游学研究对象的复杂性和综合性上。旅游是人生中一个有特殊意义和特殊形态的阶段。这个阶段包容的内容之广，牵涉的关系之复杂，问题的性质之特殊，绝非一般性的单一学科可以研究和给出答案的。

3. 旅游学具有社会科学属性

有的学者认为，根据"学科"在《辞海》中的解释，旅游学也应当属于学科的范畴，即科学的某个领域或者一门科学的分支。在当今流行的学科分类法中，根据研究对象的不同，学科可分为自然科学、社会科学、思维科学等。从这个角度来讲，旅游学根据其研究对象应属于社会科学。如张华容等（2002）认为旅游学是一门跨学科的社会学分支科学；陈才等（2007）将旅游学定位为应用性社会科学；王洪滨、高苏（2010）认为旅游学是从旅游现象和其他学科（如旅游经济学、旅游管理学、旅游地理学和旅游心理学等）中抽象出来的、理论化的、

高度概括了的一门社会科学。

4. 旅游学具有综合性学科属性

旅游学的研究对象是旅游活动（旅游现象）的成因、运动规律及其影响。因此，需要运用现有的多个学科（如社会学、经济学、心理学等）的理论和方法认识其本质特征和运动规律。正是旅游学的这一特征使其与许多传统学科（如经济学、历史学等）不同，并使其学科归属成为一个富有争议的问题，同时也可以认为这一特征是判断其学科归属的决定性因素。有的学者认为，旅游学的这一特征恰恰符合综合学科的定义，因此将其归入综合学科的范畴。如陶汉军（2001），张立明、敖荣军（2003）认为：旅游学是社会科学中一门由多种学科理论和知识交叉形成的边缘性应用科学。他们认为旅游学在隶属于社会科学的同时也隶属于交叉学科，是一门需要运用多学科的理论和方法进行研究的综合学科。安应民等（2007）认为，旅游学是一门由多种学科理论与知识交叉而形成的边缘性应用学科，也可以界定为跨学科的多学科交叉综合而形成的一个新兴学科。这里既将旅游学归属为边缘性、综合性学科，又赋予其跨学科的属性。

5. 旅游学具有横断性学科属性

所谓横断性学科，即它并不以客观世界中某一物质系统或者其运动形态为研究对象，而是以许多不同的物质系统或其运动形态的某一共同的方面为研究对象。庄寿强（2010）认为旅游学既不是一门综合性学科，也不是一门交叉性学科，而是一门横断性学科。旅游学虽然要涉及管理学、心理学、历史学、建筑学、生物学、地理学、地质学等众多学科，但旅游学并不以这众多学科的本身为研究对象，而是以这众多学科中只与旅游相关联的那一方面，即"寻求精神上满足或享受"这一共同方面为研究对象。所以，旅游学是一门横断性学科。

三、旅游学的学科性质辨析

应当说，上述国内外关于旅游学学科性质的观点和见解都是学者们多年潜心研究旅游学理论的结晶，其中不乏精辟之说，对于我们研究旅游学的学科性质问题具有重要的理论指导和借鉴意义。为了深入分析和探讨旅游学的学科性质问题，以便形成更加科学的认知，我们认为必须对以下问题进行认真的思考：

（1）旅游学是不是单一学科？
（2）旅游学同其他学科是什么关系？
（3）旅游学是多学科还是跨学科？

关于第一个问题，我们认为已经不必进行过多的论述。众所周知，旅游活动恐怕是至今为止最为复杂的，有别于人类日常生活的一种特殊的社会活动，它所涉及范围的广泛性、表现形式的多样性、对外影响的综合性等，是其他任何社会活动都不能与之相比的。面对这样一个纷繁复杂的社会现象，任何单一的学科要对其形成科学的认知与理解都显得力不从心，难以达到目的，经济学不行，管理学亦不可。因此，旅游学在性质上不是单一的学科。

那么，旅游学究竟在学科体系中处于何种地位，它同其他学科是一种什么样的关系呢？要回答这个问题，我们先要对学科定位频谱带（如图1-2所示）理论加以简单的阐述。

	自然科学	社会科学	人文学科
研究对象	自然客体	社会客体	主体与客体的关系
	本体与情境分离	本体与情境难以彻底分离	本体与情境交融
研究目的	功利性知识	功利性知识	价值与意义
	普适性与预测性	有一定的普适性和预测性	独特性与意外性
研究方法	逻辑与实证的科学方法	逻辑与实证的科学方法	想象与直觉的思辨方法
	定量性与可重复性	难以严格定量重复	创造性与不可重复性

图 1-2 学科定位频谱带

根据研究对象、研究目的和研究方法的不同，学科可分成自然科学、社会科学和人文学科三大部分。自然科学是研究自然界的物质形态、结构、性质和运动规律的科学；社会科学是以社会现象为研究对象的科学，通常包括经济学、社会学、政治学、法学等；人文学科是指一些以人的内心活动、精神世界以及作为人的精神世界客观表达的文化传统及其辩证关系为研究内容、研究对象的学科体系，它所研究的是一个精神与意义的世界。

根据上述理论，结合旅游活动的特点，我们认为，虽然自然客体可能成为人们欣赏的对象，自然环境和人类的旅游活动具有双向的互动作用，但旅游活动毕竟是人的活动，人们在旅游活动中所追求的如梦似幻、如醉如痴的审美体验与别样感受，是旅游活动永恒的魅力之所在；旅游活动所形成的纷繁多彩的社会景象和复杂多样的社会影响，是旅游研究的永久动力之所在。因此，相较于自然活动，人类的旅游活动更接近于社会活动和人文活动，旅游学也就更接近于社会科学和人文学科。通常情况下，人们多将人文学科只视为一种学科，而不是一种科学，且多将其划入社会科学的范畴之内。因此，我们大致也可以将旅游学科纳入社会科学的范畴。

需要强调的是，我们说旅游学属于社会科学，并不意味着旅游学研究不能借鉴和运用自然科学的相关理论和方法，只是想凸显旅游学和社会科学的关系更为密切而已。虽然旅游学属于社会科学，但由于社会科学本身就由很多具体的学科组成，拥有较为庞大的系统，并不是社会科学中的每一个学科都同旅游学有着密切的关系。所以，我们要对旅游学的学科性质形成科学的认识，还需要进一步分析旅游学到底是多学科还是跨学科。

所谓多学科，实际上是指对于同一个研究对象或研究课题，可以从不同学科的视角采用不同的研究方法进行研究。多学科属性下的旅游学研究实际上是对完整的旅游活动所作的分散研究，这种方法表面上看，比单一学科的研究多了一种"综合"，但这种综合只是生硬的组合与嫁接，因缺乏内在的联系，必然导致人们对旅游活动的认识存在一定的片面性和局限性。而跨学科则是将各学科的研究方法和手段有机地整合，然后再对研究对象进行深入的分析探讨。跨学科属性下的旅游学研究，是在有机整合的视角下对旅游活动所做的整体研究，所得的结论保持了内在的联系性和旅游活动的整体性，使人们对旅游学的认识渐趋科学。因此，人们对旅游学学科性质的认识从多学科转向跨学科，实际上体现了旅游学研究中的一种进步。

虽然旅游学属于跨学科，但这个跨度有多大，究竟跨越了哪些学科，尚需加以说明。我们认为,对这个问题的回答应当是有层次的。首先,这个跨度应当限定在与旅游学最密切相关的学科之内,如心理学、社会学、文化学、经济学、管理学、地理学等;其次,可以拓展到整个社会科学领域;最后,可以向自然科学范畴的相关学科延伸。其中,前两个层次属于核心层次,或者说属于矛盾的主要方面,决定着事物的性质和发展方向。因此,旅游学是社会科学下的一个具有跨学科性质的分支,由众多的具体学科所构成,有自身完善的学科体系。从一定意义上来说,旅游学体现出一定的实践操作性,但其作为旅游学科体系中一门以旅游活动或旅游现象为研究对象,重点分析和探讨旅游活动(旅游现象)的成因、运动规律及其外在影响的具体学科,属于基础理论的范畴,虽对旅游实践具有重要的指导意义,但其本身不具有实践性。

第四节 旅游学的研究方法与研究意义

任何一个成熟的理论体系或学科都有与其学科性质和学科内容相适应的研究方法,以作为该理论和学科研究的基本手段和工具。研究方法一方面决定着能否达到学科研究的目的和任务,另一方面也标志着学科本身是否成熟。因此,对旅游学的研究方法的探讨是旅游学研究的重要内容之一,而旅游学的研究对于促进旅游理论体系的完善,强化对旅游实践的指导作用,具有重要的意义。

一、旅游学的研究方法

从一定意义上来说,旅游活动与旅游现象是人类发展史上最为复杂、最为综合、最为多变的社会活动与现象之一,旅游学将旅游活动与旅游现象作为研究对象,这就从根本上决定了其研究方法的综合性和层次性。旅游学研究既需要哲学层面的世界观与方法论的指导,也需要借鉴与遵循社会科学研究方法的实施过程与操作方式,而面对纷繁复杂的研究资料搜集与处理,更需要采用各种具体的研究方法及技术手段。只有这样,才能保证旅游学研究的科学性、规范性和严谨性。然而,在选择具体研究方法手段之前,必须首先了解选择研究方法的原则。

(一)旅游学研究方法的选择原则

1. 理论和实践相结合的原则

从旅游学的学科特点上看,它的实践性、应用性很强,或者说它来源于实践,发端于对解决"旅游问题"的应用研究。因此,旅游学研究必须坚持联系实践、尊重实践的原则,并以解决实践问题为宗旨。同时,解决实践问题又离不开正确理论的指导。在现代社会,理论、科学越来越成为现实的生产力,在解决社会问题、发展生产力的过程中发挥着重要的理论指导和技术支持作用。因此,旅游学研究也有必要进行正确的理论指导,将理论指导与实践总结紧密地结合起来,或者说以理论指导为手段,以对实践经验的总结和在实践中的验证为支持,来共同探讨和解决"旅游问题",以丰富旅游学的内容,提高旅游学的发展水平。

2. 定性和定量相结合的原则

定性分析是在一定的理论指导下,来探索和确定事物的本质属性,分析其发生、发展的原因、过程和规律，并预测其未来的发展方向。旅游学是研究旅游活动和旅游业的发生、发展及其规律的学科。因此，在旅游学研究的过程中，许多具体问题的研究都离不开定性分析。例如旅游者范围的界定、旅游者种类或类型的区分、旅游资源的属性的分析以及旅游管理过程中的各种现象和问题的研究等。但是，"旅游现象"中的许多问题也需要以量化指标加以分析和说明，如旅游者人数、旅游收入和支出的多少、旅游价格的高低、旅游规模的大小、旅游设施的数量和等级、旅游业的增长速度和增长量等，并以此作为总结其本质属性的依据。因此，在旅游学研究过程中，应将定性分析和定量分析结合运用，即以理论定性为先导，以量化分析为依据，共同得出研究结果。

（二）旅游学的具体研究方法

由于旅游学的研究方法较多，为简洁起见，本书只对涉及旅游研究实施过程与操作方式层面的一些常用方法加以概要阐述。目前来讲，比较常见的有文献研究法、统计调查法、实地研究法以及实验研究法等。

1. 文献研究法

文献研究法主要指搜集、鉴别、整理文献，并通过对文献的研究形成对事实的科学认识的方法。文献研究法是一种古老而又富有生命力的科学研究方法，也是旅游学研究的重要方法之一。在社会研究中，文献研究法不仅指初步探索阶段需要查阅文献，为大规模的社会调查做准备，也指在无法直接调查的情况下利用文献资料开展的独立研究。一方面，文献研究可以研究那些无法接触的旅游现象。如对过去的或异地的旅游现象，人们虽然不可能去调查、实验和观察，但只要找到足够的相关文献资料进行思辨分析，便会认识和理解这些旅游现象。另外，文献研究还可以对旅游活动进行纵贯分析。毕竟，不同时代、不同阶段的旅游现象，或多或少总会以各种不同的文献形式记录和描述下来，文献研究方法大有用武之地，其功能是局限于研究现时情景的调查、实验和观察等方法所不能比拟的。

文献研究主要有三种方式，即统计资料分析、内容分析和历史—比较分析。其中，历史—比较分析主要依靠想象力和思辨，是传统社会科学研究的主要方法，在理论性研究中较为常用。通常所说的文献研究大多指这一方式，它是与采用实证方法的调查研究相对立的方法。

2. 统计调查法

所谓统计调查法即是通过普查、详查、抽样调查等方法，收集各种旅游统计资料，并以此为依据来分析和研究旅游活动和旅游业的发展、变化规律。调查的方式主要有两种：书面调查和口头调查。书面调查就是常见的问卷调查，又称"填表法"。这种方式是通过设计好的表格、问卷、提纲等来收集信息，所提出的问题和回答的类别也是标准化、统一化的。通过问卷调查，可以在短时间获取大量资料，并能对资料进行量化处理。这种方法比较经济省时，效率较高，但由于缺乏弹性，很难作深入的定性研究。口头调查一般指访谈法，即通过与研究对象交谈，收集所需资料的调查方法。这种方法比较灵活，调查者可以针对研究问题同研究对象进行深层次的探讨，调查效率较高，但费时费力，经济成本较大。被试者也可能出于个人考虑对某些敏感问题作出虚假或错误的回答，从而造成调查结果不准。并且，调查结果不易作量化处理，不利于后续数据整理工作。

总之，统计调查法适用于对旅游现象的一般状态的描述，以及对旅游现象间因果关系的分析，是描述和解释旅游活动和旅游现象的重要方法，对于旅游学研究具有重要的意义。

3. 实地研究法

实地研究法最早是从人类学和民族学研究方法发展而来的，后成为社会研究的主要方法。它是指不带有理论假设而直接深入到社会生活中，采用观察、访问等方法去收集资料，然后依靠研究者本人的理解和抽象概括，从经验材料中得出一般性结论的研究方法。与单纯的调查不同，实地研究不仅是收集资料的活动，还需要对资料进行整理和思维加工，从中概括出理性认识。实地研究主要运用归纳法，研究从观察开始，然后得出暂时性的结论，之后再通过进一步观察，获得新的资料，再得出新结论或完善原有的结论。实地研究得到的资料通常是无法统计汇总的观察、访问记录等文字资料以及现场的体验和感性认识。

个案研究法是实地研究法的一种重要形式，它是指为解决某一问题对特定的个别对象所进行的全面、深入的调查研究方法。该方法特别适用于对少数有代表性的或独特的旅游活动或现象进行详细、深入的考察，特别是对那些只有在现场才能理解的旅游事件、旅游过程和旅游行为进行研究，如旅游体验研究、旅游的社会影响研究等。因此，该方法对于旅游研究的指导意义较大。

4. 实验研究法

实验研究法起初是用于自然科学研究的一种主流研究方法，最适用于解释现象之间的因果关系。目前，实验研究法在社会研究中也得到了一定的应用，尤其适合社会心理学和小群体的研究。同统计调查资料一样，通过实验而收集到的资料也可以分类汇总和统计。但有所差异的是，统计调查是在自然环境中，而实验是在人为控制的环境中观察或询问；统计调查得到的不同变量值是调查对象本身固有的，而实验则是人为施加某种刺激使调查对象的属性和特征发生某种程度的变化。实验的设计方法有很多种，其中最典型的实验设计是将调查对象分为实验组和控制组，分别观测他们在实验前后的变化，然后通过对所得数据进行比较研究，从而得出研究结果。一般情况下，通过实验所收集的数据资料大都是精确量度的，较能反映出调查对象的细微差异。

旅游活动中由于涉及大量的心理现象，故在实际研究中也需要运用实验法。如为了解旅游者不同的旅游服务需要，可以通过安排不同态度、不同性别和不同年龄的服务人员提供旅游服务，借以观察旅游者的情绪反应、满意程度，达到研究的目的。因此，实验法对于旅游学研究，特别是对旅游者的旅游心理、旅游行为方面的研究具有其他研究方法不可替代的作用。

二、旅游学的研究意义

随着旅游业的快速发展，旅游关注热度的持续升温，旅游学学科的研究也越来越受到国内外学者的广泛关注。对旅游学的研究对象、研究内容与范围、旅游学的学科性质等问题进行全面而深入的研究，不仅有利于完善旅游学的学科理论体系，构建完整的旅游学学科框架，还有利于指导旅游实践活动的开展，促进旅游业的持续、健康发展。具体主要包括以下几个方面。

1. 有助于认识和理解人类的旅游活动，提高旅游体验的质量

旅游活动是一项极其复杂的社会活动，不是旅游主体、旅游客体或旅游媒体能独立完成的，而是在旅游活动构成要素的共同作用下实现的。因此，旅游学不但要对旅游活动各要素进行分别研究，更要对旅游活动过程进行综合研究，这不仅有利于加深对旅游主体、旅游客体、旅游媒体及其在旅游活动中所处地位的认识，也有助于进一步揭示旅游活动的内在本质与外在特征，进而实现对旅游活动的全面而深刻的认识。

在旅游实践中，合理运用旅游学研究成果，能够实现旅游体验质量的提高。首先，从旅游者的角度来看，旅游学关于旅游者研究的理论能使旅游者认识与理解旅游需求的特点、变化和影响因素等，从而有针对性地、自觉地提高自己的旅游体验质量；其次，从旅游业者的角度来看，旅游学的研究成果在一定程度上引导了旅游业发展的方向，如在旅游需求呈多样化发展的背景之下，旅游业者通过开发具有差异性的旅游产品和提供个性化的旅游服务，来满足旅游者需求，创造最佳的经济效益。

2. 有助于认识和理解旅游业的发展规律，提高旅游管理水平

旅游业是一个产业范围宽泛、结构层次多、产业关联强的综合性产业，既包括旅游业、旅游相关产业，又涉及经济、社会、文化、环境等多个领域。因此，从产业视角研究旅游业，不能把目光局限在旅游业本身或与其相关的某一部分，而应该从整体和全局的视角着眼，要深入分析和探讨旅游业、旅游相关产业及所涉及的不同领域的特点，从而全面深刻地认识旅游业的发展规律。

将旅游学关于旅游业研究的相关理论应用到旅游实践中来，能够从整体上提高旅游业的经营和管理水平。从旅游企业内部来看，一方面，要制定符合其自身特点的发展目标与规划，明确的发展目标能够使旅游业有持续前进的动力，而合理的规划能够在整体上拉动旅游业的发展；另一方面，要强化对员工的培训，只有高素质的员工，才能有高效率的工作和高质量的服务。从旅游企业外部来看，旅游业要重视与相关行业的合作与交流。旅游业的发展过程是一个与众多行业不断磨合的过程，只有善于学习经验、吸取教训，才能提高企业自身的管理水平。

3. 有助于推动旅游学的发展，完善旅游学的学科体系

旅游学的研究虽然已经受到越来越多的重视，有众多的学者对旅游学的基本理论进行了较为深刻的探讨，但到目前为止，旅游学总体上仍处于起步阶段，旅游学界还远远未对旅游学特有的概念体系、逻辑体系、理论体系等形成普遍接受的共识。因此，加强对旅游学基础理论的研究有助于推动旅游学的发展。

从学科建设的角度来看，旅游学学科体系目前大都是在其他学科的基础上，结合旅游活动的特点构建起来的，远未达到成熟的状态。随着旅游活动的发展，这种"嫁接"过来的学科体系难以适应理论和实践发展的需要。只有强化旅游学研究，才能逐步构建起独立、完善、成熟的旅游学学科体系，进而实现旅游活动和旅游产业的持续发展。

总之，随着旅游业的快速发展，旅游关注热度的持续升温，对旅游学的研究必将受到大力追捧。学者们从旅游学的最基本问题着手，确定旅游学的研究对象，分析旅游学的研究内容与范围，界定旅游学的学科性质等，进而在理论上对旅游学进行研究。除此之外，旅游学学科建设的不断成熟对于旅游业的发展也起着重要的指导作用，它将引导旅游企业寻找正确的市场定位，为旅游相关产业的发展提供意见，为政府的宏观调控指明方向，为旅游业的可

持续发展提供理论依据。

 本章小结

1. 虽然旅游活动本身产生较早，但只是到了近代社会以后，才获得了空前蓬勃的发展，并受到人们的广泛关注。同时，进入近代社会以来，一大批自然科学与社会科学的基础理论也日渐成熟，为旅游学的研究奠定了坚实的方法论基础。因此，从这个意义上来说，旅游学是随着近代社会旅游的发展而产生，并随着旅游业的发展而不断完善的一门新兴学科。

2. 国外旅游研究历程主要经过了早期认知、中期过渡及近期大发展三个阶段。早期的旅游研究，主要侧重于旅游活动的外部现象及其经济效应的描述与认知。随着研究的不断深入，人们的关注点由原来单一的经济层面，逐渐拓展到经济、社会、文化、环境等众多的综合层面，但因国外有相当一部分研究者一直视旅游为一项产业而非一门学科，认为旅游研究缺乏系统的理论支撑，研究视野过于广泛分散，一些基本概念的认识存在多种不同理解、难以形成统一意见等，使得西方的旅游研究长期存在重应用、轻理论的局面。

3. 中国旅游研究自1978年改革开放以后开始走上正轨，大体上可分为探索与奠基、发展与深化、繁荣与困惑、成熟与完善四个阶段。虽然目前中国国内的旅游研究取得了较为辉煌的成就，也为中国旅游产业的发展提供了理论指导，但仍然存在理论滞后于实践、国际化发展不够、团队研发平台较少、理论核心不强、研发动力不足及创新不多等现实问题，今后应进一步凝聚学界力量，在新的发展进程中不断创造辉煌，逐步走向完善。

4. 研究对象是相对于研究主体的一个概念，是任何一门学科都必须明确的首要问题。目前国内学者对旅游学研究对象的认识方面主要有要素说、系统说、关系—现象说以及矛盾说等几种代表性观点，各具特色，各有千秋。本书认为，旅游学以旅游活动或旅游现象为研究对象，重点分析和探讨旅游活动（旅游现象）的成因、运动规律及其外在影响。

5. 研究内容是研究对象的具体化，是按照一定的视角和层面对研究对象所作的进一步的分类。本书认为，旅游学的研究内容主要包括属于旅游活动驱动系统的条件观、历史观、区域观，属于旅游活动自身核心系统的本体观、主体观、客体观，属于旅游活动外延系统的效应观、产业观、发展观。上述内容框架全面而清晰地囊括了旅游活动涉及的方方面面信息，为旅游学的研究提供了有力的支持与保障。

6. 分析探讨旅游学的学科性质是旅游学理论研究的重要内容之一。国外学者对旅游学科性质的认识经历了一个由单一学科到多学科，进而发展到跨学科，并朝着独立学科方向发展的渐进过程。国内学者对旅游学学科性质的认识主要有经济学/管理学、跨学科、社会科学、综合性学科和横断性学科等几种观点。本书认为，旅游学科是社会科学的一个具有跨学科性质的分支，由众多的具体学科构成，有自身完善的学科体系。旅游学是旅游学科体系中一门以旅游者的旅游活动及其现象为研究对象，重点分析和探讨旅游活动（旅游现象）的成因、运动规律及其外在影响的具体学科，属于基础理论的范畴。

7. 旅游学的跨学科特点决定了旅游学的研究方法必然是一个由不同层次、不同功能的研究方法所构成的方法体系，而绝非个别的、分散的研究方法。旅游学研究中常用的研究方法有文献研究、调查统计、实地研究、实验研究等。

8. 旅游学的研究意义主要体现在完善理论体系和指导实践发展两个层面，具体表现为：

有助于认识和理解人类的旅游活动，提高旅游体验的质量；有助于认识和理解旅游业的发展规律，提高旅游管理水平；有助于推动旅游学的发展，完善旅游学的学科体系。

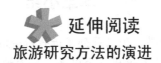
延伸阅读
旅游研究方法的演进

一、国外旅游研究方法的特征

申葆嘉较早地对国外旅游研究进程进行了系统总结，将国外的旅游研究进程分为早期认知时期、中期过渡时期、近期大发展时期三个阶段。在这三个阶段中，由于对旅游现象的认知程度的差异和各国不同的政治、经济和社会背景，国外旅游学者的研究方法选择也存在较大差异。从初期的运用统计手段和方法对旅游现象进行描述，到中后期经济学、地理学、心理学、人类学等多学科、多维尺度分析方法的使用，虽然独立的旅游科学尚未完整地形成，但是方法论研究已经从萌芽到不断壮大，为旅游学科的体系构建奠定了基础。

1. 旅游研究方法具有深刻的社会科学属性

近代西方最早的旅游研究论文于 1930 年由 L. Wiese 使用德语发表，第一本旅游学专著由德国学者 H. J. Knebel 于 1960 年完成。直至 1972 年，以 Cohen 关于旅游者角色划分的论文和 1973 年 Mac Cannell 的关于旅游活动"舞台真实性"的理论探讨为代表，旅游学科由边缘的新兴学科成为社会科学领域的一项专门研究范畴，并自 20 世纪 70 年代中期开始快速发展。可以说，旅游学研究从一开始就带有强烈的社会科学的研究属性。根据 Riley&Love 在对国外 1970—1996 年旅游学术论文研究方法的使用情况统计，20 世纪 70—80 年代发表的旅游论文多从人类学和社会学的视角，运用定性研究方法进行，对这些方法适用性的辩证思考推动了旅游研究方法科学性发展。

第一，对调研方法的研究。抽样调查、问卷设计、访谈、生活与工作历史分析法广泛用于社会科学研究的数据收集和分析，并可由此判断研究对象的行为选择模式，对于旅游业相关数据收集和旅游市场营销学发展，具有重要意义。爱丁堡大学旅游与游憩课题组就如何开展游客调查等进行了系统阐述；Smith 对于旅游研究开展的前期，如何进行研究设计、设计问卷、选择样本、选择焦点人群和访谈、指标选择与度量等进行了详细介绍；Ladkin 详细阐述了生活与工作历史分析法应用于接待业与旅游业的价值，并以英国 248 位酒店总经理的职业路径和劳动力流动特征为案例进行应用分析。

第二，对定性和定量研究方法的理性选择。长期以来，学术研究中实证主义的流行和定性研究方法在技术手段上的欠缺使得旅游研究中的定性分析常受到缺乏科学肌理的诟病，定量分析被部分学者们认为是旅游研究进步的必要条件。但由于单一的定量分析无法全面阐释问题的内涵和意义，因而该观点在 20 世纪 90 年代受到诸多学者质疑。Cohen 认为，很多影响深远的旅游研究皆始于定性研究方法的应用，定性研究方法是旅游研究体系建立和学科性质表达的基础条件。

可信度是衡量学术研究价值的重要标准，Lincoln&Guba 提出定性研究方法的使用应符合可信度、适用性、依赖性和客观性四个评价标准。为增强旅游定性研究的科学性，诸多学者进行了富有建设性的探讨和尝试，特别是三角校正法的使用，提高了社会科学研究中定性方法的严谨性。Campbell&Fiske 运用包含两种特性且分别被至少两种方法检验的关联矩阵对研究方法进行信度验证，这是关于三角校正思想的最早阐述；Denzin 首次将三角校正法分为资料来源校正、研究方法校正、研究者校正和理论校正四种类型；Decrop 则首次将三角校正法应用于旅游研究，对这四种类型的应用进行了详尽解释后指出，三角校正法并非普遍适用于所有定性研究，而仅与后实证主义、解释主义和建构主义的研究关系密切。

第三，对案例分析法的客观评价。该方法是社会科学研究中普遍采用的分析方法。Xiao&Smith 对 4 种旅游学术期刊 2000—2004 年发表的 76 篇使用案例分析法进行旅游研究的论文进行分析后指出，案例分析法长期以来被认为是社会科学研究中较弱的一种研究方法有失公允。相比于传统的经济学研究范式，虽然案例分析法因研究对象和研究范围较窄且缺乏可供反复验证的因果关系阐述和经济现象的系统运作模式揭示，但使用严谨的分析技术和科学分析过程的案例分析法为概念性框架的理解、解释与预测提供了辩证的思想交流方法。

2. 以专著形式对旅游研究方法进行广泛、深入探讨

专著体现了研究者对某一问题的深入、系统思考，反映出当前对该问题的研究层次和系统性。笔者通过使用 Google 学术、Springer Link 等搜索工具，对国外的英文文献关于旅游研究方法方面的部分专著进行了搜集、整理、分类，目前国外学者涉及旅游研究方法的专著主要有以下类型：

第一类，对旅游研究方法、分析方法的系统介绍。Smith、Jennings、Ritchie、Burns、Palmer、Veal、Finn、White、Walton、Sirakaya Turk、Dwyer、Gill、Seetaram、Botterill、Platenkamp、Ateljevic 等学者，分别出版专著对旅游研究方法进行全面介绍。从早期的旅游的定义与描述，旅游资料的收集，问卷设计与德尔菲法、访谈法等调研方法，案例分析法，文献综述法到中后期的地理信息系统（GIS）技术应用、统计检验、回归分析、聚类分析、时间序列分析、面板数据分析、结构方程模型（SEM）、一般均衡模型（CGE）如何应用，以及扎根理论、元分析、网络分析法等混合方法进行系统介绍。国外的旅游研究方法呈现从定性方法向定量方法和混合方法转变的趋势；从文字描述、调研报告撰写到运用计算机软件、网络等技术手段进行建模、分析评价转变的趋势；从某一具体方法介绍向探讨理论框架、研究范式和未来发展方向思考转变的趋势。整体呈现从简单到复杂、从单一到整体的演进特征。

第二类，对旅游研究中特定领域、特定问题的方法介绍。Apostolopoulos、Leivadi、Yiannakis 从社会学角度对现代旅游业进行了探讨，对旅游系统与个体特征、旅游系统中的社会不均等结构、旅游与社会组织、旅游与社会变革等进行了分析；Phillimore、Goodson 从存在论、认识论和方法论角度对旅游研究中的定性方法进行了哲学探讨，反映出哲学与社会科学研究方法在旅游研究中的高度关联性；Hara 从产业经济学角度，对旅游产业的定量研究方法进行了系统回顾，并特别对投入-产出模型、社会核算矩阵、旅游卫星账户等的使用方法进行了分析；Richard&Munsters 从文化产业学角度，对各类研究方法在文化旅游研究中的应用及发展趋势进行了总结；Rakic&Chambers 认为，旅游研究工作者应当学会如何从初级、中级、高级视觉材料中选取研究信息，并对视觉方法应用于旅游研究进行了系统介绍，研究角度新颖、细致；Hall 从旅游田野作业中的研究者自我定位、田野作业的关联性、可达性、自省度以及方法可行性等方面，对旅游研究中的田野作业及相关事项进行了反思和讨论。这些著作深入探讨了

旅游研究领域的广泛性和跨学科特征，并且反映出邻近学科的研究方法对旅游学研究方法体系建设的贡献。

第三类，针对旅游专业学生和初级研究者的研究方法介绍。Brotherton、Clark 等学者就旅游与接待专业学生如何学习旅游研究方法、如何撰写学术论文和毕业论文以及如何开展游客调查等进行了系统阐述，有助于初学者的学术研究入门、学术活动开展和方法论思维的培养。整体而言，国外学者对旅游研究方法的研究数量多、种类全、可操作性强，对于旅游研究过程中定性与定量研究方法相结合运用的必要性、旅游研究方法对学科发展的重要性以及旅游研究方法教育的重要性等给予了充分重视。

3. 重视旅游研究方法的创新与探索

张凌云通过对 35 种国际常见的旅游专业学术刊物的选题与载文引用情况进行统计分析，发现 ATR 和 TM 两本刊物已经成为我国学术界了解国外旅游研究的主要媒介。从相关分析、因子/主成分分析、聚类分析等较为简单的计量研究方法，到分形理论、生态足迹、神经网络、数据包络分析（DEA）、模糊数学、灰色系统、结构方程、人工智能、遗传算法等新的、较为复杂的研究方法，往往率先在西方的主流旅游学术杂志中采用，而后又被介绍到国内相关研究领域。这从一个侧面反映出以英文发表的旅游学术论文对于国际范围内旅游研究潮流和研究方法创新的引领作用。

二、国内旅游研究方法的现状与发展过程

1. 国内关于旅游研究方法的研究现状

截至 2013 年 2 月，在中国知网（CNKI）资源库中以主题中含有"旅游研究方法"为搜索关键词，经筛选、整理，从 1985 年至 2013 年共有 83 篇论文（搜寻如有遗漏，尚祈见宥），集中发表于专业性的旅游学术期刊上。年平均 4.88 篇，数量少，但总体呈上升趋势。关于旅游研究方法研究的论文大体可以分为四类：

第一类，对纯旅游研究方法的研究与探讨。张宏梅将国内使用的研究方法分为传统定性方法、现代定性方法、定性定量结合、基础统计分析和复杂统计分析五类，并对如何科学地进行问卷设计获取数据以及常用数据处理方法进行介绍；申葆嘉、王静、陈才等认为构建旅游学的研究方法体系有助于学科发展和研究科学化、系统化；马凌认为实证主义和建构主义范式在旅游学研究中是辩证互补关系。在研究思维和研究趋势方面，刘扬认为从概念阐述到理论实证的研究转向有助于打破旅游实践过程的思维僵局；马耀峰认为时空思维的树立有助于提高旅游研究的深度和科学性。在具体的研究方法选择方面，谢彦君、高军、何芸对结构方程、内容分析法在旅游研究中的应用情况进行总结、评价。

第二类，对国外前沿旅游研究方法的介绍。范业正等对国外的旅游规划方法、李爽对国外旅游研究中的计量经济学方法、邵隽等对国外旅游研究领域的 Web 点击流分析、朱峰等对国外行动者网络理论研究分别进行了介绍，将国外的先进研究方法引入国内旅游研究。

第三类，对国内外旅游研究方法的数量和类型的比较。学者们（朱竑等、曹振杰等、宋慧林、戴斌等、汪德根等、陈丽坤）将国际主流的旅游研究期刊、国际刊物与国内主要旅游学术期刊所采用的研究内容、方法进行比较，并运用因子分析、相关分析和知识图谱分析等方法对国外研究关注领域、方法选择等进行了总结。

第四类，旅游学科建设思辨过程中涉及的研究方法探讨。马波、申葆嘉、谢彦君、王健、张凌云等学者从学科建设、课程体系设置等方面对旅游学科建设的成熟度和未来走向进行研究，有利于学科的规范性、科学性发展。

国内关于旅游方法的研究以第三、四类居多，侧重介绍、统计和比较，关于研究方法体系构建的研究和某一类研究方法的应用分析相对较少。

2. 国内旅游研究方法的演进特征

我国旅游研究方法的演进呈现与国内旅游产业发展、旅游学科建设密切相关的特征，具体表现为：

第一，改革开放初期（1978—1987年），旅游研究方法零散、随机，统计、描述、比较研究居多。国家比较重视旅游的经济功能和政治宣传功能，而忽视了旅游理论建设和方法研究，旅游研究方法不成体系，处于对外国游客在我国的空间流动、游客需求调查、消费额的简单统计和国际经验（旅游接待设施建设、服务观念塑造等）的介绍阶段。

第二，改革开放中期（1988—1997年），以归纳、演绎等定性研究方法为主，定量研究较少。旅游业的快速发展大大促进了旅游教育和旅游研究的开展，学界关于旅游研究思维的树立、旅游研究方法的教育、旅游基础理论研究和学科建制进行探讨、争鸣，对旅游研究的多学科、交叉学科的研究思维和研究方法的建设逐渐达成共识。此外，国家旅游局分别于1985年和1992年开始编辑、出版《中国旅游统计年鉴》、《中国旅游统计年鉴（副本）》，为旅游研究中定量研究方法的使用提供数据支撑。

第三，改革深化阶段（1998年至今），旅游高等教育层次的提高促进了方法论的研究和使用。在旅游业支柱产业地位的确立和强化的背景下，我国各类旅游研究机构有2500多家，其中设有旅游研究机构的高等院校897家，占全国高校总数34.24%。通过中国研究生招生信息网查询，截至2013年5月，全国设立旅游管理专业硕士点的高等院校有144家，具有"旅游"研究方向的博士研究生招生单位30家，反映出旅游教育层次不断完善、旅游学术研究水平不断提高的特征。学科建设与方法论建设相互促进，大量国内外先进的旅游研究方法得到应用，学术研究的国际化水平不断提高。特别是随着2012年教育部发布的《普通高等学校本科专业目录（2012）》将旅游管理升级为与工商管理平级的一级学科，研究方法和研究范式的建设对于旅游学科的长久、规范发展就更为重要。

[资料来源：王娟，张广海.旅游研究方法的演进与创新［J］.旅游研究，2013（5）.]

结合阅读思考：

1. 国外旅游研究方法有哪些特征？
2. 在不同的发展阶段，国内旅游研究方法有哪些特征？

 复习思考题

1. 简述国外旅游研究的主要阶段及其研究主题。
2. 简述国内旅游研究的阶段划分及其研究内容。
3. 如何认识和理解旅游学的研究对象与研究内容？

4．如何认识和理解旅游学的学科性质？

5．旅游学研究中常用的研究方法有哪些？

6．如何认识和理解旅游学的研究意义？

参考文献

［1］申葆嘉．国外旅游研究进展：连载之二［J］．旅游学刊，1996（2）：48-52．

［2］孙九霞，王学基，黄秀波．旅游研究的新视角、新方法、新趋势：旅游科学国际学术研讨会暨中国旅游学院院长论坛会议综述［J］．旅游学刊，2014（12）：118-120．

［3］亢雄，马耀峰．对旅游"六要素"的再思考［J］．旅游论坛，2009（4）：475-478．

［4］谢春山，于淑艳．试论旅游学的研究对象与内容［J］．旅游研究，2012（1）：6-10．

［5］张凌云．我国旅游学研究现状与学科体系建构研究［J］．旅游科学，2012（1）：13-25．

［6］王兆明．旅游学基础［M］．北京：人民教育出版社，2007．

［7］李肇荣，曹华盛．旅游学概论［M］．北京：清华大学出版社，2006．

［8］魏小安，等．旅游强国之路［M］．北京：中国旅游出版社，2003．

［9］王昆欣．试论旅游活动"新六要素"［J］．旅游科学，2005（12）：7-10．

［10］陈兴中，郑柳青．旅游活动"六要素"新论［J］．人文地理，2007（5）：80-83．

［11］杨时进，沈受君．旅游学［M］．北京：中国旅游出版社，1996．

［12］刘伟，朱玉槐．旅游学［M］．广州：广东旅游出版社，2001．

［13］李冠瑶，刘海鸿．旅游学教程［M］．北京：北京大学出版社，2005．

［14］申葆嘉．旅游学原理：旅游运行规律研究之系统陈述［M］．北京：中国旅游出版社，2010．

［15］董玉明，王雷亭．旅游学概论［M］．上海：交通大学出版社，2000．

［16］何丽芳，贺湘辉，等．旅游学概论［M］．北京：清华大学出版社，2006．

［17］张立明，敖荣军．旅游学概论［M］．武汉：武汉大学出版社，2003．

［18］谢彦君．基础旅游学［M］．3版．北京：中国旅游出版社，2010．

［19］陶汉军．新编旅游学概论［M］．北京：旅游教育出版社，2001．

［20］马勇，周霄．旅游学概论［M］．北京：旅游教育出版社，2008．

［21］庄寿强．旅游学的涵义、学科性质及学科定位：从行为创造学新视角对旅游学基本概念的探索［J］．中国矿业大学学报（社会科学版），2010（3）：120-124．

［22］张佑印，马耀峰，顾静．旅游学研究体系：结构、解构与重构［J］．人文地理，2016（3）：145-150．

［23］吴必虎，邢珏珏．旅游学学科树构建及旅游学研究的时空特征分析：《旅游研究纪事》30年［J］．旅游学刊，2005（4）：73-79．

［24］申葆嘉．论旅游学科建设与高等旅游教育［J］．旅游学刊，1997（S1）21-24．

［25］张华容．现代旅游学［M］．北京：旅游教育出版社，2002．

［26］王洪滨，高苏．旅游学概论［M］．2版．北京：中国旅游出版社，2010．

［27］安应民．旅游学概论［M］．北京：旅游教育出版社，2007．

［28］王德刚．试论旅游学的研究方法［J］．旅游科学，2000（2）：5-7．

第二章

旅游的本体观

 本章导读

旅游活动几乎伴随着人类的产生而产生,是一种极其复杂的社会现象。要深入分析和理解这一社会现象,首先必须研究和探讨旅游这一概念的界定及其内涵,进而探讨旅游活动的内在本质属性与外在特征,并对旅游活动进行科学的分类与评价。上述研究和探讨不但有助于从本体论的角度拓展和完善旅游学的理论体系,更能在实践上指导人们对旅游活动形成科学和正确的认知,进而促进旅游活动的持续和健康发展。因此,本章将依次研究和探讨旅游的定义、本质、属性、特征、分类及其特点等有关旅游本身的基本理论问题。

 学习目标

1. 理解和掌握旅游的定义与内涵;
2. 分析和理解旅游的本质与属性;
3. 分析和掌握旅游的特征;
4. 掌握旅游的分类及其特点。

 核心概念

旅游　本质　特征　分类

第一节　旅游的定义

"旅游"由"旅"和"游"二字组成,"旅"是旅行、外出,"游"是游览、观光、娱乐,二者合在一起便是"旅游",意指通过外出旅行而进行的观光娱乐活动。若单纯从字面上,旅游似乎很好理解,但这种描述性的解释毕竟不是严格意义上的旅游定义,使我们很难借此判定某一种社会活动是否属于旅游活动。因此,要对旅游活动或旅游现象进行研究和探讨,首先必须对旅游作出科学合理的定义。

一、旅游的早期释义

"旅"与"游"在我国古代典籍中出现很早,且使用频率较高,但大多是分开使用的,其含义也大不相同。"旅"的本义为"师旅",唐朝孔颖达在《周易正义》中解释说:"旅者,客寄之名,羁旅之称;失其本居,而寄他方,谓之为'旅'。"即"旅"主要指离家在外的旅行活动,是一种有目的的功利行为,重在突出旅行行为的时间和空间特征。而"游"的本意是指熟悉水性的人在水中的自由活动,虽然后来的含义逐渐宽泛,包括神游、游说、游览、游憩、闲游等,但都强调顺应自然、适意而行,具有无意志、非理智、超功利的特征。"旅游"一词首次出现在南朝梁人沈约《悲哉行》"旅游媚年春,年春媚游人"的诗句中,之后多次在唐宋明清诗词中再现,直到如今。虽然"旅"和"游"组成一词,但二者的地位是不同的,"旅游"的重心实际上是在"游",而不在"旅"。"旅"不过是手段,而"游"才是旅游者最终追求的目标。

在西方,从词源学角度看,"tour"来源于拉丁语"toroare"和希腊语"tornos"。其原意是"车床或圆圈围绕一个中心点或轴的运动"。后来,在英语中其演变为"顺序"。"tour"加上后缀"ism",被解释为"一个行动或过程"。"tourism"意指"按照圆形轨迹的移动",即一种往复的空间活动过程。对于"tour""tourism"究竟何时出现在文字记载中,西方学者有不同的看法,大致有两种基本说法。一种观点认为,最早出现在1778年出版的《Grand tour》;另一种观点认为,是在1811年出版的《牛津词典》中。不论"tour"和"tourism"何时出现,其词源学上的原本含义已经在某种意义上折射出现代旅游空间特征的影子。毕竟,不管是大尺度,还是中小尺度的旅游,也不管外出多远、离开多长时间,旅游者总要回家,旅游活动总是以家为原点的空间移动行为。

虽然因古今时代背景的不同和中外文化的差异,古代旅游和西方旅游的含义同现代旅游有一定的差异,但对于我们深刻认识旅游的本质,对旅游作科学的定义,还是有着重要指导意义的。

二、"旅游"诸定义述评

虽然个别的旅游现象在人类历史上出现很早,但作为一种集体性的社会现象出现并引起人们广泛关注的历史却不是很长,加之人们对其研究与认识的角度、方法、目的也存在较大区别,使得当前人们对旅游的定义呈现出众说纷纭,莫衷一是的状态。

目前,国内外对旅游的定义中较有特点和代表性的观点主要有以下几种:

(1)目的定义。1927年,德国的蒙根·罗德认为,旅游从狭义的角度理解是那些暂时离开自己的住地,为了满足生活和文化的需要或各种各样的愿望,而作为经济和文化商品的消费者,逗留在异地的人的交往。20世纪50年代,奥地利维也纳经济大学旅游研究所将旅游定义为:暂时在异地的人的空余时间的活动,主要是出于修养;其次是出于受教育、扩大知识和交际原因的旅行;再次是参加这样或那样的组织活动,以及改变有关的关系和作用。

(2)流动/运动定义。1972年,英国学者伯卡特和梅特利克将旅游定义为:旅游发生于人们前往和逗留各种旅游地的流动,是人们离开他平时居住和工作的地方,短期暂时前往一个旅游目的地的运动和逗留该地的各种活动。1980年,英国旅游局(BTA)前执行局长里考瑞什将旅游定义为:是人的运动,是市场的运动,而非一项产业的运动。该定义重在强调旅游的位置移动,主要探讨流动人口对接待地区及其居民的影响。

(3)时间定义。1979年,美国通用大西洋有限公司的马丁·普雷博士在中国讲学时对旅游的定义是:为了消遣而进行旅行,在某一个国家逗留的时间至少超过24小时。该定义重在强调"逗留的时间"这一各个国家在进行国际旅游者统计时遵循的统计标准。

(4)非营利性定义。1981年,旅游科学专家国际联合会将旅游定义为:旅游是非定居者的旅行和暂时居留而引起的一种现象及关系的总和，这些人不会永久居留，并且主要不从事赚钱的活动。这就是在国际上影响较大的"艾斯特定义"，该定义重在强调旅游的非营利性。

（5）生活方式定义。1985年，我国经济学家于光远对旅游的定义是：旅游是现代社会中居民的一种短期性的特殊生活方式，这种生活方式的特点是异地性、业余性和享受性。

（6）技术定义。1995年，世界旅游组织和联合国统计委员会推荐的技术性统计定义为：旅游是指为了休闲、商务或其他目的，离开他（她）们惯常环境，到某些地方并停留在那里，但连续时间不超过一年的活动。旅游目的包括六大类：休闲、娱乐、度假，探亲访友，商务、专业访问，健康医疗，宗教、朝拜，其他。

（7）相互关系定义。2005年，美国旅游学者戈尔德耐和里奇将旅游定义为：在吸引和接待旅游和访客过程中，由游客、旅游企业、当地政府、当地居民相互作用而产生的现象与关系的总和。该定义特别强调旅游的相互关系，即旅游所引发的各种现象和关系。国外学者葛留克斯曼（1935），汉泽克尔和克拉普夫（1941），麦金托什、戈尔德耐和格皮特（1980），库伯（1998）等分别在《旅游总论》《普通旅游学纲要》《Tourism: Principles, Practices, Philosophies》《Tourism: Principle and Practice》中持类似观点；另外，国内学者申葆嘉（1999）、马勇与周宵（2008）、李天元（2014）等在《旅游学原理》《旅游学概论》《旅游学概论》中关于旅游的定义也都重在强调旅游所引发的相互关系。

（8）主体愉悦性定义。2015年，谢彦君在《基础旅游学》（第四版）中给旅游下的定义是，旅游是个人利用其自由时间并以寻求愉悦为目的而在异地获得的一种短暂的休闲体验。该定义重点突出的是旅游者所追求的愉悦性。

由此可见，上述国内外学者对旅游定义的阐述，确实如斯蒂芬·史密斯（2000）所说的那样，旅游一词的概念是多义的，如何对旅游下定义，取决于学者研究的需要和研究的角度。这种状况的出现，实际上是人类社会中的一种正常现象，至少反映出已经有众多的人在关心和关注旅游活动或旅游现象。尽管彼此的观点可能存在很大差别，但都或多或少地在一定层面或视角上，反映出旅游的本质与特征。这对于我们定义旅游活动或现象具有重要的参考价值。

虽然，我们不完全赞同某一旅游定义的具体阐述，但综合分析上述关于旅游定义的表述，我们大致可以看出人类旅游活动的一些共同特点：

（1）旅游具有和平的目的性。人们外出旅游不管是为"满足生活和文化的需要或各种各样的愿望"，还是为"修养""受教育、扩大知识和交际""参加这样或那样的组织活动"，抑或是为"消遣""寻求愉悦"等，总要具有一定的目的，并且这种目的的实现通常采用和平的方式。

（2）旅游是一种非营利的行为。旅游者无论是作为"经济和文化商品的消费者"，还是"主要不从事赚钱的活动"，抑或是"不会导致在旅游地定居和就业"等，都从一定意义上凸显出旅游者外出旅游不是为了赚钱、定居或就业，而是商品的消费者。因此，旅游活动在本质上具有非营利性的特征。

（3）旅游者是旅游活动的主体。上述定义无论是具体表述为"那些暂时离开自己居住地的人"，还是"暂时在异地的人"，抑或是"在某一个国家逗留的人""非定居者"等，都将旅游者和当地居民、旅游业者等区别开来，基本上明确指出，旅游活动是旅游者的活动，而不是旅游地居民或旅游业者的活动。

（4）旅游活动是一种暂时性的行为。旅游者或者"暂时离开自己的住地"，或者"暂时在异地"，或者"暂时居留"，或者有种"短暂经历"，抑或是"逗留的时间至少超过24小时"，都在一定意义上揭示出旅游活动是一种短暂的外出行为，不会长期在异地居住，更不会去而不归。

（5）旅游活动是一种特殊的生活方式。人们外出旅游，或者为了满足需要或愿望，或者为了修养、受教育，抑或是"参加这样或那样的组织活动"，都体现出一种消遣性、享受性、业余性和愉悦性。这和日常的家居生活有着本质的区别，实际上，这也是旅游活动受到人们普遍喜欢的根本原因。

（6）旅游活动是一种综合性的现象或关系。无论这种旅游现象或关系是由"游客、旅游企业、当地政府及当地居民的相互作用"所引起，还是由"非定居者的旅行和暂时居留"所引起，都体现出一种综合性，而不是单一性的社会现象。

虽然上述关于旅游定义的各种阐述和描述，对于我们科学定义旅游的概念极具参考和启发意义，但也有值得商榷之处，即旅游到底是它本身，还是它所引起的现象或关系？这是我们在定义旅游概念的时候必须认真思考的问题。

三、旅游的定义及内涵

通过综合分析与解读上述关于旅游的定义，并从旅游的本质与特征出发，我们认为，为旅游下定义必须从旅游者的视角出发，而不能从旅游业的视角出发。毕竟，旅游活动首先是旅游者的活动，而不是旅游业者或其他非旅游者的活动。鉴于此，我们尝试对旅游作出如下定义：旅游是人们前往异地所进行的短暂休闲体验活动。其内涵包括：

（1）旅游者是旅游活动的主体。这种旅游活动可能是旅游者个人的行为，也可能是团体或组织的统一行为，这种活动一旦由众多的个体行为或团体行为汇聚成社会性的行为或现象，便会给社会带来巨大的影响，从而引起社会的关注，但旅游者的旅游活动所引起的现象或关系和旅游活动本身并不是同一个概念，因此，从严格的意义上来说，旅游者是旅游活动的唯一主体，旅游业者不是，旅游地居民不是，其他旅游活动相关参与者更不是。

（2）旅游的目的在于寻求休闲体验。旅游活动在本质上是一种寻求身心舒适与情感愉悦的休闲体验过程，既需要悦耳悦目，也需要悦心悦意与悦志悦神，它是浅层次的观光娱乐与深层次的情感体验和精神愉悦的统一，是一个由感动到心动，再到精神升华的过程。这种休闲体验既包括审美体验、求知体验，也包括交往体验、情感体验。特别需要提出的是，这种休闲体验实际上是一种异地的休闲体验，有别于日常生活中的惯常休闲体验。正是这种休闲体验的异地性，才使旅游活动备受人们青睐。

（3）旅游是一种异地性的活动。旅游活动实际上是旅游者离开所熟悉的惯常生活环境，而到外地寻求异地感受与体验的过程。虽然旅游活动在本质上同在惯常环境中所进行的休闲行为、游憩行为是一致的，但它实际上是一种异地休闲行为或游憩行为。需要注意的是，这里所说的异地性活动，并不仅指旅游者在异地的活动，而是一个包含离开惯常环境、异地愉悦体验、返回惯常环境在内的综合过程，也就是既包括传统意义上的"旅"，也包括传统意义上的"游"。

（4）旅游是一种短暂性的活动。旅游活动本质上是人们对日常生活环境的一种暂时性"逃逸"，不管离开多远的距离，总要回到原点，回归日常。因此，旅游活动的时间不会过长。国际上公认的旅游停留时间标准是 24 小时以上，连续停留不超过 12 个月；我国则规定连续停留时间最长不超过 6 个月。旅游活动的短暂性使得它同迁徙、移民等有着本质的区别。

（5）旅游是一种非营利性的活动。旅游者外出旅游，无论是出于观光娱乐的目的，还是出于情感体验的目的，都需要花费一定的精力、体力和财力，而不会从旅游目的地获得经济利益。从这个意义上来说，即使"商务旅游"可以被认同，也只是其中"游"的部分才属于旅游的范畴，而"商"只是实现"游"的一种条件或手段。

（6）旅游是活动与现象的统一。旅游既是一个动态的过程，也是一个静止的状态，动态的过程表现为旅游活动，它时刻处于变化之中；静止的状态表现为旅游现象，呈现出一定的相对稳定状态。因此，不能将旅游活动或旅游现象分割开来，也不存在谁代替谁的问题，它们是一个问题的两个方面，或者说是从动、静不同的角度来看待同一个问题。当然，无论是称之为旅游活动，还是称之为旅游现象，都是它们自己，而不是因它们所引起的现象或关系。

上述定义将旅游主体、旅游目的、旅游特征等融为一体，既简洁明了，又反映出旅游活动的本质与特征，也能够将旅游活动同各种非旅游活动较好地分别开来，对于促进旅游基础理论研究的深入与完善，具有一定的积极意义。

第二节 旅游的本质

本质是指事物固有的，决定事物性质、面貌和发展的根本属性，是一事物与他事物相区别的内在根据。本质的特征在于：（1）对事物内部各部分而言，它是共有的（但不是唯一的）；（2）对其他事物而言，它是独特的；（3）对事物的面貌、发展及非本质属性而言，它是决定者；（4）它隐藏于事物的内部，单纯、深刻而抽象。因此，要深入认识和理解旅游活动或旅游现象，就必须认识和把握其内在的本质。

一、旅游本质研究述评

众所周知，旅游活动是人类社会中最为复杂的现象之一，这不仅表现在参加旅游活动的人员较为复杂，既有年龄之差，又有性别之异，既有身份、地位、文化的不同，又有需要、动机、兴趣的区别，还表现在旅游活动内容与方式的差异，既有自然观光，也有文化鉴赏，既有旅游团的集体活动，又有散客的自由行……凡此种种，恕不赘言。面对这样一个形式多样、变化万千的旅游活动或现象，想透过现象直接探寻其本质，已经不是易事。加之学者们分析和解决问题的着眼点与方式方法的不同，对旅游本质的认识自然也会存在较大的差异。因此，虽有众多的学者一直在分析探讨旅游的本质问题，但争论和分歧从未停止，这种现象从相关的文献检索中可略见一斑。作者在中国知网上以"旅游"和"本质"为关键词搜索 2000 年以来的学术文献，共有 150 条记录，涉及经济学、文化学、人类学、哲学、社会学等不同的学科，但大多都是单纯从某一学科的某个角度来分析和探讨旅游的本质问题，其结论也各不相同。

马里奥蒂（1927）从经济学角度出发，认为旅游活动是具有经济性质的一种社会现象。沈祖祥（1996）认为旅游是一种文化现象、一个系统，是人类物质生活和精神生活的一个最基本的组成部分。周霄（2003）以人类学的认知框架为基础，提出了旅游具有表达性与建构性双重内涵的仪式本质。马耀峰、白凯（2007）运用人类学关于人的本质属性的观点以及系统论自组优化原理对旅游的本质进行了探讨，其结论为：旅游的本质是人的一种自我完善和发展的自觉活动或经历，其目的是追求身心愉悦。申葆嘉（2008）认为，旅游是市场经济发展的产物，具有文化性质，是多元系统整合的社会现象。谢彦君（2011）认为，旅游的本质就是一种体验，余暇和异地将这种体验与其他体验分离出来，赋予其独有的特征。白翠玲（2013）认为，旅游是一种高层次的消费活动、审美性精神活动、综合性社会活动、生活方式。左成吏（2013）认为，旅游的本质就是一种积极健康的社交活动、综合性的审美实践、高层次的消费活动。李天元（2014）指出，旅游活动在本质上并非经济活动，而是一种以不同地域间人员流动为特征，涉及文化、经济、政治等许多方面的社会文化活动。杨振之（2014）提出了旅游的本质是"人诗意地栖居"，并用现象学理论进行了论述。

除上述学者外，张凌云（2008）对旅游的本质问题进行了较为全面、深入和系统的研究。他认为，从认识论和方法论上看，"旅游是什么"和"什么是旅游"这两个问题不是等价的。前者揭示的是旅游的本质，后者只是对某一属性的判定，不能从旅游的某一属性来判定旅游的本质。旅游，首先应是一种人的基本需要，其次是在这种需要支配下可能付诸实施而产生的行为和活动，再次是由于旅游活动达到一定规模后产生出的一系列提供和丰富这种活动的产业和系统，最后是由于人的频繁交往而造成人地关系、人群关系发生变异的现象。旅游作为一种人的自身基本需要是与生俱来的，是先天的，并不因外界条件的变化而改变，对于现在学术界总结的旅游的种种性质和属性（例如经济性、社会性等），则是我们后天赋予的。为此，他在《国际上流行的旅游定义和概念综述——兼对旅游本质的再认识》一文中，通过对国际上具有代表性的30个旅游定义的综述，归纳出旅游的几个本质特征，具体包括：

（1）旅游是人的空间位置的移动（与一般货物、贸易物的移动有很大不同），这种移动是暂时的，这是旅游消费区别于其他消费活动的一个显著特征；

（2）旅游可以有一个或多个动机，但我们一般认为旅游的动机与游憩（或康乐）有关，当然也可能包括商务、教育、健康或宗教等因素，这一切构成了旅游的基础；

（3）旅游活动需要一定的交通基础设施、住宿、营销系统、游憩（或康乐）和景区服务的支持，这一切构成了旅游产业的基础；

（4）旅游不仅仅是游客个人的一种休闲和游憩（或康乐）的消费方式，从空间上看，旅游不仅仅是客源地向目的地单向的人员流动，而是由客源地、通道和目的地构成的一个完整的空间系统；

（5）旅游整体的空间系统，不仅是一个经济系统，更是一个文化系统和社会系统，这是旅游目的地系统存在的理论基础。

应当说，上述学者关于旅游的本质研究的成果或观点，尽管各自的语言表述有所不同，但都在一定层面或视角上揭示了旅游的本质，其中也反映出相当程度的共识，如多数学者都从旅游者角度出发，认为旅游是旅游者的行为，是一种"人的基本需要"，是人类在基本生存需要得到满足后产生的一种"追求身心愉悦"的精神文化需求。旅游的本质属性是文化属性，具有文化性质，是一种"社会文化活动"，是一种"体验"等。虽然上述观点中关于旅游的本质的阐述，有的还存在着过于宽泛和宏观的弊端，还不足以使人们对旅游的本质形成一个较为简洁和微观的认识，但从旅游者的视角来分析探讨旅游的本质问题，实际上已经将"旅游者"和"旅游业"区别开来，揭示出对旅游的本质问题的探讨，即应从旅游者自身的立场，从文化的视角出发，而不是旅游业的视角。这样，关于旅游的经济属性的观点也就不攻自破了。

二、旅游本质的辨析

通过以上对学者们关于旅游的本质问题研究的解读和分析，我们已经明确要研究旅游的本质，必须从文化的视角，而不是从经济的视角出发，但仅仅将旅游的本质确定为文化属性或一种社会文化活动，还是过于宏观和空泛。为此，我们还应在此基础上进行深入的分析。

要认识和理解旅游的本质属性，除了必须站在旅游者的立场外，还涉及两个重要的问题：

（1）旅游者为什么要去旅游？

（2）旅游能给旅游者带来什么？

关于这两个问题的探讨在我们认识旅游的本质的过程中起着关键的作用。

第一个问题涉及旅游目的，即旅游者的旅游需要和旅游动机。一般来说，旅游需要方面有放松、刺激、关系、自尊与发展、自我实现等；旅游动机方面有身体健康、文化、交际、地位与声望等。但要注意的是许多需要和动机乃是旅游发展到近代和现代以后才出现的，而不是古代旅游刚刚产生时就已经具备的。要分析和探讨旅游的本质问题，必须重点考察旅游产生和萌芽时期的需求和动机。

人类自诞生以来，要生存就要生产，而要保证生产能够持续地进行下去，就需要暂时离开生产活动，通过片刻的间歇与休闲求得缓解和放松，以恢复体力，同时也会自然而然地体验到一种内心的欢畅与愉悦，这一过程实际上是一种休闲行为，而休闲的目的实际上就是旅游的目的，毕竟，"旅游从本质上与休闲没有任何区别，旅游是那些发生在异地的休闲"（李仲广）。

在旅游者追求身心乃至精神愉悦的旅游目的的制约之下，旅游就表现为一种个人的行为，并且是在个人的意愿、志趣支配下，受个人支付能力及其他能力的影响而发生的行为。"这种目的性行为，是旅游主体在寻求愉悦的意识的支配下与客体之间建立的一种关系，并借助某种审美或自娱的渠道表现出来。"（谢彦君）从这个意义上来说，张凌云将旅游看成是"一种人的基本需要"是非常有道理的。而且，这种基本需要主要是精神方面的需要。

第二个问题涉及旅游的功能。从旅游的最原始的意义上来看，旅游虽然由"旅"和"游"二字组成，但旅游的重点不在"旅"，而在于"游"。这种顺应自然、适意而行的"游"，有解脱感、自由性和趣味性等特点，带给人们的是一种轻松、愉快、思考、友谊、快乐和幸福，可以满足个人生理及心理的需求，促进身心健康，是人们摆脱工作的疲乏与压力，补偿因工作造成的疏离，重获生活自由，追求更有意义的体验，尽情发挥个人的创造力，以达到自我实现的一种方式。

因此，旅游这一概念的核心在于，它是旅游者以获得生理和心理快感为目的的愉悦与嬉戏过程，而其所具有的休闲、消费、社会属性及暂时性和异地性特征，均是其愉悦内核的外在显现。谢彦君认为，任何被称为"旅游"的现象都不能离开"愉悦"这一内核而存在，只有那些暂时的、异地的休闲行为才可以被称为旅游。因此，旅游所具有的满足旅游者"愉悦"需要的功能和旅游的最初形式"观光"所带给人的"愉悦"是一致的。

进入现代社会以后，旅游活动早已摆脱了传统的、单一的"观光式旅游"，而向内涵丰富、形式多样的体验式旅游方向发展。旅游体验既包括审美体验、求知体验，也包括交往体验和情感体验。虽然表面看来，旅游审美体验、旅游求知体验、旅游交往体验、旅游情感体验的主要目的是为了满足旅游者审美、求知、交往和情感的需要，似乎和旅游愉悦功能不太相关，实则不然。

从一定意义上来说，无论是审美体验、求知体验，还是交往体验和情感体验，虽然它们各自分别满足了旅游者的不同需要，但如果将这些需要高度抽象整合为一个终极需要的话，恐怕还是能最终满足旅游者的愉悦体验。因此，旅游的本质是体验，而旅游的核心功能也就在于能满足旅游者的愉悦体验需要。正因为旅游具有这种"愉悦"功能，所以众多的旅游者才会热衷于参加旅游活动，并乐此不疲。

这里需要特别说明的是上述两个问题之间的关系问题。旅游的目的问题决定了旅游活动能否付诸实现，旅游的功能问题决定了旅游活动的效果或满意度。通常情况下，二者是统一的，既有了旅游的目的，也获得了良好的满意度，但特殊情况下，也会出现旅游者有了旅游目的并付诸行动，但却没有获得满意的效果。这种情况是否会影响人们对旅游的本质的认识？我们认为不会，根据事物的性质主要取决于矛盾的主要方面的原理，相对于旅游功能来说，旅游目的属于矛盾的主要方面，不仅在于它具有一定的运动性和变化性，还在于某次的旅游不满意并不一定影响下一次的旅游活动。也就是说，通常情况下，只要有了旅游目的，基本上都能达到旅游的满意度，只不过是满意度的高低问题，否则旅游者也就不会再次出行。

同样道理，旅游总体上是一种愉悦体验行为，这是矛盾的主要方面，但这绝不意味着旅游活动中不会出现悲情的色彩或严肃的场面。反过来，也不能因某次旅游活动中的悲情色彩和严肃场面而否定旅游的愉悦性，毕竟，这些属于矛盾的次要方面或一种例外。

通过以上的分析论证与辨析，我们可以对旅游的本质属性作如下的阐述：旅游的本质体验，是一种在异地进行的短暂休闲体验。旅游的本质可以从不同的层面来解读，其内涵包括：

（1）旅游体验是一种休闲性的体验。人们外出旅游的动机无论是出于审美、求知，还是交往或情感，最终的目的都是为了愉悦身心。这和游憩、休闲在本质上是一致的，只不过是游憩体验与休闲体验发生在本地，而旅游体验发生在异地罢了。

（2）旅游体验是一种异地体验。旅游体验是在异地发生的一种体验，是相对于本地的一种别样的感受和体悟，但却不是体验异地。因为，身在本地也可能有体验异地的情况发生，但旅游体验只能是旅游者前往异地，并在身临其境的情况下才能发生。

（3）旅游体验是一种短暂性的体验。这是由旅游活动持续的时间所决定的。由于旅游活动不能持续很长的时间，这也就决定了旅游体验不可能是一个长期性的、持久性的体验。

（4）旅游体验是一种综合性的体验。旅游体验是一个"以身体之，以心验之"过程，也是一个由感动到心动，乃至精神升华的过程。这种体验具有综合性，既包括审美体验、求知体验、交往体验、情感体验，也包括观光、娱乐、游玩、健身、垂钓等多项内容。其中，情感体验部分更为复杂，既有欢喜的部分，也有悲情的部分，但通常意义上的旅游活动，多以欢喜的情感为主。

第三节 旅游的特征

特征是一个事物区别于其他事物的外在标志,是事物本质的外在显现。事物的本质是核心,一般来说只能有一个,但特征则可能是多个或多方面的。分析和探讨旅游的特征有助于人们通过外在的特征,深入了解旅游的本质,进而对旅游活动形成全面而深刻的认识。

一、旅游特征研究述评

旅游活动内容的丰富性、形式的多样性决定了旅游特征的复杂性,由此造成人们在旅游特征的认识上存在较大的差异。如安应民(2007)认为,旅游具有异地流动性、大众普及性、地理集中性、季节变动性的特点;赵长华(2008)认为,旅游具有审美性、暂时性、异地性、流动性、休闲娱乐性的特点;郭伟、王明霞(2009)认为,旅游的特点主要表现为享受性、异地性、暂时性和综合性;谢彦君(2015)、左成吏(2013)认为,旅游的两个突出特征是异地性和暂时性;朱华(2014)认为,旅游具有异地性、暂时性、流动性、目的性、综合性的特点;白翠玲(2013)认为,旅游的特征主要表现为审美性、暂时性、异地性、流动性和休闲娱乐性;程金龙(2014)认为,旅游具有异地性、暂时性、普及性、持续性、地理集中性和季节性的特点;李天元(2014)认为,现代旅游活动具有参加人员范围的普及性、活动规模的成长性、空间分布上的地理集中性、时间分布上的季节性的特征;王建忠(2015)认为,旅游活动具有旅行与逗留的合成性、异地性、暂时性、非移民性和非就业性的特点;许凌、尹立杰(2015)认为,旅游活动具有异地性、暂时性和综合性的特点。

上述观点,一方面都在某一个层面上反映出旅游的某些特点和人们对旅游特征问题研究的进展程度,另一方面也明显反映出各位学者观点之间的差异。造成这种差异的原因大概有两个,一是认识视角问题,二是如何看待具体特点的问题。在此基础上,作者为全面、深入探讨旅游的特征,提出了旅游特征研究的基本原则,并指出旅游的主要特征。

二、旅游特征研究的基本原则

对于上述两个问题的回答涉及旅游特征研究所必须遵循的两个原则:其一是旅游特征研究必须从旅游者视角出发的原则;其二是旅游特征研究必须体现旅游整体的原则。只有遵循这两条原则,对旅游特征的研究才能够准确、全面、具体,进而促进旅游相关研究的进展和旅游实践活动的开展。旅游特征研究的基本原则具体如下。

1. 从旅游者视角出发的原则

所谓从旅游者视角出发的原则,是指研究旅游的特点必须站在旅游者的立场或者站在为旅游者服务的立场。站在旅游者的立场,要求从旅游者的视角来审视旅游活动究竟同其他人类活动区别在什么地方。上述学者关于旅游特点的阐述中的"暂时性""异地性""流动性""休闲娱乐性"实际上就体现了从旅游者视角出发的原则。

从旅游业的立场出发来研究旅游的特点,不是不可以,但一定要从为旅游者服务的视角出发,而不能从为旅游业者自身服务的视角出发,如上述观点中的"空间布局上的地理集中性"和"时间分布上的季节性"就是典型的从为旅游业者服务的视角出发所得的研究结论。

显然，空间布局上的地理集中性是旅游景观的地域分布特征，而时间分布上的季节性则是典型的旅游业经营上的特点。因此，这两个特点，无论从哪个角度来看都不能被直接指定为旅游的特征。

毕竟，旅游活动是旅游者的活动，而不是旅游景观和旅游业的活动。所以，在研究和探讨旅游的特点时一定要从旅游者的视角出发。

2. 体现旅游整体性的原则

所谓体现旅游整体性的原则，是指在分析和探讨旅游的特点时，不要将旅游的每一个特点孤零零地割裂开来看待，而应当从旅游整体的角度来审视这些特征。要知道，旅游的内在本质和外在的特征，整体上是统一于旅游的，每一个特点都在一定的层面上凸显和折射出旅游的本质。这些特点的高度抽象、高度集中实际上就是旅游的本质。虽然特征是一个事物区别于其他事物的标志，但这种标志不是最根本的，最根本的是内在的本质。

也就是说，要将一个事物同其他事物区别开来，只能依靠其内在的本质，要靠外在特征的综合，而不能仅仅依靠某一个单独的特征。因为仅靠事物的某一方面的特征，来将其与其他事物区别开来是极其困难的。

如前文我们已经述及"旅游的本质是体验，是一种在异地进行的短暂休闲体验活动"，其中的休闲性、暂时性、异地性都是体现这一本质的主要特点，只有将三者结合在一起才能很好地体现出旅游的本质，并将旅游活动同其他活动区别开来。如果分开来只谈暂时性和异地性，则外出短暂的开会、经商、出差等都具有暂时性和异地性，但上述各项绝不是旅游，因为它们都缺少休闲性。当然，也不能由此判定暂时性和异地性不是旅游的特征，其中的逻辑与辩证关系是认识旅游特征时必须加以注意的。

三、旅游的主要特征

通过以上的分析，并结合旅游活动的实际状况，可以认为，旅游活动主要具有如下特征：

1. 休闲性

休闲，即休息、清闲。心理学家纽林格认为："休闲感有且只有一个判据，那便是心之自由感。只要一种行为是自由的，无拘无束的，不受压抑的，那它就是休闲的。"在一定意义上来说，旅游是在相对自由或闲暇的时间内进行的自由、随意的综合性体验活动，表现出同一切休闲行为相一致的品性。换句话说，旅游活动实际上是观光、游览、消遣、聊天、交流、健身、运动、审美、求知等众多休闲活动的重新组合，呈现明显的休闲性质。旅游者远离日常生活工作学习的环境，去欣赏自己常住地以外的风景，享受那里的民俗风情，使身心得到放松和休憩。此时，旅游者作为一个自由的个体，不受其他因素控制，在旅游当中获得一种解脱感和自由感，体验旅游活动的休闲性。

2. 暂时性

旅游的暂时性特征是指旅游是人们一种特殊的短期生活方式，它是发生在旅游者人生中某一时段的行为。具体地说，旅游活动在时间上的特点是"暂时"，即要求旅游者在目的地做短暂的停留，世界旅游组织规定时间不超过一年。旅游者利用闲暇时间离开常住地进行旅游活动，或是为了释放压力、愉悦身心，或是为了观赏娱乐、增长见识，旅游活动结束后还是要按计划返回常住地,回归到正常的工作学习生活中去。因此,这段旅游时间常常被看作是工作之余的一种消遣,是人们的暂时性行为。

3. 异地性

旅游的异地性特征是指旅游活动的发生要以行为主体的空间移动为前提,区别于日常的生活空间。也就是说,旅游是个体前往异地进行的活动,是旅游者到异国他乡进行的一种休闲体验活动。每个人都是在一个特定的空间内生活,对其而言,周围的日常环境与民风民俗已经毫无美感可言。出于"求知求新求奇"的心理,人们愿意借助旅游离开自己的常住地,去所谓的"非惯常环境"中了解新鲜的事物,满足自己的好奇心。虽然目前对于"异地"标准的认定还存有分歧,但最基本的是要与居住地环境分开。旅游目的地的异地性带给旅游者的是别样的心情和别样的感受,因而对旅游者形成较大的吸引力。

4. 消费性

旅游已然成为一种消费活动。一方面,在任何一个国家,旅游都是作为一种奢侈品而存在的,旅游者要有足够的可自由支配时间和一定数额的金钱才能实现一次完整的旅游活动。旅游在其全过程中不为社会,也不为旅游者个人创造任何外在的可供消费的物质资料,相反却不断消费旅游者以往的积蓄和他人的劳动成果。另一方面,旅游是一种通过旅游者亲身参与从而获得感受的一种社会活动,它要求旅游者亲身体验,跟随全程,必然会导致对人体力的消耗。

5. 社会性

旅游的社会性特征可以从两个方面来理解。一方面,人类最初的旅游活动可能只是少数人的个别行为。随着旅游者人数的不断增加和旅游规模的不断扩大,旅游活动逐渐成为一种集体的、社会性的行为,从而引起社会的广泛关注。另一方面,旅游活动是在一定的社会中进行的文化消费活动。不同条件下的社会文化对旅游主体的旅游需求、旅游介体提供的旅游服务、旅游客体的文化内涵都会产生强烈的影响,使旅游活动体现出鲜明的社会属性。

6. 综合性

旅游活动是一种综合性的社会现象。一方面,旅游者的体验内容和体验层次具有综合性。体验内容既包括观赏自然风光、鉴赏人文景观,也包括品味民族风情、参加各种娱乐嬉戏活动;体验层次既包括感官层面的悦耳悦目,也包括心理层面的悦心悦意和精神层面的悦志悦神。另一方面,旅游活动涉及或影响的范围具有综合性。旅游活动既需要社会众多的行业和部门为其提供服务与支撑,又对政治、经济、文化、社会等不同的领域造成一定的影响。

第四节　旅游的分类

所谓分类即按照一定的标准对事物分门别类,使其更有规律。旅游的分类是旅游学的重要研究内容之一。它既是旅游研究不断深入的必然要求,也是识别和应对不同类型旅游活动的需要,对于提高旅游者的旅游体验质量和旅游业的经营管理水平都具有重要的指导意义。

旅游活动是范围宽泛、内容丰富、形式多样的综合性社会现象,按照不同的标准可以进行不同的分类。如按地理范围可分为国内旅游、国际旅游、洲际旅游、环球旅游；按旅行距离可分为远程旅游、近程旅游；按组织形式可分为团体旅游、散客旅游；按外出旅游目的可分为消遣旅游、商务旅游、会议旅游、探亲旅游、修学旅游等；按计价方式可分为包价旅游、非包价旅游；按费用来源可分为自费旅游、公费旅游；按旅行方式可分为航空旅游、铁路旅游、汽车旅游、轮船旅游、徒步旅游；按活动内容可分为观光旅游、度假旅游、文化旅游、宗教旅游、商务旅游、购物旅游、乡村旅游、工业旅游、探险旅游等。其中，按照活动内容的划分较为常见和实用。故本节主要讨论按内容划分的旅游类型及其特点。

一、观光旅游

观光旅游是以参观、欣赏自然景观和民俗风情为主要目的和游览内容的旅游活动。通过观光旅游，旅游者可以获得美的享受，愉悦身心，调节体力。在不少国家，"观光"一词即游览或旅游的同义词，观光者即旅游者。

观光旅游的主要特点是：

（1）旅游者多以观赏静态的自然风光、文物古迹、民族风情、都市风貌等为主，参与性与交流性不强。

（2）旅游者多喜欢知名度高的旅游地。

（3）旅游者在旅游地的活动空间范围和自由度大，重游率低。

（4）旅游者流动性大，逗留的时间短，在旅游地实现的消费量较少。

（5）受气候的影响大，旅游的淡旺季十分明显。

观光旅游是人类社会起源最早、最常见的一种旅游活动类型。旅游者通过观光游览可达到改变常居环境、开阔眼界、增长见识、陶冶情操、怡悦心性、鉴赏大自然造化之美以及享受现代化城市生活情趣等多方面的目的。虽然随着旅游层次的提高，各种新的旅游形式不断涌现，但观光旅游这一基本的旅游类型，在今后一段时期内仍将继续占据重要位置。

二、度假旅游

度假旅游是以度假和休闲为主要目的和内容的一种旅游活动，多数是为了回避酷暑和严寒，寻求幽静、欢乐、轻松的生活，是一种保健型旅游。通过度假旅游，适时改换生活环境，旅游者可以探求新的经历，从而调节身心节奏，消除紧张与疲劳。

度假旅游的主要特点是：

（1）度假旅游与其他类型旅游的最大区别在于它的目的是使人们的身心得到休息、放松，更强调舒适性和放松性。

（2）旅游者对旅游地的环境条件有明确的选择。自然环境方面，要求环境优美，气候宜人，空气清新，远离喧嚣。旅游设施条件方面也有较高的要求，主张"花钱买健康，花钱买舒适"，一切以达到健康和舒适为准则。

（3）旅游者带有明显的年龄和身份特征，多为高收入群体，以中老年人居多，消费水平高，愿意支付金钱获得精神和身体上的高层次享受。

（4）旅游者在旅游地逗留的时间较长，重游率较高。

（5）一般不需要导游，旅游者自由安排活动。

度假旅游始于公元初，是少数统治者消磨闲暇时间的一种需要。大众化的休闲度假出现于 19 世纪，以欧美国家为盛。一些具有医疗和保健性质服务、环境质量优越的地域，常常成为人们在闲暇时间竞相追逐的旅游目的地。随着现代社会经济的发展和生活压力的不断增大，选择度假旅游的人数越来越多。目前，度假旅游主要集中在海滨、山地和温泉疗养地等地域，以供人们进行海滨度假、湖滨度假、山地度假、温泉度假等不同类型的旅游活动。

三、文化旅游

文化旅游是以感知、了解、体察人类文化为目的的一种旅游活动。通过对异国他乡的文化艺术、风土人情、生活方式等的了解，旅游者可以扩大视野、丰富知识。

文化旅游的特点是：

（1）旅游者一般具有较高的文化修养，渴望通过参与文化旅游，亲身接触新鲜的文化，满足自己内心对不同地域、不同国别、不同民族文化的浓厚兴趣。

（2）多数旅游者具有某些方面的特殊兴趣和某种专长，希望在旅游活动中与志趣相投的人交流。

（3）多数文化旅游者的文化程度或专业水平较高，对目的地的文化知识、历史背景等较为熟悉，故对导游服务水平的要求较高。

（4）旅游目的地一般都是文化底蕴深厚和文化色彩鲜明的地域。

文化旅游被视为高层次的旅游。在全球背景下，随着国际文化交流与合作的增强，国民文化素质的不断提高和人们对精神文化追求的日益强烈，文化旅游已经成为深受旅游者追捧的旅游活动之一，在世界范围内颇为风行。文化旅游形式多样，主要有历史文化旅游、民俗文化旅游、区域文化旅游和考古旅游等。

四、宗教旅游

宗教旅游是指以朝圣、拜佛、求法、取经或宗教考察等宗教活动为主的旅游活动。它是世界上最古老的旅游类型之一。目前，纯宗教目的的旅游已经逐渐发展为游山玩水和宗教活动相结合的旅游形式。

宗教旅游的主要特点是：

（1）旅游者通常以宗教活动为主，具有强烈的旅游动机。

（2）旅游者的逗留时间较长，重游率较高。

（3）旅游目的地一般是环境优雅、历史价值和艺术价值较高的宗教圣地。

（4）旅游活动多与庙会或祭祀等宗教活动相结合，具有一定的周期性和规律性。

（5）旅游的服务、设施、活动精神等都要尊重宗教教义。

世界三大宗教拥有教徒 21 亿人，每年到各个圣地朝觐的信徒无数，还包括一些非教徒的观光旅游，因此，宗教旅游具有一个巨大而稳定的客源市场。目前世界各国都有一些著名的宗教圣地，大多数都已成为宗教旅游热点。例如，法国巴黎圣母院，意大利罗马圣母教堂，沙特阿拉伯的麦地那城，我国四大佛教名山（五台山、峨眉山、普陀山、九华山）、布达拉宫等宗教圣地。

五、商务旅游

商务旅游是指出于职业的需要，以办展览、商务洽谈、出席会议或进行某些科学文化交流为主要目的的旅游，也称差旅型旅游，是旅游活动发展史上较早的形式之一。

商务旅游的主要特点是：

（1）旅游者多是商务人士，出门主要是工作或业务需要。

（2）旅游者的消费多是公费出游，故对价格不敏感，且消费水平较高。

（3）重视服务和设施的舒适度和档次。

（4）旅游一般不受气候和季节的影响。

（5）旅游时间较短，出行次数较多。

（6）旅游活动的计划性较强。

早期的商务旅游内容比较简单，随着市场经济的飞速发展，商务旅游不仅内容越来越丰富，类型也更加多样化，例如会议旅游、会展旅游、奖励旅游、体育赛事旅游等。其中，会议旅游不但利于扩大举办国或举办地的知名度，促进旅游地旅游设施的建设，有效调节淡旺季客源差异，还可以给当地带来可观的经济收入，因此，世界许多国家都十分重视会议旅游，有的国家或地区还成立专门机构，积极进行会议旅游的宣传、招揽和组织工作。

六、购物旅游

购物旅游是指以购买商品为主要目的，兼以游览当地名胜的旅游。它是随着社会经济的发展、交通的发达、人们生活水平的提高而逐渐发展起来的旅游形式。

购物旅游的主要特点是：

（1）旅游者以购物为主，对旅游目的地商品的质量和价格较为敏感。

（2）旅游者的综合消费能力较高。

（3）旅游目的地区位条件优越，交通便利且景色优美，最重要的是有丰富的商品且其价格低廉。

（4）购物旅游不受气候和季节的限制。

购物旅游是集购物与旅游为一体的旅游活动。世界上有不少地方通过特别关税政策吸引购物旅游者，如我国香港，被誉为"购物天堂"，据统计每年到香港的国际旅游者中大约有60%的人都是为购物而来。

七、乡村旅游

乡村旅游是指以具有乡村性的自然环境和人文客体为旅游吸引物，依托乡村区域的优美景观、自然环境、乡村建筑和民俗文化等，在传统农村休闲游和农业体验游的基础上，拓展开发度假、休闲、娱乐、采摘等项目的新兴旅游方式。乡村旅游的概念包含了两个方面：一是发生在乡村地区，二是以乡村性景观作为旅游吸引物，二者缺一不可。

乡村旅游的主要特点是：

（1）乡村旅游的开展是以独特的乡村田园风光、乡村民俗文化、乡村人居环境、农业生产及其自然环境为基础的。

（2）乡村旅游的活动内容具有广博性，但都源自乡村资源和乡村文化。

（3）乡村旅游活动注重体验性和参与性。

（4）旅游者一般都是城市居民。

（5）乡村旅游的开发程度和消费都较低。

随着世界工业化和城市化进程的加快，乡村旅游越来越受到人们的青睐。旅游者参与乡村旅游，一来可以了解一些乡村民情、礼仪风俗等，二来可以观赏当时种植的一些乡村土特产（水稻、玉米、高粱、小麦、果树等）、小溪、小桥、农舍，并可了解它们的故事，三来可将旅游村庄作为旅游者探索附近地区的基地，在乡村及其附近逗留、学习和体验乡村生活模式。目前，乡村旅游作为解决农村劳动力需求下降、剩余农产品不断增长、农村人口外移、人口老龄化日益突出等问题，改变乡村经济结构的重要途径之一，引起了世界各国政府的高度重视。

八、工业旅游

工业旅游是将工厂、企业、公司等工业场所作为旅游目的地，以工业生产过程、工厂风貌、工人生活场景、工业企业文化等工业相关因素为旅游吸引物，以市场需求为基础的旅游活动，其以在价格、区位方面的优势及产品的独特魅力吸引着大批旅游者。

工业旅游的主要特点有：

（1）工业旅游以各行各业的知名企业为主要依托，具有较强的依附性。

（2）工业旅游产品具有极强的文化性、知识性和趣味性，具备现场感、动态感、体验感等独特魅力。

（3）工业旅游的目标市场明确，主要以学生、本地旅游者、团队旅游者为主体，专业兴趣市场占据一定的比例。

（4）工业旅游的功能性多样，主要体现在以下四个方面：第一，工业旅游具有丰富的知识性；第二，工业旅游具有独特的观赏性；第三，工业旅游具有较强的参与性；第四，工业旅游是融游览和采购于一体，对游客具有独特的吸引力。

（5）工业旅游的重游率相对较低。

（6）工业旅游的季节适应性较强。

工业旅游在发达国家由来已久，特别是一些大企业，利用自己的品牌效益吸引游客，同时也使自己的产品家喻户晓。工业旅游的产生，是工业和旅游业互相结合、互相渗透的必然产物，它导致了"双赢"结局，符合现代产业发展的新趋势。在国外，德国传统的煤铁工业基地——鲁尔区的成功经验表明，工业旅游作为一种高品位的旅游方式，有着广阔的发展前景，并会产生巨大的社会效益和经济效益。在我国，有越来越多的现代化企业开始注重工业旅游，如青岛海尔、上海宝钢、广东美的、佛山海天等企业相继向游人开放，许多项目获得了政府的高度重视。

九、探险旅游

探险旅游是旅游者到人迹罕至或特殊的环境进行的一种充满神秘性、危险性和刺激性的旅行考察活动。在现代社会追求刺激、时尚、新鲜和个性化的背景之下，探险旅游备受青睐。

探险旅游的主要特点有：

（1）选择相对纯净、原始的自然环境为旅游目的地，以自然环境为依托，形式多样，内容丰富。

（2）参与探险旅游的旅游者多为中青年人群，有着极强的冒险精神，追求刺激。

（3）旅游者能在对各种活动的全身心投入中得到丰富、深刻的心灵体验。

(4) 旅游较为自由，旅游者多是自主安排旅游活动。

根据目的的不同，探险旅游大体分为三种：第一种是因厌倦繁华都市车马喧嚣的生活，向往幽静、神奇、刺激而进行的探险旅游；第二种是以追求世界纪录为目的的冒险旅行，如乘热气球环球旅行、驾游艇或小船周游世界等；第三种是以科学考察为主要目的的探险旅游，如高山探险旅游、沙漠探险旅游、海洋探险旅游、原始森林探险旅游等。受文化传统和个性特征等方面因素的影响，探险旅游在西方社会因备受推崇而广为盛行，成为西方社会较为重要的旅游类型之一。近年来，探险旅游在中国也有所发展，深受具有探险精神的年轻人的喜爱。

从上述各类型旅游的内涵与特点的介绍，可以看出依据活动内容进行分类的旅游类型各有特色，互不相同。实际生活中，这些不同类型的旅游形式中包含的旅游产品也是包罗万象，各有千秋，现对各类型旅游所包含的旅游产品总结如下（见表2-1）。

表2-1 旅游类型及产品

旅游类型	旅游产品
观光旅游	微缩景观、外国城、国家公园、主题公园、野生动物园、海洋观光等
度假旅游	海滨旅游、湖滨旅游、山地旅游、疗养旅游、温泉旅游、治疗疾病旅游等
文化旅游	博物馆旅游、考古旅游、艺术欣赏旅游、民俗旅游、寻根旅游、大型节庆旅游、修学旅游、历史文化旅游、区域文化旅游等
宗教旅游	宗教民俗旅游、宗教节日旅游、宗教庙会旅游、民间宗教旅游、宗教朝圣旅游、宗教体验旅游等
商务旅游	会议旅游、商务旅游、会展旅游、奖励旅游、体育赛事旅游等
购物旅游	—
乡村旅游	农家乐、民俗村、田园风光、古村落、果木园林、观光农场等
工业旅游	工业科普旅游、产业公园旅游、企业文化旅游、工业购物旅游等
探险旅游	高山旅游、沙漠旅游、海洋旅游、森林旅游、洞穴旅游、极地旅游、追踪野生动物旅游、寻找人类原始部落旅游等

本章小结

1. "旅游"由"旅"和"游"二字组成，"旅"是旅行、外出，"游"是游览、观光、娱乐，二者合在一起便是"旅游"，意指通过外出旅行而进行的观光娱乐活动。虽然中国古代旅游和西方旅游的含义同现代旅游有一定的差异，但对于我们深刻认识旅游的本质并科学定义旅游概念仍具有重要指导意义。

目前，国内外对旅游的定义中较有特点和代表性的观点主要有目的定义、流动/运动定义、时间定义、非营利性定义、生活方式定义、技术定义、相互关系定义和主体愉悦性定义等。尽管彼此的观点可能存在很大差别，但都在一定层面或视角上反映出旅游的本质与特征，对于我们定义旅游活动或现象具有重要的参考价值。

综合分析与解读上述关于旅游的定义，并从旅游的本质与特征出发，本书从旅游者的视角出发对旅游的定义如下：旅游是人们前往异地所进行的短暂休闲体验活动。其内涵包括：旅游者是旅游活动的主体；旅游的目的在于寻求休闲体验；旅游是一种异地性、短暂性和非营利性的活动；旅游是活动与现象的统一。

2. 旅游本质是指旅游固有的、决定旅游性质、面貌和发展的根本属性，是旅游与非旅游相区别的内在根据。目前,人们在对旅游本质研究涉及经济学、文化学、人类学、哲学、社会学等不同的学科,其观点和结论各不相同,分歧较大。

本书认为,要认识和理解旅游的本质属性,除了必须站在旅游者的立场外,还必须回答"旅游者为什么要去旅游?"和"旅游能为旅游者带来什么?"两个重要的问题。总体看来,旅游者外出的目的是追求身心乃至精神的愉悦;旅游为旅游者所带来的功能也正是满足了其愉悦体验的需要。因此,无论是从旅游的目的性来看,还是从旅游的功能性来看,旅游的本质都是一种体验,是一种在异地进行的短暂休闲体验。

旅游的本质可以从不同的层面来解读,其内涵包括:旅游体验是一种异地性体验;旅游体验是一种短暂性的体验;旅游体验是一种休闲性体验;旅游体验是一种综合性体验。

3. 旅游活动内容的丰富性、旅游形式的多样性,决定了旅游特征的复杂性,由此造成人们在旅游特征的认识上存在较大的差异。其原因大概有两个,一是认识视角问题,二是如何看待具体特点的问题。虽然旅游的特点可以从不同的层面和视角来解读,但要准确、全面、具体认识和理解旅游的特征,必须遵循从旅游者视角出发的原则和体现旅游整体的原则。在上述原则的指导下,并结合旅游活动的实际状况,本书认为,旅游特征主要有休闲性、暂时性、异地性、消费性、社会性和综合性。

4. 旅游活动是范围宽泛、内容丰富、形式多样的综合性社会现象,按照不同的标准可以进行不同的分类,其中,按照活动内容的划分较为常见和实用。旅游活动按内容可分为观光旅游、度假旅游、文化旅游、宗教旅游、商务旅游、购物旅游、乡村旅游、工业旅游、探险旅游等,认识和理解上述旅游活动的类型与特点,无论是对丰富旅游学理论,还是对指导旅游实践活动均具有重要意义。

延伸阅读

旅行式休闲:关于旅游本质问题的新思考

旅游的本质是什么?这是旅游学界长期以来一直在探讨且未达成共识的难点问题。2013年,旅游学界的著名学者保继刚、王宁、马波、肖洪根、谢彦君共同对话而形成的著作《旅游学纵横:学界五人对话录》(以下简称《旅游学纵横》)问世,该书是近年来难得一见的以轻松对话形式探讨旅游学基本问题的佳作。尽管该书的讨论方式和著述形式值得肯定,但书中关于旅游本质问题的核心观点却值得商榷。

一、《旅游学纵横》对旅游本质的探讨

《旅游学纵横》设有"终极之问:旅游是什么?"一节,记录了学界五人对旅游本质问题的探讨,这种讨论主要是围绕"体验"和"空间"来展开。

马波从"旅游之于人""旅游之于社会""旅游之于自然"三个层面谈对旅游的理解,指出"应优先从人文学科这个角度去理解旅游""要高度重视人文学科的方法,诸如理解、解释、体验、文本、语言等",他认为"旅游就是一种人类精神生活在空间上的展开"。针对这个旅游定义可以做出如此解读:旅游的本质是精神生活的空间展开。

谢彦君坚持他的旅游体验说,其核心观点为"旅游是体验"。为了进一步澄清边界,谢彦君对"体验"不断加以限定:"旅游是休闲性体验;旅游是异地性休闲体验;旅游是个人出自

愉悦目的获得的异地性休闲体验。"最终他给出的旅游定义是:"旅游是个人出自愉悦的目的并利用其余暇而在异地获得的休闲体验。"

至于何为"愉悦"和"异地",引发了进一步讨论。许多学人将旅游体验说中的"愉悦"理解成"简单的快乐",谢彦君认为这是引发对该说质疑的根本原因。一个典型的质疑的例子就是,黑色旅游(Dark Tourism)算作愉悦吗?谢彦君的回答是:黑色旅游照样是寻求愉悦,这个愉悦如果非要用一个词来替代的话,宁肯用"快感"而不用"快乐"。肖洪根认为这个"愉悦"与诗学(Poetics)、戏剧(如悲/喜剧中常说的愉悦与宣泄)、美学等有很大关系。而在王宁看来,旅游是"有意义的体验",黑色旅游可以理解为寻求有意义(Meaning)的体验。

异地性又该作何解释呢?谢彦君认为,在最基本的层面来理解,异地只能用于个人精神层面上的个人经验来判断,到底多远算异地,这要考问个人的心灵或者个人的内心体验,但客观存在群体意义上的可度量的"异地"。马波认为"异地"与"惯常生活环境"不好区分,因此可以用"空间上的展开"来表述"异地"。谢彦君的回应是,就个体而言,异地的特质因人而异,但群体的近似性可以借助于大数规律进行观察、研究、测量。在哲学和科学层面,尤其是实证或经验科学层面,对异地的解释不同,易造成混淆。另外,不能采用不同的标准来表述"异地"和"惯常环境"。他还强调,"异地"只存在于"概念"而不是"技术"。

当探讨旅游的"异地""空间""惯常环境"时,由于空间移动的重合性或相似性,"旅游"与"旅行"两者之间极容易混淆。保继刚认为,从地理学的空间角度来讲,旅游是人在空间上的移动,移动到这里以后短暂停留,它所引发的东西跟长住是不一样的,从这里面能找出旅游的"特殊性"。显然,保继刚更注重从空间的角度去解释旅游的本质。谢彦君对此并不认同,他认为保继刚只强调了空间,却忽略了对意义和目的的甄别。过于强调空间行为,只能是导致旅游的泛化,让人忽略了纯粹意义上的旅游。谢彦君强调,"在思考旅游这一现象的核心问题的时候,先要解决'是'的问题,然后再去兼顾'涉及'的问题","辨别旅游和别的范畴的关系,要先从认识'纯粹的旅游'和'纯粹的别的什么现象'开始,尽管现实中没有纯粹的东西","先从纯粹的意义上去探讨,这样才能揭示这个事物的本质"。王宁补充指出,"旅游是目的性活动,旅行可能是一种工具性活动",旅行是为了达成别的目的,而旅游则强调把自己本身当作目的,两者都产生一个空间的后果。

从《旅游学纵横》对旅游本质的讨论中可以看出,学界五人对旅游本质的认识存在一定的分歧,主要论点可以归结为:其一,旅游是愉悦体验;其二,旅游是有意义的体验;其三,旅游是精神生活的空间展开;其四,旅游是空间移动。

二、对《旅游学纵横》中旅游本质论的商榷

第一,旅游的本质不是愉悦体验。谢彦君的旅游体验说强调"旅游是休闲性体验",并将"休闲性体验"指向愉悦体验,最终导致对旅游本质的解读转化为对"愉悦"的解读,这是该说的创新之处,也是最值得商榷之处。试问:旅游与其他休闲活动(如游戏、体育休闲、艺术休闲等)带给人的"愉悦"有何不同?倘若将"愉悦"理解为休闲的本质内核,那么"愉悦"就成为旅游与其他休闲活动所共有的属性,显然"愉悦"就不能成其为旅游的"特殊性";倘若"愉悦"不是休闲的本质内核,那么"愉悦"就构成旅游的"特殊性"了吗?按照谢彦君的说法,似乎旅游的特殊性在于"异地"愉悦,但问题是旅游的"异地"愉悦与其他休闲活动的"本地"愉悦又有何本质不同呢?就体验心理而言,其实无论"异地"愉悦还是"本

地"愉悦,都会引发休闲心理学上所谓的"高峰体验""最佳体验""畅爽体验",当在终极意义上无法区分"异地"愉悦与"本地"愉悦时,我们就不能将"异地"愉悦作为旅游的本质规定性。

第二,旅游的本质不是有意义的体验。"意义"本身就具有含混性,在个体身上会表现出高度的差异性,旅游者对"意义"的体验可以千差万别,我们该如何确立旅游意义的一致性呢?更何况许多其他休闲活动也可以被理解为有意义的体验,旅游的意义与其他休闲活动的意义又有何本质区别呢?除了一些休闲活动之外,如学习、工作等活动也可以说成是有意义的体验,显然"有意义的体验"并不是旅游的本质规定性。

第三,旅游的本质不是精神生活的空间展开。旅游固然主要体现为一种精神生活,但并非是纯粹的精神生活,而是"身"与"心"的双重契合。试问:冥思的作家、畅想的画家与醉情的诗人,他们在没有"身游"的情况下是否可以进行精神生活的空间展开呢?这种属于"心游"的文化艺术创作能等同于旅游吗?显然,精神生活的空间展开不为旅游活动所独有,它并不能构成旅游的特殊性。

第四,旅游的本质不是空间移动。旅行具有空间移动性,这种空间移动负载着多重目的性。为了将旅游从旅行活动中区别开来,我们一般要强调旅行这种空间移动的事务性(或者说功利性)目的,而旅游的空间移动具有休闲性目的,倘若剔除目的性而不加以考虑,那么旅游就湮没在旅行当中。空间移动只是旅游行为的空间表现,并不能以此来区分旅游和旅行,因此,我们可以说空间移动是旅行的本质,但不是旅游的本质。

三、关于旅游本质的新思考

除了《旅游学纵横》之外,学界关于旅游本质还有许多其他的探讨,整体来看,旅游本质研究的主流成果可以概括为"经济本质论"和"文化本质论"两大倾向,而逐渐偏向文化本质论者居多。例如,有人类学家认为旅游是具有"仪式"性质的行为模式;有美学家认为旅游是一种综合性审美活动;有文化学家认为旅游是一种跨文化交流活动;有旅游学者认为旅游是对非惯常环境的体验、旅游是人诗意地栖居等。对于以上诸说,笔者不敢苟同。笔者认为:旅游的本质是旅行式休闲。

旅游既是一种特殊的休闲,也是一种特殊的旅行。旅行是旅游的工具性手段,而休闲是旅游的最终目的。旅游是通过"旅行"这一手段来实现休闲的目的,是"旅行"手段与"休闲"目的相结合的产物。

休闲中包含着身心恢复与发展的内容,与愉悦体验、意义体验、精神生活等密切关联,但是这些并不构成休闲的核心,笔者更倾向于认同休闲的核心是自由与审美。正如休闲学家马惠娣所形容的那样:自由与审美是休闲的两只翅膀。当旅游者以休闲为目的正式开启旅行时,也就开始摆脱"惯常环境"的束缚,欣然产生一种自由感,并因对旅途的各种期许而可能产生美感,当旅游者实现由"惯常环境"到"非惯常环境"的转换时,自由感与审美感也就极易加强。伴随着旅行空间的拓展和旅行过程中对各种吸引物的观赏和参与,旅行式休闲所带来的自由感会逐渐加强,审美感也会因旅行距离、旅行时间、旅行伴侣、旅途中的吸引物而发生强度不同的变化。由此可见,自由与审美自始至终都是旅游者的追求,"旅行式休闲"最终是指向自由与审美。所谓"诗意地栖居"其实也可以理解为自由与审美的生活,然而这种诗意生活并不为旅游所独有,这是我们不敢苟同此说的根本原因。既然说"旅行式休闲"最终是指向自由与审美,是否就意味着旅游的本质是自由与审美呢?若用一元的直线思维这样去理解也不算错,这就如同说男人的本质是人一样,可是女人的本质也是人,男人不同于女人的本质规定性又在哪里呢?既然明白了这样一个简单易懂的道理,我们也就理解了为什么不能把旅游的本质简单归结于休闲的本质,而是应力图寻找旅游不同于其他休闲活动的特殊性。

旅游区别于其他休闲活动的特殊性在于,旅游一定是以"旅行"为手段和载体的休闲;旅游区别于其他旅行活动的特殊性在于,旅游一定是以"休闲"为目的和过程的旅行。旅行与休闲是旅游的两个必要的构成因素,两者缺一不可。旅游学界以往的三要素说(指旅游主体、旅游客体、旅游媒介)、旧六要素说(指食、住、行、游、购、娱)、新六要素说(指商、养、学、闲、情、奇),固然都有各自的道理,但是这些"要素"仅仅是表象而已,并没有切入旅游的本质,"旅行"与"休闲"才是反映旅游本质的结构性"要素"。

"旅行式休闲"说可以破解旅游概念、类型等方面的一些困惑。长期以来,旅游概念的界定困扰在广义定义与狭义定义、概念性定义与技术性定义之间,其关键问题就在于偏向了"旅行"或"休闲"中的一端而忽视了另一端,未能充分结合这两个重要维度。例如,商务旅游与探亲旅游算不算作旅游呢?在这一问题上产生了很多争议。其实若从"旅行式休闲"说出发,这个问题可以得到合理解释。凡是称之为商务旅游与探亲旅游的现象,都是因为在商务活动和探亲活动中伴随发生了旅游活动,商务活动、探亲活动与旅游活动事实上是共享了"旅行"这一手段;而从旅行的目的来看,商务旅游与探亲旅游是商务或探亲与休闲并而有之,当我们剥离出商务和探亲,就会清晰显示出旅游活动的轨迹。无论"商务旅游"的主要目的是商务还是休闲,也无论"探亲旅游"的主要目的是探亲还是休闲,只要发生"旅行式休闲"就可以确定为旅游。"旅行式休闲"是"商务旅游"与"探亲旅游"区别于"商务旅行"与"探亲旅行"的唯一标准。因此,在复杂的旅行中,"旅行式休闲"一旦确立,"旅游"与"旅行"就变得界限分明。与此相应,旅游概念的界定与旅游类型的划分也就摆脱了由于旅游与旅行的混淆而产生的种种困惑。

当我们认清了旅游的本质是"旅行式休闲",相应就会对旅游的概念、结构、要素、功能、特征、影响等其他基本问题产生一系列新的认识,进而有助于旅游学基础理论的建构和旅游学知识的"外溢"。因此,"旅行式休闲"说的提出具有重要的学术价值。

[资料来源:张野.旅行式休闲:关于旅游本质问题的新思考[J].中国图书评论,2016(3):53-57.]

结合阅读思考:

1. 结合材料谈一谈你对旅游体验的看法与理解。
2. 结合材料并利用所学知识,探讨旅游的本质。

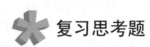
复习思考题

1. 简述旅游的定义及内涵。
2. 简述旅游的本质及内涵。
3. 旅游活动有哪些特征?

4．旅游可分为哪些类型？每一类型的旅游活动都有什么特点？

 参考文献

[1] 黄芳．我国工业旅游发展探析［J］．人文地理，2004（1）：86-91．

[2] 彭新沙．试论中国工业旅游的发展现状和推进对策［J］．湖南社会科学，2005（1）：129-131．

[3] 赛江涛，乌恩．试论乡村旅游的特点及本质属性［J］．河北林果研究，2006（1）：101-105．

[4] 赖碧瑛．试论乡村旅游的特点［J］．广西教育学院学报，2010（4）：26-27．

[5] 单琼花，王琨，葛冬．乡村旅游的特点及在民族地区开发中的意义［J］．安徽农业科学，2008（20）：8775-8776．

[6] 苏勤．旅游学概论［M］．北京：高等教育出版社，2002．

[7] 张建忠．旅游学概论［M］．北京：中国旅游出版社，2015．

[8] 朱华．旅游学概论［M］．北京：北京大学出版社，2014．

[9] 许凌，尹立杰．旅游概论［M］．南京：南京大学出版社，2015．

[10] 程金龙．旅游学概论［M］．开封：河南大学出版社，2014．

[11] 谢彦君．基础旅游学［M］．4版．北京：商务印书馆，2015．

[12] 左成吏．旅游学［M］．昆明：云南科技出版社，2013．

[13] 邵晓晖，刘春．旅游学概论［M］．南京：东南大学出版社，2014．

[14] 李天元．旅游学概论［M］．7版．天津：南开大学出版社，2014．

[15] 白翠玲．旅游学概论［M］．杭州：浙江大学出版社，2013．

[16] 马勇，周霄．旅游学概论［M］．2版．北京：旅游教育出版社，2008．

[17] 沈祖祥．观乎人文以化天下：旅游与中国文化论纲［M］//旅游与中国文化．北京：旅游教育出版社，1996：9．

[18] HUNZIKER W，KRAPF K. Grundriss der allgemeinen fremdenverkehrslehre[M]．Bern：Bern University Press，1941：79．

[19] BURKART A J，MEDLIC S．Tourism：past，present and future［M］．London：Heinemann，1974：36．

[20] MCLNTOSH R W，GOELDNER C R，RITCHIE J R B．Tourism：principles，practices，philosophies［M］．Columbus：Grid Publishing，1984：49-52．

[21] COOPER，C，FLETCHER J，GILBERT D．Tourism：principle and practice［M］．London：Longman Group Ltd，1993：46．

[22] 陈道山．旅游的本质再探讨［J］．旅游论坛，2011（1）：7-14．

[23] 张凌云．国际上流行的旅游定义和概念综述：兼对旅游本质的再认识［J］．旅游学刊，2008（1）：86-91．

[24] 保继刚，等．旅游学纵横：学界五人对话录［M］．北京：旅游教育出版社，2013．

[25] 申葆嘉．旅游学原理［M］．上海：学林出版社，1999．

第三章 旅游的主体观

本章导读

作为旅游活动的主体和旅游产品的消费者,旅游者在旅游和旅游业中具有重要的地位和作用,也是旅游学理论必须深入研究和探讨的重要问题之一。本章重点分析和探讨旅游者的定义与分类、旅游者的心理需要特征和行为表现特征,使学生掌握旅游主体的基本理论,并能用来分析和解决旅游实践中的具体问题,提高分析和解决问题的能力。

学习目标

1. 理解和掌握旅游者的理论性和技术性定义;
2. 了解和掌握旅游者的分类标准及其类型划分;
3. 理解和掌握旅游者心理需要与特征;
4. 理解和掌握旅游者的旅游决策行为与特征;
5. 理解和掌握旅游者的空间运行行为与特征;
6. 认识和理解旅游者的旅游失范行为与特征。

核心概念

旅游者　国际旅游者　国内旅游者　旅游需要　旅游者行为　旅游者决策行为

第一节　旅游者的定义与分类

旅游者作为旅游活动的主体,是旅游学中最重要、最基础的概念之一,对其概念定义及其内涵进行研究和探讨,不仅具有重要的理论意义,也具有重要的实际应用价值。目前,关于旅游者的定义,虽然因研究者的主体构成、研究视角、研究目的及其学科背景等的不同而呈现出众说纷纭、难以统一的状况,但总体来看可分为理论性定义和技术性定义两大类型。理论性定义旨在对旅游者的定义提供一般的概念性描述,重在对其概念内涵的揭示;而技术性定义则是为适应旅游实际需要,特别是旅游统计工作的需要而做出的定义,重在对其概念外延的限定。

一、旅游者的定义

（一）理论性定义

就目前所掌握的资料来看，欧洲学者最早对"旅游者"这一概念进行了总结和界定。1811年出版的《牛津词典》对旅游者（Tourist）一词的解释是"以观光游览为目的的外来旅客"。1876年瑞士《世纪大百科词典》则将旅游者定义为"出于一种好奇心，为了得到愉快而旅行的人"。然而，当时学者们对旅游者的确切含义并不明确，进而导致人们在对"旅游者"这一名词的使用也不尽相同，有的用"Visitor"，有的用"Tourist"。实际上，这些所谓"旅游者"外出旅游的目的和动机也的确存在较大的差异，有的具有消遣性，如观光、度假等；而有的则具有非消遣性，如公务、会议等。在这种情况下，究竟以何种出行目的、多长的出行距离、多久的离开时间为标准来分析和判断是否是旅游者，也的确难以做出准确的回答。

进入20世纪以后，伴随着世界范围内旅游和旅游业的快速发展，各种有关"旅游者"的新定义和概念界定不断涌现。1933年英国学者F.W.奥格威尔在《旅游活动》一书中认为，从经济目的来看，旅游者是指具备两项条件的人：第一，离开自己的久居地到外面任何地方去，时间不超过1年；第二，在离开久居地期间，把他们的钱花在他们所到的地方，而不是在其所到的地方挣钱。这一定义从空间、时间和目的性上对"旅游者"这一概念进行了界定，并明确提出了旅游者的时间限制条件，即时间最长为1年。应当说，这一定义具有相当的科学性和合理性，对后世，特别是现代社会人们认识和理解"旅游者"的本质及其概念内涵具有重要的指导意义。

1991年6月25日，世界旅游组织（UNWTO）在加拿大召开的"旅游统计国际大会"上，对旅游的概念进行了重新定义，并以《国际旅游统计大会建议书》向联合国推荐。1995年，该概念经联合国统计委员会组织专家评审和修订后在全世界推广使用，即："旅游是人们为了特定的目的而离开他们通常的环境，前往某些地方并作短暂停留（不超过一年）的活动，其主要目的不是为了从访问地获得任何经济收益。"按照这一定义，旅游者是指任何一个到他（她）通常环境以外的地方去旅行，其停留时间在1年以内，不通过所从事的活动从访问地获取报酬的人。

1997年，中华人民共和国国家标准《旅游服务基础术语》（GB/T 16766—1997）中对旅游者的定义是"为满足物质和精神文化需求进行旅游消费活动的主体，是旅游服务活动的需求者和服务对象"。

总体看来，目前国内外关于旅游者的理论性定义较多，各自的表述也不尽相同。实际上，对旅游者的概念界定过程，既是一个明确概念内涵的过程，也是一个对旅游者本质属性高度概括的过程。而在这样一个概念界定的过程中，有一点是必须明确的：既然旅游者是旅游主体，那么，对旅游者进行概念定义就必须首先考虑和借鉴旅游的概念定义。也就是说，旅游者的活动必须体现旅游活动的性质与特征，旅游者应该而且必须是离开常住地、去异国他乡参观访问的人；旅游者前往异国他乡所进行的参观访问是暂时的，不可导致永久性居留；旅游者外出旅游的动机是为了寻求愉悦，获得文化与精神上的满足，与物质财富的生产、商业活动等没有必然的直接联系。在此背景之下，虽然有学者将旅游者界定为"为了获得愉悦暂时离家外出到异国他乡旅行访问的人"，并得到多数学者们的认同，但对旅游者的定义还应将影响旅行者外出旅行游览的条件因素考虑在内，只有这样才能使人们对旅游者的原本含义形成科学、准确的认知，并能迅速地将旅游者和非旅游者进行区别与划分。基于上述认识，我们倾向于将旅游者界定为：拥有一定闲暇时间和可自由支配收入，为获得身心愉悦而暂时到惯常环境以外的地方进行休闲体验的人。

（二）技术性定义

虽然旅游者的理论性定义对认识旅游者的本质具有重要意义，但它没有回答究竟出行多长距离和离开常住地多长时间以上的人算作旅游者、哪些人应是旅游者、哪些人不包括在其中等问题，而对这些问题的明确规定更具有技术意义。而在社会经济发展中，各国政府部门要掌握旅游业在整个国民经济中的地位、作用以及影响等情况，就需要准确的旅游统计。因此，旅游者的统计要素规定必须清晰明确，这就涉及旅游者的技术性定义问题。目前，世界多个旅游组织和个人对旅游者所下的技术性定义也存在较大差异。下面仅以"国际旅游者"和"国内旅游者"的代表性定义为例，对"旅游者"的技术性定义进行简要的分析和阐述。

1. 国际旅游者的技术性定义

（1）国际联盟的定义。为了统计和研究上的方便，国家联盟专家统计委员会在1937年对"国际旅游者"或"外国旅游者"的定义是"离开自己的居住国到另一个国家访问超过24小时以上的人"，具体包括下列人员：①为了消遣、娱乐、家庭事务和健康方面的原因而出国旅行的人；②为参加国际会议或作为各国公务代表而出国旅行的人；③为商务目的而出国旅行的人；④在海上巡游过程中停靠登岸访问的人员，即使其停留时间不超过24小时。不能列入旅游者范围的包括：①到某国就业任职者，不论是否订有合同；②到国外定居者；③到国外学习，膳宿在学校的学生；④边境地区日常越境工作的人。

（2）罗马会议的定义。1963年，联合国在罗马召开国际性旅游会议，会议认为凡纳入旅游统计中的来访者统称为"游客"（Visitor）。在"游客"下分为两类，一类是过夜旅游者，即称为旅游者（Tourist）；另一类是不过夜的当日往返者，称一日游游客或游览者（Excursionist）。具体定义如下：

游客是指除了为获得有报酬的职业以外，基于任何原因到其他一个不是自己常住国家观光、访问的人。游客外出的目的可以是消遣活动（包括娱乐、度假、保健、学习、宗教和体育活动），也可以是商务、家庭事务、公务会议等。旅游者就是在一个国家作短暂停留超过24小时的游客。游览者（一日游游客）就是在一个国家作短暂停留不超过24小时的游客，是指未在目的国住宿设施中过夜的游客，其中包括乘坐游船的乘客，这些乘客可能在所停靠的港口地区进行多日访问但每天回到船上住宿；但不包括正在过境途中的乘客，如降落于某个国家但未在法律意义上正式进入该国的航空班机过境乘客。

（3）世界旅游组织的定义。世界旅游组织在1981年出版的《国内与国际旅游统计资料收集与提供方法手册》一书中，对国际游客的统计口径作了界定，并向全世界推荐。这一定义明确指出了国际游客外出旅游的时间上限，规定下列人员可以作为国际游客计算：①为了娱乐、医疗、宗教、家庭事务、体育活动、会务、学习或过境进入另一国家者；②外国轮船船员或飞机机组成员中途在某国短暂停留者；③停留时间不足1年的外国商业或公务旅行者；④负有持续时间不足1年使命的国际团体雇员或回国进行短期访问的旅行侨民。国际游客不包括下列人员：①向目的国移民或在该国谋求职业者；②以外交官身份或军事人员身份进行访问者；③上述任何人员的随从人员；④流亡者、流浪者或边境上的工作人员；⑤打算停留1年以上者。

（4）我国的定义。我国一般将来华旅游入境人员称为"海外游客"，是指来我国大陆观光、度假、探亲访友、就医疗养、购物、参加会议，或从事经济、文化、体育、宗教活动，连续停留时间不超过12个月，且其主要目的不是通过所从事的活动获取报酬的外国人、华侨和港澳台同胞。

国家统计局规定，国际游客不包括下列人员：①应邀来华访问的政府部长以上官员及其随行人员；②外国驻华使馆官员、外交人员及其随行人员和受赡养者；③常驻我国1年以上的外国专家、留学生、记者、商务机构人员等；④乘坐国际航班过境不需要通过护照检查进入我国口岸的中转旅客、机组人员，在口岸逗留不过夜的铁路员工和船舶驾驶人员及其他人员；⑤边境地区往来的边民；⑥回我国内地定居的华侨、港澳台同胞；⑦已在我国定居的外国人或原已出境又返回我国定居的外国侨民；⑧已归国的我国出国人员。

目前，各国在对国际旅游者进行界定时往往以罗马定义为基准。可以说，各国就国际旅游者的界定已在原则上达成共识。

2. 国内旅游者的技术性定义

（1）世界旅游组织的定义。世界旅游组织关于国内旅游者的定义，是在1984年参照国际旅游者的定义做出的，采用的界定标准与国际旅游者的界定标准基本一致。对国内旅游者的界定是："任何以消闲娱乐、度假、体育活动、商务、公务、会议、疗养、学习和宗教为目的，而在自己定居的国家内，不论国籍如何，对某个目的地所进行24小时以上、1年以内旅行的人，均视为国内旅行者。"同样，国内旅游者也被分成了国内过夜旅游者和国内不过夜游览者，后者指在目的地逗留不足24小时的人。

（2）北美和欧洲国家的定义。与国际旅游者的定义全世界基本趋于认识统一相比，国内旅游者的定义则出现分歧。北美和欧洲国家所给出的国内旅游者的定义因是以时间为标准，还是以距离为标准的不同而呈现出较大的差异性。北美的加拿大将"国内旅游者"定义为"离开居住地边界至少50英里（80公里）以外的地方去旅行的人"；美国将"国内旅游者"定义为"处于工作上下班之外的其他任何原因而离家外出旅行至少50英里（80公里）的人"，而不管其在外过夜还是当日返回。欧洲的英国将"国内旅游者"界定为"基于上下班之外的任何原因，离开居住地外出旅行过夜至少一次的人"；而法国则认为"基于消遣、健康、会议、商务或修学目的，离开自己的主要居所，外出旅行超过24小时但未超过4个月的人"是"国内旅游者"。

（3）我国的定义。在我国，凡纳入国内旅游统计范围的人员统称为国内游客，是指任何因休闲、娱乐、观光、度假、探亲访友、就医疗养、购物、参加会议或从事经济、文化、体育、宗教活动而离开常住地到我国境内其他地方访问，连续停留时间不超过6个月，并且访问的主要目的不是通过所从事的活动获取报酬的人。国内游客分为国内旅游者和国内一日游游客两类。其中，国内旅游者是指在旅游住宿设施内至少停留一夜，最长不超过6个月的国内游客；国内一日游游客是指离开常住地，外出距离在10公里以上，时间超过6小时但不足24小时，未在旅游住宿设施内过夜的国内游客。

此外，我国在国内旅游统计中还规定，下列人员不在国内游客统计之列：①到各地巡视工作的部级以上领导；②驻外地办事机构的临时工作人员；③调遣的武装人员；④到外地学习的学生；⑤到基层锻炼的干部；⑥到其他地区定居的人员；⑦无固定居住地的无业游民；⑧到外地务工的农民。

二、旅游者的分类

（一）旅游者分类的原则

对事物进行分类是认识事物本质和探索其运行规律的重要方法。对旅游者的分类是旅游研究的重要内容。对于旅游者的分类，有人认为，由于目前人们的认识角度不同致使划分的标准存在较大差异，由此划分出来的旅游者的类型也就不尽相同。并且，旅游者类型的划分只是一种手段，都是为了研究服务，不存在哪种划分标准就一定科学或权威。言外之意，对旅游者的分类是不具科学性的，或者不必遵循科学性的。应当说，这种观点和认识是不正确的。

实际上，对任何事物的分类都必须坚持理论科学性和实践应用性的原则。要对事物进行科学的分类，首先必须寻找和制定分类的标准，而这一过程既是一个理论认识问题，又是一个实践应用问题。理论认识方面，对事物的分类必须按照事物的属性来进行，应该而且必须根据事物的本质属性或特有属性对其进行类别的划分，只有这样才能保证分类的合理性和科学性。实践应用方面，对任何事物的分类都不是为了分类而分类，而必须考虑到分类的实用性和可操作性，以使这种分类对科学准确地认识和理解事物具有指导作用。从这个意义上来说，要对旅游者进行科学、实用的分类，必须从旅游者的本质属性入手，并结合旅游业者的关注来进行。旅游者的本质属性，主要体现在人们对旅游者的概念界定中。毕竟，概念是反映事物的本质内涵的特定表述形式。而旅游者则是旅游产品的消费者，对旅游者进行科学的类别划分是旅游供给者寻找目标市场和营销对象的基础性工作，因而深受他们的关心和关注。这种坚持理论科学性和实践应用性相结合的分类原则，不但有助于保证旅游者分类的理论科学性，也有助于发挥其对旅游业者的经营实践的指导作用。

（二）旅游者的具体分类

一般来说，旅游者类型的划分因分类标准的不同而有所不同。为此，不少学者对旅游者类型划分的标准问题进行了探讨，如唐宇等认为，比较常见的分类标准有地理范围、旅游者的组织形式、计价方式、旅游费用的来源、旅游目的、消费水平、旅游交通方式、年龄性别等；邹春洋等总结了常见的分类标准，即旅游目的、地理范围、组织形式、消费水平、费用来源、旅游方式、计价方式、享受程度、旅行距离或者客源地等；常莉总结的一般划分标准有旅游目的、地理范围、组织形式、消费水平、费用来源、交通方式和计价方式；李肇荣等认为，国界、所及地理区域范围、费用来源、享受程度标准、交通方式标准和出游目的是旅游者划分的一般标准……由此可见，由于学者们对旅游者类型划分的目的、视角、方法和认识等方面存在较大差异，目前人们在对旅游者分类标准的认识上很难形成较为一致的观点。我们也有理由相信，随着旅游和旅游业的发展，人们在对旅游者分类标准认识上的差异仍将呈现不断扩大之势。鉴于此，为了简便、实用，并考虑到分类标准的常见程度，我们主要从以下几个角度介绍和阐述旅游者的分类。

1. 按地理范围划分

按地理范围划分，可根据地域空间等级从大至小，将旅游者划分为环球旅游者、洲际旅游者、国际旅游者、国内旅游者等一些基础的类型。客观上，我们还可以看到更细致的地理范围分类概念，例如省内旅游者，乃至城郊旅游者、当地旅游者等类型。

这是一种从旅游者本质属性上分类的方法，也是最常见的旅游者类型的划分方法，在许多领域内使用。按照地理范围划分的旅游者，最易于我们进行区分，可以更好地进行各种抽样调查和统计。在旅游开发工作中，按地理范围划分旅游者，可以更有针对性地进行各种营销工作。

2. 按出游时间划分

在出游时间上，我们往往以出游是否超过 24 小时，即是否在异地过夜为标准，将旅游者划分为过夜旅游者和一日游游客。

这种划分体现了旅游者本质属性的内容，也反映出旅游者技术定义的要求。旅游者出游时间的长短反映了旅游者的需求，很大程度上决定着饭店、交通、游览点、商店等旅游设施的供给。这种划分在来源统计中运用，以时间为标准，既有利于统计，又便于对旅游者进行分析和市场预测。

3. 按旅行距离划分

按旅游者旅行距离划分，可将旅游者划分为远程旅游者、中程旅游者和近程旅游者。

旅行距离的远近同时也说明了旅游者旅游时间的长短。按旅行距离划分，是一种既体现了旅游者的属性又对旅游业的市场把握有积极作用的划分方法。对旅游业来说，旅行距离的远近，意味着旅游者花销的多少，远程旅游者旅行路程比较遥远，出游时间较长，花费较大；中、近程旅游者相对耗时较短，支出较小。这些特点是旅游供给者所关心的。

4. 按出游目的划分

按出游目的，我们可将旅游者划分为消遣型旅游者、公务事务型旅游者、家庭及个人事务型旅游者、文化型旅游者、宗教型旅游者、购物型旅游者和特种旅游者等。

很显然，按照出游目的特征划分的结果，利于指导旅游市场开发，但是，必须通过抽样调查等方法，才能较好地区分。缺点是这样划分旅游者的成本比较高。

5. 按人口统计特征划分

人口统计学特征，是人的一些最基本的自然和社会属性。按人口统计特征划分旅游者，就是通过制定一些量化或限定的标准来合理区分旅游者的类型。

这些标准主要从性别、年龄、受教育程度、职业、家庭收入和家庭构成等基本属性入手。按照这样的标准划分，可以得到一个分类群。按照性别可以分成男性旅游者和女性旅游者；按照年龄可以分成青少年旅游者、中年旅游者、老年旅游者等；按照受教育程度可以划分为高学历旅游者、中等学历旅游者、低学历旅游者等；按照职业可以划分为教师旅游者、公务员旅游者、工人旅游者、农民旅游者、服务人员旅游者、学生旅游者等；按照家庭收入可以划分为高收入旅游者、中等收入旅游者和低收入旅游者；按照家庭结构可以划分为单身旅游者、二人世界旅游者、三口之家旅游者、多代同堂旅游者等。

按照人口统计学特征进行的分类,不仅有利于反映旅游者的自然和社会背景,更有利于深入分析消费行为,是一种主流分类方法。

6. 按其他方法划分

还有一些旅游业界常用的旅游者分类方法很实用,对旅游市场分析有重要的价值。

按组织形式划分,可以把旅游者划分为团体旅游者和散客旅游者。

按计价方式划分,可以把旅游者划分为全包价旅游者、半包价旅游者、小包价旅游者、零包价旅游者。

按消费水平划分,可以把旅游者划分为经济型旅游者、大众型旅游者、豪华型旅游者。

按费用来源划分,可以把旅游者划分为自费旅游者、公费旅游者、奖励旅游者、社会旅游者等。

第二节 旅游者的心理需要与特征

一般说来,生活在日常世界里的人,当受到内外条件刺激产生旅游需要与动机时,就会逐渐由潜在旅游者向现实旅游者转变。从这一时刻开始,直到旅游活动结束,他们的心理需要呈现出与非旅游者不同的特征。因此,旅游者的心理需要特征可从旅游活动的启动阶段、旅行阶段、游览阶段和结束阶段等不同的阶段中窥见一斑。

一、启动阶段旅游者的心理需要与特征

一个人从产生旅游需要与动机到离家外出前这个阶段可称为旅游活动启动阶段。实际上,旅游活动启动阶段的旅游者还不是严格意义上的旅游者,可以称为准旅游者。行为动力学的理论认为,人的行为是由动机决定的,而动机是由需要支配的。也就是说人要旅游是由旅游需要与旅游动机决定的。

旅游需要是指当人处于缺乏旅游状态时出现的个体对旅游愉悦行为的自动平衡倾向和择取倾向,是心理驱动力在潜在旅游者头脑中的意识反映。旅游动机是在旅游需要的刺激下,直接促使人们离开居住地外出旅游的内部驱动力(内驱力)。内驱力是当人处于一种生理或心理匮乏状态时产生的维持和恢复生理或心理平衡的倾向。需要是内驱力在人的大脑中的意识反映。因此,旅游需要在旅游活动启动阶段起着决定作用。

一般认为,触发旅游者产生旅游活动的心理需要主要有"求补偿"需要、"求解脱"需要和"求平衡"需要三种类型。

(1)"求补偿"需要。所谓"求补偿"是指旅游者想在旅游中获得日常生活中所缺少的新鲜感、亲切感和自豪感。早在18世纪,以教育为目的的修学旅行即在欧洲流行。人们普遍认为,旅行可以增加个人对他乡事物的了解并开阔眼界。而在现代,这一需要仍然在旅游中占重要地位,人们渴望到异国他乡体验与日常居住和生活的环境不同的乡土人情、事物风光、地方文化传统和习俗,这种情况逐渐在社会中形成了一种新的价值观念,即喜欢探索并赞赏探索。尤其是随着教育的发展和信息技术的进步,人们更需了解世界上的其他地区,这就更加促使人们渴望亲自到那些地方旅行游览,以满足自己的好奇心和求知欲。大众旅游的发展实践也证明,相当大一部分旅游者的动机中都有这种"求补偿"的心理需要。

(2)"求解脱"需要。所谓"求解脱"则是旅游者想在旅游中摆脱日常生活中的精神紧张的需要。19世纪的产业革命带来了城市化和工业化,使人们生活和工作的环境与方式发生巨大改变的同时,也使旅游有了突破性的发展。在现代,也是如此。尤其是在高度城市化和工业化的社会,由于人们的生活环境远离自然,喧嚣而沉闷,工作繁忙而又单调重复,公式化而缺乏灵活变化,加上越来越快的生活节奏不断加大着人们的精神压力,使人在精神上产生了一种单调的紧张和疲倦。为了摆脱这种状况,人们常常需要暂时性地脱离日常环境。旅游就是暂时摆脱这种紧张生活的一种很有效的方式。旅游期间,人们摆脱了日常身份的束缚,新奇的环境带来了新的刺激,舒缓着原来紧绷的神经,有效地缓解了人们紧张的情绪和过大的精神压力。随着旅游活动的日益普及,越来越多的人把旅游看作从日常喧哗紧张的生活中解脱出来,消除紧张的一种手段。

(3)"求平衡"需要。所谓"求平衡"主要表现为旅游者试图"通过旅游"来纠正日常生活中的失衡。对于大多数人来说,都是日常生活中熟悉的东西太多,新奇的东西太少,因此需要到旅游中去接触大量新奇的东西,以此来纠正日常生活中的失衡。当然,也有相反的情况。有些人所从事的工作使其生活有了太多的复杂性,因此,他们不需要"复杂性",而需要用"单一性"来恢复平衡。如果他们去旅游,可能只想到一个安静的地方去过几天宁静的生活。因为他们平日里忙于工作和生活,十分辛苦,便会利用闲暇时间及平时积攒下的钱去旅游,以期得到身心的放松,享受生活。所以旅游者无论出于何种原因去旅游,都有一个共同点就是将日常生活中的不平衡状态通过旅游转化成平衡状态,而在旅游中实现这种平衡状态最基本的方式就是享受旅游。

二、旅行阶段旅游者的心理需要与特征

旅行阶段旅游者的心理需要与特征主要反映在旅游者对旅游交通和旅游住宿的需求上。旅游者在旅行阶段的心理需要是否得到满足对此后的游览活动具有重要的影响,一定程度上直接影响着其旅游体验的质量和水平。

(1)旅游交通需要。一般来说,处于旅行阶段的旅游者对旅游交通的心理需要与特征主要表现为安全、准时和舒适。安全需要是旅游者首要的和最基本的需求,任何旅游者都希望能够安全地抵达旅游目的地,并准备展开期望已久的游览活动,获得完美的旅游体验。随着现代交通运输业和航空运输业的发展,旅游者为了减少旅行过程中,特别是国际旅行过程中的时间消耗,越来越倾向于乘坐飞机出行。有趣的是,虽然很多人认为坐飞机旅游是一件够刺激却又很危险的事,但调查统计结果表明,在现代交通工具中,飞机的安全系数最高。因此,在未来一段时间内,飞机仍将成为旅游者出行的首选运输工具。其次,旅游者为了保证旅游计划能够顺利、如意地进行,总是期望自己乘坐的交通工具能够准时、准点地到达旅游目的地,以保证整个旅行游览互动的如期进行,并获得圆满的成功。因此,旅游者对旅游交通中出现的延误与耽搁的容忍度是较低的,一旦发现误点,他们就会变得焦躁不安,甚至愤怒。因为,这不但打乱了旅游者既有的旅游行程安排,还浪费了他们宝贵的时间,进而将极大地影响旅游者后续旅游活动的质量和水平。最后,舒适方便也是旅游者对交通工具的一种普遍心理需要。一般说来,旅游者在旅行途中,特别是长途旅行中多处于长时间被动等待和单调的静坐(卧)状态,极易疲劳、烦闷和不适。因此,旅游者在旅行过程中特别希望有舒适宽敞的座椅、热情周到的服务和冬暖夏凉的空调设施,以缓解旅途的身心疲惫,为未来的

游览活动积蓄体力和精力。

（2）旅游住宿需要。总体来看，处于旅行阶段的旅游者对旅游住宿的心理需要与特征主要表现为干净、卫生、便利和安全。所谓干净，既要求住宿设施外观的整洁、美观，也要求内部设施与配置及其整体环境的洁净和清新，凡旅游者的目光所及之处均应给人以亮丽、无污染之感；所谓卫生，既要求旅游住宿中的布料配置如毛巾等干净、整洁，同时也要求进行适当的消毒处理，以消除病菌和污染，保证卫生安全；所谓便利，要求旅游住宿设施的布局与配置能保证旅游者能较为方便地运用和操作；所谓安全，既要求旅游住宿设施配备基本的安全防护设施，也要求指定专人负责安全管理，以保证旅游者的人身和财物安全。一般来说，旅游者对旅行阶段旅游住宿的心理需要与其在居家时对住宿条件的严格要求有较大的不同。毕竟，出门在外，特别是旅行途中的住宿设施，无论其多么豪华、多么标准化，总赶不上居家住宿的自由、随意、方便和舒适。因此，旅游者对旅行途中的旅游住宿需要常常标准较低，只要满足基本的需求即可。试想，在经过长途跋涉之后，旅游者能在旅馆中享受到热情周到和便利的服务，感受到家庭的温暖，在这个"家"里舒舒服服地洗个澡，吃上一顿美味可口而又干净卫生的菜肴，然后在一尘不染的房间内，盖上雪白的被子，安安静静地睡上一宿，以减轻一天的疲劳，将会是一件多么令人温馨惬意的事情！

此外，无论是对交通服务，还是住宿服务，旅游者还有一个共同的需求，就是"物美价廉"。旅游者都希望在保证服务质量的前提下，尽量在交通和住宿方面少花钱，以节省旅游开支，因为这些并非他们外出旅游的最终目的，他们更愿意把钱花在购物和游览上。

三、游览阶段旅游者的心理需要与特征

经过漫长的旅游跋涉之后，旅游者终于抵达梦寐以求的目的地，并开始了愉快的旅游观赏与体验活动。此时旅游者的心理需要主要有求全、求放松，以及享受美感与丰富知识、积极参与活动和旅游购物等，每种需要都呈现出不同的特征，并对旅游体验的质量和水平产生重要的影响。

（1）放松身心需求。伴随人们生活节奏的加快，旅游者希望通过旅游的方式来缓解生活中的种种压力，渴望在游览的过程中获得身心放松。此阶段的旅游者在寻求放松的过程中主要表现出以下特征：首先，旅游者会积极参与到旅游活动中并渴望体验不同的风土名情与生活习惯，希望通过此方式获得愉悦，从而达到放松心情的目的。其次，旅游者会解放个性，放松紧绷的思维，也可能会改变以往的生活习惯，出现懒散、时间观念差、群体观念薄弱、自由散漫、丢三落四等不好的现象。但这些不好的现象只是旅游者放松身心的途径之一，是暂时的行为，一旦旅游活动结束，这些不良习惯便会消失。

（2）享受美感需要。优美的自然景观和导游生动的介绍，使旅游者沉浸在对自然美的享受和对人文景观的赞叹之中，忘掉旅游的疲劳和不愉快的事情。他们不停地拍照、摄影，想留下永恒的记忆。在这过程中，如果对景物进行观赏的位置不同，就会形成不同的视点，从而影响到旅游者的观赏效果。旅游者若能拥有广阔视野和多变的视角，同样有步换景移的机会，就能获得更多美的享受，其关键在于要自觉地、主动地去创造观赏景观的不同位置。例如，庐山使人百看不厌的根源就在于它有不胜枚举的极佳的观赏位置，所谓"横看成岭侧成峰，远近高低各不同"就是这个道理。所以，旅游观赏中位

置变化所造成的俯、仰、远、近、侧、正、内、外等各不相同的视角，是改变或影响旅游者观赏效果的极其重要的因素。

（3）丰富知识需要。旅游者通过参观游览，往往希望了解与学习旅游对象的历史、文化以及有关的科学知识。如，游览碑林时希望了解书法艺术，参观龙门石窟时希望探讨佛教艺术、增长佛教知识，甚至面对美味佳肴，也希望了解一些饮食文化，学习烹饪知识。由于旅游者兴趣不同，知识水平和知识结构有差异，他们会对不同类型的旅游资源表现出不同的偏好，所获得的审美享受与知识多少也是不一样的。

（4）参与活动需要。旅游者在游览过程中除了要求获得美的享受和丰富知识外，在目的地参观游览时总要寻求刺激，不愿意仅作为旁观者，而是希望能参与进去，尽情地享受娱乐，而参与性活动往往能满足这类要求。比如在参观傣族村寨时，希望能在那充满异族情调的竹楼里住一晚上；在参观泼水节时，不只是想看看，而且希望能与傣族青年男女一起唱歌、跳舞、泼水、嬉戏；在游览兵马俑时，又希望穿着古代战袍，骑马拉弓射箭。

（5）旅游购物需要。在游览阶段，旅游者普遍还有购物要求，主要是购买旅游纪念品，一则日后留作纪念，二则送给自己的家人、亲戚和朋友，以便与他们共享旅途的愉快与幸福，同时借以提高自己的地位和声望。旅游者对旅游纪念品的基本要求是有纪念价值和地方特色，其中土特产和手工艺术品是最受欢迎的，如新疆的葡萄干、西安的唐三彩、北京的景泰蓝以及贵州的蜡染等。此外，一些价廉物美的日用小商品和工艺品也备受旅游者的青睐，成为旅游者争相采购的对象。

四、结束阶段旅游者的心理需要与特征

在旅游结束阶段，旅游者的心理需要与特征较为复杂，主要表现在两个相互矛盾的情感纠结，即游兴未尽与归心似箭、情绪低落与心满意足。

（1）游兴未尽与归心似箭。一方面，不少旅游者可能游兴未尽，想再多待些日子，多玩些地方；另一方面，因时间所迫又不得不结束游程，面对旅游地的山山水水、人文景观以及在旅途结识的热情友好的游伴，有着恋恋不舍之情，体验着离别的痛苦。此外，外出多日，身居异国他乡，许多旅游者迫切期望着与家人早日团聚，并把自己的旅途见闻介绍给亲朋好友和同事，与他们共享欢乐，因而此时又有一种与亲人团聚前激动、兴奋的情感体验。在返回途中，旅游者希望尽快安全、顺利地抵达家中，为这次旅行画上一个完美的句号。

（2）情绪低落与心满意足。一般来说，在旅游结束阶段，旅游者常会情不自禁地回顾整个旅游过程中的经历和事件。此时，有的旅游者会油然而生一种失落感，这主要是因为旅游者对游览地的期望值太高，而实际看到的没有自己想象的那么好，那么吸引人。如旅游者久闻洞庭湖之大名，但到了岳阳一看，"浩浩汤汤"的洞庭湖因为水太浅，湖面上连船都看不到。每当这种时候，旅游者往往神情沮丧，情绪低落，游览兴致大减。而有的旅游者则因在旅游的过程中始终拥有一种积极的心理状态，便收获了一种难得的愉悦体验。在他们看来，整个旅途一切顺利，活动愉快，有很多令人高兴而又难忘的经历，令人心满意足，流连忘返。

第三节 旅游者的行为表现与特征

一般来说,旅游者行为有狭义和广义两种不同的概念内涵。狭义的旅游者行为指旅游者的旅游行为及对旅游产品的实际消费行为;而广义的旅游者行为指旅游者以旅游为目的的空间移动、游乐活动及与之相关的生活行为,包括旅游者从常住地奔赴旅游目的地,在旅游目的地内具体的旅游内容及其相关的食宿、购物等行为,涉及食、住、行、游、娱、购六个环节。为便于叙述,本书仅从旅游决策行为、空间运行行为和异地失范行为三个方面分析和探讨旅游者的行为表现与特征。

一、旅游者的旅游决策行为与特征

潜在的旅游者有了旅游需要,并同时具备了足够的闲暇时间和可自由支配收入后,便开始着手准备旅游活动,即进入旅游准备阶段。在正式动身前,这些潜在的旅游者首先要收集各种旅游相关信息,然后根据自己的偏好选择旅游目的地,我们通常把这个过程称为旅游决策行为。

1. 旅游决策影响因素

(1) 环境感知。人们把进行旅游决策时收集到的各种信息摄入脑中,形成对旅游环境的整体印象,这就是感知环境。旅游者对旅游目的地的感知是多方面的,在诸多感知环境因素中,对旅游者决策行为影响较大的是旅游者对距离及旅游地形象的感知。

① 旅游者对距离的感知。旅游者计算距离一般使用两种尺度:时间距离和空间距离。实际上这都是感知距离,是以客观距离所消耗的时间、资金和精力来衡量的,还受到交通是否便利的影响,是一个综合的概念。旅游者在时间知觉方面总的要求是"旅速游缓",即旅游者希望能够花尽量少的时间在旅途上,而旅游目的地又能提供尽可能多的参观游览活动,比如面对坐两天火车的××一日游和坐两个小时汽车的××温泉滑雪三日游,更多的旅游者会毫不犹豫地选择后者。空间距离知觉对旅游行为的影响主要表现为阻止作用和激励作用。阻止作用表现出距离衰减规律,即距离越大,游客出游的可能性越小;激励作用是空间距离影响的另一面,即距离越遥远越对人有神秘感和诱惑力,吸引人们到远方旅游。前者是旅游的摩擦力,后者是吸引力。旅游决策结果取决于两者的对比关系。

② 旅游者对旅游地形象的感知。旅游者对旅游地的感知涉及旅游地景观、基础设施、服务及可达性等方面。感知对象信息的摄取主要来源于三方面:口碑传递、民间渠道和官方宣传。口碑传递是指旅游者亲戚、朋友、同学、同事等熟人有关言论,它往往对旅游决策有决定作用;民间渠道指报纸、杂志、书籍、电影、电视等宣传,它传递的信息量多,具有民间性,在旅游决策中起基础性的作用;官方宣传指旅游地为了吸引游客,发展旅游业进行的一系列广告宣传和推销活动,由于它来势猛,信息量大,所以在旅游决策中起推动作用。

(2) 旅游偏好。所谓旅游偏好是指人们趋向于某一旅游目标的心理倾向,是比旅游动机更直接地影响旅游行为的心理因素。而旅游偏好是由旅游者的个人因素决定的,这些因素包括旅游者的个性心理、自身客观条件和社会文化素质等,是影响旅游决策行为的内在因素。

① 个性心理。在影响旅游动机的诸多因素中,人的个性心理特征起着根本性决定作用。

不同的个性心理决定了不同的旅游动机，而不同的旅游动机产生了不同的旅游行为。②自身客观条件。旅游动机除了受人的个性心理特征影响之外，还会受到自身的年龄、性别、受教育程度等客观条件的影响。③社会文化因素。社会文化因素包括社会结构、社会风俗和习惯、信仰和价值观念、行为规范、生活方式、文化传统、人口规模与地理分布等。

2. 旅游者决策行为过程

旅游者对旅游目的地的选择实际上是一个对目的地的信息收集加工、分析评价、筛选决策的过程，是旅游者在其内在动机、个人偏好和对旅游产品的认知与评价的基础上，对自己所面临的众多旅游机会进行选择的过程。当然，这一过程在心理上是复杂的，在行为上也因人而异的，但为理解之便，我们可以在理论上对其步骤进行勾勒。

（1）感知机会候选。当旅游者意识到自己的旅游需要时，所有可感知的旅游目的地构成了全部候选机会，对于目的地的感知来源于旅游者前期所积淀的知识和信息。接下来，旅游者就要对这些机会进行客观评价对信息进行加工与整理，以便于旅游决策行为的继续进行。也就是说，旅游目的地只有进入感知候选，才有可能成为旅游者的旅游决策对象。

某公司职员赵小姐想做一个年假安排。看看她的决策行为过程，在感知机会候选阶段，她是如何思考的：

"年假到了，真想好好休息一下，都说海边适合度假……"

"听新闻说三亚开发得不错……"

"对了，同事小李去过巴厘岛，好像也不错呢……"

"我还没去过东南亚呢……"

"还是出国游比较好，说起来有面子……"

因为赵小姐想找一个适合度假的地方，根据经验想去一个有海的地方，那么三亚、巴厘岛、东南亚就成为赵小姐的候选目的地，这些地方都有可能成为她的最终目的地。

（2）备选机会选择。当感知机会也就是所有感知目的地摆在面前后，旅游者依据价值机会和可实现机会进行选择，即有可考虑的旅游目的地（有价值机会），旅游者经济实力能够承受、时间限制范围内的旅游目的地（可实现机会），之后才进入旅游决策。二者相互交叉所构成的各种备选机会才成为真正备选的旅游目的地。这可视为对目的地的第一次筛选。

虽然，海边度假有很多选择，但是每个人所面对的客观条件不同，除了觉得值得一去，还要根据个人的实际情况进行筛选，赵小姐的假期时间和个人的支付能力都成为她要面对的客观问题。

"年假有十天时间，还是比较充裕的……"

"哎，但是快过年了，要走亲访友，得准备些办年货的钱……"

"近期还有些应酬……"

"现在是旅游淡季，线路价格比较低，应该选一个性价比高的线路……"

"我和老公两个人1万元左右能去哪里呢？"

赵小姐的年假时间虽然充裕，但是必须面对可承受的经济能力，她还希望在旅游淡季挑选一个性价比最高的线路，这些要素都会影响她对备选线路的选择。

（3）考虑机会选择。旅游者在备选机会之上，依据旅游期望进行第二次筛选。在这次选择决策中，旅游者头脑中已经勾勒了未来旅游的样子，并进一步考虑这次旅游应该是什么样子、可以得到什么样旅游经历的问题。为实现这一旅游期望，旅游者选择符合旅游期望因子的旅游目的地，因此，可能具备这些适宜和满意因子的旅游目的地被留下。

赵小姐根据现有的年假时间和可支付能力，对旅游线路再次规划和筛选：

"普吉岛八日游 6000 元……"

"巴厘岛六日游 7000 元……"

"新马泰十日游 5500 元……"

"台湾八日游 4000 元……"

"韩国五日游 4000 元……"

此次筛选中，赵小姐根据自身客观情况，为实现年假度假目的，对规划的线路进行了价格咨询，并增加了与支付能力相符的旅游线路。

（4）选择机会选择。在考虑机会选择留下的旅游目的地基础上，旅游者依据旅游偏好进行第三次筛选。旅游者会考虑所有他认为适宜和满意的因子中，哪些是他最偏爱的因子及哪些旅游目的地可能具备这些最偏爱的因子，最后将那些适宜和满意但并非特别偏爱的旅游目的地删掉，只留下符合旅游偏好因子的旅游目的地。

在此阶段，旅游者选择更加理性，并结合自己所面临的客观情况、旅游偏好，进行筛选。

"希望能利用旅游的机会：

——精神身体都能得到放松；

——开阔视野；

——买些东西，向同事炫耀一下；

——最好呢，还能多走些地方。"

在若干的考虑机会中，因为只能选择一条线路，赵小姐要结合此次的旅游偏好，进行选择，在罗列出各项目的后，对比之前筛选出的旅游线路，进行再次筛选。

（5）决策机会选定。在这一阶段只有几个旅游者最偏爱的旅游目的地供其选择，这时旅游者便依据目的地感知形象来进行比较评价，进行最后抉择。旅游者可能在综合考虑旅游地的景观、基础设施、服务质量及可达性等因素情况下，选出一个最有价值的旅游目的地，作为出游目的地。最终，旅游者会在若干线路中进行决策，虽然看似烦琐，实际上每个旅游者大多会经历这个过程。

"还是去新马泰吧，能充分利用一下假期多走些地方，淡季性价比很高。这条线路不但景色不错，还可以买些东西！"赵小姐进行了决策机会选定，选择了最适合她的线路。

实际上，旅游决策过程就是旅游者在感知机会之上对备选机会进一步筛选成考虑机会、选择机会和决策机会，最后选定旅游目的地的过程；同时也是旅游决策者在旅游期望、旅游偏好和旅游目的地感知形象之间所进行的差异性与同一性的反复评判过程。差异性越大，中选的可能性越小；同一性越大，则中选的概率越大。

二、旅游者的空间运行行为与特征

当旅游者通过旅游决策选定了旅游目的地后，接下来就开始进行旅游活动了。旅游活动是旅游者通过离家外出的空间移动来完成的。从距离角度讲，旅游活动存在着不同路程的区分，即近程旅游和中远程旅游活动。近程旅游属于小尺度的旅游空间行为，大多在省内、市或县内的风景区完成。中远程旅游活动属于大尺度的旅游空间行为，涉及的空间范围也扩大到省际、全国、国际甚至洲际的空间。

1. 小尺度的旅游空间运行特征

小尺度的旅游活动是指旅游者离开居住地或暂住地的路程较近，几十千米或者上百千米，在旅游过程中花费的时间较短，通常为1~2天的旅游活动，可以利用双休日或假期来实现。这种旅游活动的特征为：

（1）采用节点状路线。无论是在居住地还是暂住地，旅游主体采用节点状旅游方式都是最佳的选择。优点表现如下：①不必再花费较多的时间和精力寻找食宿地点；②节省旅游花费和开支；③可以把不必携带的物品存放在住地，轻装上路，方便旅游；④较大规模的中心地能够提供良好的旅游基础设施和旅游服务；⑤能在较为熟悉的环境中居住。因此，旅游者倾向于以暂住地或居住地为中心，在空间上表现出数次不同方向的一日游，直到所有旅游活动结束，转移到下一个旅游中心地或返回。

（2）交通方式以适合短途的火车或汽车为主。短途旅游距离近，时间短，较易完成空间距离的转换，乘坐短途旅游列车或汽车都较为方便。随着科技和经济的发展，我国也有越来越多小汽车进入家庭，自驾游也逐渐成为我国国内旅游的一种时尚。

2. 大尺度的旅游空间运行特征

中远程旅游属于大尺度的空间行为，它所花费的时间较长，通常要选择长时间段的假期时间才能完成。旅游的距离较远，可以是跨省区的旅游，甚至是跨国界、洲界的旅游活动。由于时间长，路途远，旅游主体在进行此类旅游路线的选择时也遵循一些普遍的规律：

（1）采用环状路线。旅游者在进行旅游活动时总是希望用最短的时间获得尽可能多的旅游经历。因此，长距离的旅游使得旅游主体愿意多观赏一些景点，并且总是试图采用环状的游览路线，避免走回头路。这样，在一定时间内，既可不增加旅游费用，如交通费用、住宿费用等，又可游览更多的旅游景点，获得更多的旅游收益。

（2）选择知名度高的目的地旅游。在选择环状旅游路线的同时，旅游者会尽量去知名度高的地方进行旅游。一般来讲，旅游者在进行旅游决策之前，总要收集相关的旅游目的地的信息，然后根据自身的需求、主观偏好、客观经验等选择旅游方式和旅游目的地，在旅游信息收集的过程中，总是那些知名度较大的地区能够成为首选，这是因为：①知名度较高的地方往往旅游资源价值较高；②知名度的由来往往是众多旅游者和专家给予的，具有较大的可信度；③知名度较高的地方更容易在旅游主体的大脑中形成较深的感知印象；④游玩知名度较高的地方更能使人有成就感，在返回后与没有去过的人进行交流的时候较易产生威望。

（3）选择与居住地文化差异较大的地方旅游。环境与文化的差异越大，对旅游者的吸引力也就越大。如生活在平原地区的人往往对高山感兴趣，生活在内陆地区的人更喜欢阳光、沙滩和海水。人们总是期望经历了长途跋涉的旅游能够物有所值，满足自己的好奇心。

（4）交通方式多为航空或快速铁路。旅游活动的空间转移包含三个部分：客源地产生的旅游者、目的地产生的旅游资源和连接客源地与目的地的旅游连接方式。旅游连接方式为旅游得以实现的主要条件和通道，因此显得极为重要。由于大尺度的旅游活动距离较远，有的是国际旅游或洲际旅游，因此在交通上旅游主体多选择航空或者远距离的快速铁路方式，尽量减少花费在路途上的时间，增加游玩时间。

三、旅游者的异地失范行为与特征

旅游活动异地性的特征，加上旅游在本质上是旅游者对精神愉悦的追求，往往诱发旅游者的行为表现异乎寻常，从遵守常规道德准则到道德失常，从节俭到挥霍，从约束到自由，以及从有责任感到自我放纵。对某些人而言，旅游是从现实生活枷锁中的一种挣脱，在旅游中可以不承担义务，可以随心所欲，可以不受限制。因此，旅游者在旅游目的地的行为很大程度上是依从情感原则而不是理性原则，造成责任约束松弛和占有意识外显，进而导致诸如消费攀高、道德弱化、文化干涉和过度物质摄取等诸多异地旅游失范行为。从一定意义上来说，只有坚决杜绝和禁止旅游者的这些旅游失范行为，才能降低旅游的负面影响，进而实现旅游的持续和健康发展。

1. 消费攀高

大量观察证实，旅游主体在旅游过程中的消费具有明显的挥霍倾向，即旅游者背离自身实际的经济条件或其合理化的消费需求，在各种因素影响及他人引导下做出非理性、挥霍性的旅游消费行为。哪怕是一生节俭的人，一旦身在旅途，就一反常态地表现得慷慨大方。其中的原因，有的可能是群体旅游情况下相互谦让而最后哄抬了消费水平，有的可能是受其他旅游消费行为示范作用的影响，还有可能是出于旅游目的的审美和愉悦的约束，不愿因消费这一环节的窘相而影响了整个旅程。但不管由于哪种原因，其都是个人对自身责任约束松弛在消费领域的表现。近年来，旅游基本的食、住、行消费比重下降，非基本旅游消费的娱、购消费比重上升，专门的购物游悄然兴起。由于非理性因素的影响，很多消费者购买了并不需要的东西，消费的主要目的不仅仅是购买商品的使用价值和满足自身正常的物质和精神需要，而是通过旅游消费，炫耀富有和身份。

2016年2月《人民日报（海外版）》曾报道，因为中国游客"买买买"的热情，"爆买"一词成为2015年日本新流行语。中国游客在海外购物不可谓不"壕"。来自商务部的数据显示，中国游客2015年在境外消费约1.2万亿元人民币。根据银联支付系统数据，对于中国游客而言，最热门的旅游目的地是日本、韩国、欧洲和美国。日本观光厅统计显示，2015年中国游客在日消费额占全部访日游客消费总额的四成，中国游客在日人均消费额约合1.6万元人民币，位居各国游客榜首。据估算，中国游客为韩国经济贡献了220亿美元，占该国GDP的1.6%。学者窦银娣等在《对我国过度旅游消费的伦理审视》文章中指出，就旅游消费的本质而言，它是一种高层次的文化活动，是在旅游业或自我的指引、调节和控制下，培养一种宽展的心理和达观的意识，以对现实生活的不足进行某种补偿，而旅游中的消费主义行为意味着对旅游本质和宗旨的背叛，它不仅使游客因行为与目的冲突而成为一个充满悖论的矛盾体，而且以其示范效应误导其他旅游者的行为，并因其经济效应致使旅游业可能在发展中迷失方向。

2. 道德弱化

这是旅游活动所引发的更为严重的社会问题。当一个人以旅游者身份远在他乡为异客时，他在倾向上往往想摆脱日常生活的清规戒律，道德的约束力量远不及他在日常生活圈子中的那样强大。所以，人性中潜在的不良习性会自觉或不自觉地暴露，致使我们看到很多怪现象：

衣冠楚楚的、对家庭卫生甚为关注的人此时却毫无环境道德，所到之处一片狼藉；一派君子相的人在异域的灯红酒绿的幻影中动着偷吃禁果的念头。显然，在人类社会中，像这种责任约束松弛只能暂时地存在，而且最好在熟人看不见的地方发生。

多年来，中国的旅游部门一直在敦促中国游客出国时要保持文明的行为。上海有关部门正设想建立旅游黑名单制度，并纳入征信平台，以后那些在海外举止不文明的中国游客或将上黑名单，他们如果再次出境，申请将从严审批。利用旅游者办证过程和出入境时段，宣传倡导文明旅游，努力把出境旅游的不文明行为降到最低限度。2014年上海市委宣传部副部长、市文明办主任燕爽说，上海将用三年时间对市民开展文明礼仪、民族传统、宗教习俗和禁忌等方面的普及教育活动，增强市民旅游文明守法、理性维权和安全意识，提高其风险防范和自保自救能力。学者徐辉等在《公民道德视域下的中国出境游客素质提升研究》中也指出，在智慧旅游发展阶段，要利用更新、更便捷的方式让游客接受教育，在教育的内容和教育的形式上不断创新。不仅让游客行为规范广而告之，且告知有效。针对我国出境游客的不文明行为的原因和表现，一方面，要重视旅游行为的过程管理，做到"游前告知——游中提醒——游后奖励"；另一方面，要从文化差异入手，更多地引导游客了解目的地国家和地区的文化，把出境游客教育提升的重点放在礼仪规范的引导和教育上，以文化交流为契机和出发点，抓住游客好奇心理，鼓励游客了解异国异地文化，引导游客尊重当地文化和传统，立言立行。

3. 文化干涉

旅游者以异乡人的身份前往旅游目的地，他浑身上下散发的不同文化的气味会与当地文化形成反差。一般认为，在旅游地发展的不同生命周期段，旅游者对这种文化反差会采取不同的态度：从顺应到漠视，直到干涉。旅游主体对当地文化的干涉一般表现为两种相互矛盾的情况：一种是旅游者对当地文化的古老、陈旧甚至落后状态表示蔑视，并极力张扬自身的文化，通过各种活动在当地人（尤其是青少年）中间起示范效应；另一种是旅游者出于好奇的心理，以商业的态度对待当地文化中已经垂死的因素，如迷恋表演性的土著居民原始舞蹈和习俗。这两种情况，都是旅游主体本能的意识在旅游文化上的体现。

旅游活动是一项有着悠久历史、多种文化基因并伴随着人类社会文明而不断发展兴盛的事业，可以说，旅游是一种文化现象。随着城市化进程的加速，差异化的民俗活动对人们产生了极大的吸引力，民俗旅游产品受到旅游者青睐，也成为民俗文化深厚地区的经济发展的增长点。但民俗文化旅游发展过程中也凸显出诸多问题。例如，摩梭人独特的"母系大家庭"和"走婚"制度，一直是人们关注的热点话题。在人类历史的长河里，摩梭人为了生存和发展的需要而选择了以母系血缘为纽带的大家庭，形成了一整套约定成俗的规矩礼仪和宗教习俗。从20世纪60年代开始，研究摩梭的学者越来越多，他们让更多人知道中国西南有一个"与众不同"的族群。后来，泸沽湖的旅游开发让摩梭文化成了吸引游客的招牌，各种各样的误导随之而来。摩梭古老文化面临旅游业商业化的冲击，开发者只追求经济效益，但是没有处理好开发与保护、开发与传承的关系。如果掌握不好旅游开发的度，如果唯利是图、取之无道，如果传统的摩梭母系文化被异化、抛弃，对摩梭文化一窍不通的人介入旅游，将会导致恶性循环。摩梭传统文化是摩梭人的根本，泸沽湖旅游发展离不开摩梭文化。为了让世人对摩梭人少一点误解、多一点理解，少一点臆想、多一点实际，必须让世人了解摩梭文化的价值。

4. 过度物质摄取

旅游者客居异地，在旅游过程中除了眼看、耳闻、鼻嗅、口感之外，还忍不住有摄取的倾向。好古者可能偷偷掀下古庙的一片瓦当，恋花者不免要拈花惹草，奇石癖好者不惜重金买下珊瑚石，而宠物爱好者竟以求得一只钟爱动物为乐。搬不动的动手摸摸，甚至用刀刻刻。文明一点的，摄下影像回家自得其乐。凡此种种，都暴露了部分旅游者固有的占有欲。

从旅游者的愉悦动机到旅游期间形形色色的外在表现，其决定因素各异，影响因素复杂。但可以看出，旅游过程中的主导思想以及基本属性和行为特征，都是由旅游的本质所决定的。旅游者行为的畸变只不过是旅游特征与这种畸变的心理有某种契合，从而导致旅游者行为的这种倾向。

本章小结

1. 旅游者的理论性定义旨在对旅游者提供一般的概念性描述，重在对其概念内涵的揭示。自《牛津词典》(1811) 和《世纪大百科词典》(1876) 最早对"旅游者"概念进行总结和界定之后，国内外不同的学者、机构和政府分别对"旅游者"的概念内涵进行了探讨。虽然这些有关旅游者的理论性定义种类较多，各自表述也不尽相同，但对于认识和理解"旅游者"概念内涵仍具有重要的指导意义。在吸收和借鉴上述定义精髓的基础上，本书倾向于将旅游者界定为：拥有一定闲暇时间和可自由支配收入，为获得身心愉悦而暂时到惯常环境以外的地方进行休闲体验的人。

2. 旅游者的技术性定义是为适应旅游实际需要，特别是旅游统计工作的需要而做出的定义，重在对其概念外延的限定。一般说来，有关旅游者的技术性定义，主要针对"国际旅游者"和"国内旅游者"进行探讨。对此，世界各种组织和各个国家都有自己的一些规定，其中较有影响的定义主要有国际联盟定义、罗马会议定义、世界旅游组织定义和我国政府的定义等。

3. 旅游者类型的划分是旅游主体研究的重要内容之一。要对旅游者进行科学、实用的分类，必须从旅游者的本质属性入手，并结合旅游业者的关注来进行。鉴于旅游者类型的划分因分类标准的不同而有所不同的现状，为了简便、实用，并考虑到分类标准的常见程度，本书主要按照地理范围、出游时间、旅行距离、出游目的、人口统计特征等标准对旅游者类型进行了划分。这种划分体现了理论科学性和实践应用性相结合的原则，不但有助于保证旅游者分类的理论科学性，也有助于发挥其对旅游业者的经营实践的指导作用。

4. 旅游者的心理需要特征可从旅游活动的启动阶段、旅行阶段、游览阶段和结束阶段等不同的阶段中窥见一斑。一般认为，启动阶段旅游者的心理需要与特征主要表现为"求补偿""求解脱""求平衡"；旅行阶段旅游者的心理需要与特征，主要表现为旅游交通方面的安全、准时、舒适和旅游住宿方面的干净、卫生、便利、安全；游览阶段旅游者的心理需要与特征主要表现为求全与求放松、享受美感、丰富知识、参与活动和旅游购物；结束阶段旅游者的心理需要与特征主要表现为游兴未尽与归心似箭、情绪低落与心满意足两种矛盾情感。

5. 旅游者的旅游决策行为与特征受旅游者的环境感知和旅游偏好影响，具体体现在感知机会候选、备选机会选择、考虑机会选择、选择机会选择、决策机会选定等具体决策行为过程中。

6. 旅游者的空间运行行为与特征在小尺度旅游空间和大尺度旅游空间中具有不同的表现。一般来说，旅游者小尺度的旅游空间运行特征主要表现为：采用节点状路线，交通方式以适合短途的火车或汽车为主。而大尺度的旅游空间运行特征则表现为：采用环状路线，选择知名度高的目的地旅游，选择与居住地文化差异较大的地方旅游，交通方式多为航空或快速铁路。

7. 旅游活动的异地性特征，通常使旅游者在旅游目的地的行为依从情感原则而不是理性原则，造成责任约束松弛和占有意识外显，进而导致诸如消费攀高、道德弱化、文化干涉和过度物质摄取等诸多异地旅游失范行为。只有坚决杜绝和禁止旅游者的这些旅游失范行为，才能降低旅游的负面影响，进而实现旅游的持续和健康发展。

延伸阅读
对"新旅游者"的感知与相关思考

一、"新旅游者"是一种现实存在

笔者一贯认为，旅游业在根本上是需求推动型产业，旅游者需求与行为研究是旅游学的基础，应当予以优先关注。当然，旅游者研究是多元的、复杂的，后现代主义抑或其他主义只是一种认识工具而已。

20世纪90年代中期，读克里斯·库珀（Chris Cooper）等的《旅游学原理与实践》（*Tourism: Principles and Practice*），其中的一句话令我难以忘怀——"未来的旅游目的地受多种因素的影响，其中技术和新旅游者的需求是支配性的。"（The tourist destination of the future will be influenced by a variety of factors, but technology and the demands of the new tourist will be dominant.）掩卷之余不禁自问，在包价旅游盛行的中国，新旅游者（New Tourist）是客观存在的吗？于是，笔者开始关注年轻一代：一是坚持调查大学生的旅游意愿，二是有意识地观察青年人在国内外的旅游行为。在调查和观察中，从20世纪90年代后期以来，年轻一代的旅游意愿与行为，呈现出如下特征：（1）在目的地选择方面离散程度越来越高，热点消解，指向多元，大城市受到明显的冷落，文化遗产的感召力下降，追求自然环境尤其是原生环境的倾向逐步加强；（2）在旅游动机层面"自我化"倾向越来越明显，表面是主导动机的多样化，类似于"青菜萝卜各有所爱"；深层是动机内生程度不断提升，在推一拉系统中推力成为主导力量，重点似乎不再是青菜、萝卜的区别，而是"我"的大写；（3）在狭义的旅游行为层面，"标准化"旅游（大众旅游的另一个含义）日渐式微，个性化、感性化消费有多种呈现，如探索者、骑行者、驴友的增多，旅游决策过程相对于传统模型的大幅度简化和随意，以及志愿者旅游、无景点旅游开始流行等。

一系列的调查和观察使笔者逐步认识到，中国的新一代旅游者确实与以前不同，这种不同不是因为他们年龄上的"轻"而是价值观上的"新"。因此，在笔者看来，新旅游者不只是一个舶来的概念，而是现实中的存在，需要加以仔细辨析和认真对待。

二、新旅游者"新"在何处？

尽管不能认为中国的新旅游者是西方后现代主义塑造的产物，但是，按照历时性的观点，后现代主义的理论思潮可以用作分析和预测中国新旅游者群体的工具之一。

毫无疑问，后现代主义是一个充满修辞意味的大概念。在对它的众多解释中，我最欣赏美国过程思想家大卫·格里芬（David Griffin）的表述："如果说后现代主义这一词汇在使用时可以从不同方面找到共同之处的话，那就是，它指的是一种广泛的情绪，而不是一种共同的教条——即一种认为人类可以而且必须超越现代的情绪。"在我看来，人的解放是后现代主义的灵魂，这种解放主要针对工业化对人的束缚和异化。关于工业化时代的社会结构特征，阿尔文·托夫勒（Alvin Toffler）在《第三次浪潮》（*The Third Wave*）一书中概括为标准化、专业化、同步化、集中化、规模化、集权化六条互相联系的准则，又进一步指出，后工业化时代中的人就是要向这些准则发起挑战和攻击，这同后现代主义所说的"解构"异曲同工。中国的80后、90后是在快速工业化、现代化的社会背景下成长起来的，面对集体主义、商业主义、物质主义的三重压力，加之西方思潮的影响，他们势必广泛出现格里芬所谓的"超越现代的情绪"，从而表现出叛逆者、解构者的行为特点。这样的历史背景能够有效诠释新旅游者在中国的兴起，需要补充的只是，迄今为止，中国的旅游业依旧带有典型的"现代主义"特征，它为新旅游者的反动提供了张力的反衬。

新旅游者的基本面貌因此可以大体勾勒出来：他们是一群有意识或潜意识的人本主义者和人性解放者，是诗意的人而非屈从于物的奴，是主动的体验者而非被动的接受者，是工业化准则的反叛者，他们的欲望虽然难以摆脱物质，却离心灵更近。

在许多人的头脑里，后现代主义被贴上了反传统、反理性、反整体性的标签，因此也极易把这些标签顺便贴在新旅游者身上，果真如此吗？笔者的看法是不能简单定论，否则就会陷入教条主义的窠臼。

新旅游者具有反传统的倾向，但他们所反对甚至戏谑的是板结了的传统形式，而非历史文明的积淀——人类文化遗产对他们依旧有巨大的吸引力，只是静态展示、单方说教的博物馆形式是他们所厌恶的；任何旅游产品设计者的原意与审美表达不可能在他们那里得到绝对的复原；整齐划一、抹杀个性的标准化旅游方式是他们所反对的。但是，他们同上代人一样会被壮美的自然、崇高的精神、优美的艺术、温暖的社会所打动和折服，他们虽然有一颗不安分的心和一副捣蛋鬼的表情，血管里却流淌着人类传统的血液。认为新旅游者反对理性实在是一种粗暴、有害的观点，他们只是想超越传统社会的集体理性和唯一真理——他们认为每个人都是独立的决策者，都有自己的CPU，旅游产品的性价比因人而异，快乐可以殊途同归，真理有多种表达；他们强调在"场"并成为"场"的中心，从而获得"视域融合"（Fusion of Horizons）和主客互动；他们放弃的是人文学意义上的"结构"立场而非科学意义上的"结构"立场。如果持有限理性观，那么从人本主义的角度来评价，或许新旅游者更具理性。

同样，新旅游者对整体性的反对也只是集中在社会的同一性方面——他们会攻击旧有的社会模式和规范，从而凸显个人的选择和价值，但是对客观世界和自身，他们并不会做碎片化处理。托夫勒早就注意到：第三次浪潮时代，人们强调与自然和睦相处，注重事物的结构、关系与整体。有必要指出，在近来移动互联技术快速发育的过程中，能够看到一种有趣的现象，新旅游者的行为既呈分散性，又有同一性，或许可以称之为分散的同一性或同一性的分散表达。

三、新旅游者需要什么样的新旅游？

首先，新旅游者的兴起无疑会冲击旅游业的发展，这个意思用英文"New Tourist, New Tourism"来表达或许更加直观。不过，在笔者看来，新旧之间的关系，无论是旅游者需求还是旅游业，在性质上是超越而非断裂，是渐进的改变而非革命式的颠覆。

其次，新旅游者的需求多元指向特征将导致旅游供给形式上的多样化、时空上的广布化、品质上的精细化和经营上的灵活化。形式上的多样化将在行、游、吃、住、购、娱等各个环节广泛呈现，也会表现为各种新旅游方式的出现；时空上的广布化同旅游流的时空分散倾向相对应，它有利于减弱旅游的季节性，但是因新目的地的涌现而加剧了地区竞争；品质上的精细化意指形式上的多样化并不是粗制滥造的，而是内容精致的多样化，从而形成阶段性超越；经营上的灵活化可能包含企业的菜单式、组合式经营，企业间的敏锐联合经营，以及旅游目的地公共服务体系壮大后的平台式经营等。

再次，新旅游者的参与性审美特征呼唤"人景同构"的新旅游场，汉斯-格奥尔格·伽达默尔（Hans-Georg Gadamer）提出的"视域融合"将逐渐取代逻各斯中心主义（Logocentrism）成为旅游设计的黄金法则。设计者应高度尊重旅游者的主体性地位，鼓励和启发游客在消费过程中产生新的、个性的、现实的审美认识，对资源素材的分析评价应有"祛魅"和"返魅"的思考，对外显系统的创设应强调喜闻乐见、感同身受、景中有人、雅俗共赏的取向，为杂糅、拼贴、戏仿、融合提供可行性。未来的旅游产品，无论是狭义上的还是广义上的，都终将走出先验的、强制的、封闭的、单向的叙事系统，最终为游客创造更广泛的审美参与空间。以此来论，旅游设计永远在途中。

最后，新旅游者的需求具有非标准化和弥散性特征，同生产的规模经济规律构成冲突，好在移动互联技术解决了这个问题，使得分散的个人需求能够通过平台集合而实现规模化。这恰好说明库珀等提出的"技术"与"新旅游者需求"这两个支配性要素具有密切联系，也可以说智慧旅游是新旅游的商业实现途径。反过来说，衡量智慧旅游至少有两个关键指标：一是否及时识别和充分满足新旅游者不断变化的需求；二是否能够大幅度降低旅游交易成本。

[资料来源：马波.对"新旅游者"的感知与相关思考[J].旅游学刊，2014（8）.]

结合阅读思考：

1．作者认为新旅游者不只是一个舶来的概念，而是现实中的存在。你怎么认为？
2．你认为新旅游者"新"在何处？
3．你认为新旅游者需要什么样的新旅游？

复习思考题

1．如何认识和理解旅游者的理论性定义？
2．不同国家与国际组织对国际旅游者和国内旅游者的定义是什么？
3．旅游者类型如何划分？

4. 旅游者在旅游过程的不同阶段有哪些心理需要？
5. 影响旅游决策的因素有哪些？
6. 旅游者决策行为是怎样的一个过程？
7. 如何认识和理解旅游者的空间运行特征？
8. 如何认识和理解旅游者的旅游失范行为？

参考文献

[1] 唐宇．旅游学概论[M]．北京：北京大学出版社，2007．

[2] 邹春洋，单纬东．旅游学教程[M]．广州：华南理工大学出版社，2005．

[3] 常莉．旅游学概论[M]．北京：对外经济贸易大学出版社，2008．

[4] 李肇荣，曹华盛．旅游学概论[M]．北京：清华大学出版社，2006．

[5] 苏勤．旅游者类型及其体验质量研究：以周庄为例[J]．地理科学，2004（4）：506-511．

[6] 苏勤，曹有挥，张宏霞，等．旅游者动机与行为类型研究：以世界遗产地西递为例[J]．人文地理，2005（4）：82-86．

[7] 陈德广，苗长虹．基于旅游动机的旅游者聚类研究[J]．旅游学刊，2006（6）：22-28．

[8] 袁尧清，李荣贵，文红．不同旅游动机类型旅游者购物行为差异探讨[J]．社会科学家，2009（169）：71-74，94．

[9] 张宏梅，陆林，朱道才．基于旅游动机的入境旅游者市场细分策略：以桂林阳朔入境旅游者为例[J]．人文地理，2010（4）：126-131，119．

[10] 芮田生，张菀，阎洪．游客市场细分研究[J]．资源开发与市场，2010（1）：94-96，36．

[11] 王伟．分析旅游者类型的新视角：以甘肃旅游开发为例[J]．新西部（下半月），2008（3）：40，247．

[12] 许峰．成都国际旅游营销的市场细分与定位研究[J]．旅游学刊，2008（2）：36-40．

[13] 王蕊，苏勤．旅游购物者分类研究：以黄山市国内旅游者为例[J]．地理科学，2010（2）：313-319．

[14] 梁江川，张伟强．基于活动偏好市场细分的旅游产品谱系开发：以开平碉楼世界文化遗产为例[J]．旅游学刊，2009（9）：36-42．

[15] 程柰，周强，赵宁曦．情境满意度对旅游者购物行为的影响研究：以黄山市屯溪老街为例[J]．特区经济，2008年1月：192-194．

[16] 梁江川，陈南江．广东省高档温泉度假区游客利益细分研究[J]．旅游学刊，2006（5）：68-74．

[17] 赵金凌，成升魁，闵庆文．基于休闲分类法的生态旅游者行为研究：以观鸟旅游者为例[J]．热带地理，2007（3）：284-288．

[18] 肖飞，沈雪梅，张骏，等．江苏省台湾客源核心细分市场筛选及旅游资源吸引力相应分析[J]．旅游学刊，2010（6）：45-50．

[19] 窦银娣，李伯华，章尚正．对我国过度旅游消费的伦理审视[J]．衡阳师范学院学报，2010（3）105-108．

[20] 徐辉，潘海颖．公民道德视域下的中国出境游客素质提升研究[J]．杭州电子科技大学学报（社会科学版），2016（2）：24-28．

第四章

旅游的客体观

 本章导读

旅游客体是旅游活动的构成要素之一，在旅游活动中具有重要的地位和作用。旅游资源、旅游产品、旅游线路是旅游客体在不同时期的三种表现形式。分析和探讨三者的内涵、特征、分类及具体的应用，不但有助于旅游客体理论体系的完善，而且有助于科学认识和理解旅游客体，更有助于旅游客体开发与建设的实施。

 学习目标

1. 理解掌握旅游资源的定义、特征及分类；
2. 理解掌握旅游产品的定义、特征及分类；
3. 理解掌握旅游线路的定义、特征及分类。

 核心概念

旅游资源　旅游产品　旅游线路

第一节　旅游资源的定义、特征与分类

一、旅游资源的定义

尽管在大部分旅游学著作中都曾提到旅游资源是旅游活动的客体之一，是旅游主体的实践活动和认识活动所指向的对象，但究竟如何给旅游资源下一个较为科学的定义却并非易事。目前，人们对旅游资源的本质和内涵的认识，呈现出一种众说纷纭、观点各异的状态。

（一）主要观点简介

虽然目前国内学术界有关旅游资源的定义说法和种类较多，但常被学界和业界引用的观点主要有以下几种：

（1）"旅游资源（Tourist Resources），又称作'旅游吸引（因素）'（Tourist Attraction），即在现代社会能够吸引旅游者产生旅游动机并实施旅游行为的因素的总和。它能够被旅游业利用，并在通常情况下能够产生社会效益、环境和经济效益。"（刘振礼等，1990）

（2）"旅游资源是指对旅游者具有吸引力的自然存在和历史文化遗产以及直接用于旅游目

的的人工创造物。"(保继刚,1993)

（3）旅游资源是指"通过开发后能够吸引旅游者的客观存在物。就是在自然环境和人文环境中，可以引起旅游者的兴趣并可加以利用的物质条件。具体地说，旅游资源是指为旅游者提供游览、观赏、求知、兴趣、度假、娱乐、探险猎奇、考察研究、体育锻炼以及友好往来的客体和劳务"（钱今昔，1993）。

（4）所谓旅游资源，除自然资源和人文资源外，"对于旅游者来说，就是旅游目的地及有关旅游的一切服务设施；对旅游地来说，就是客观存在着的客源市场"（杨振之，1996）。

（5）"旅游资源是指自然界或人类社会中凡能对旅游产生吸引向性、有可能被用来开发成旅游消费对象的各种事与物（因素）的总和。简单地说，旅游资源是能够诱发旅游动机和实施旅游行为的诸多因素的总和。它不仅是作为一定地理空间范围内的旅游目的地，也包括旅游者和各种能传达旅游地相关信息的事和物。"（苏文才、孙文昌，1998）

（6）旅游资源是"自然界和人类社会凡能对旅游者产生吸引力，可以为旅游业开发利用，并可产生经济效益、社会效益和环境效益的各种事物和因素"（尹泽生等，2003）。

（7）"旅游资源是指那些凡是能够激发旅游者的旅游动机并促动其实现旅游活动可为旅游业发展所利用，并由此产生一定的经济、社会及生态环境效益的一切自然存在和社会创造。"（马勇、周霄，2008）

（8）"旅游资源是指存在于一定地域，能够激发旅游者前往游览、体验的吸引因素。"（全华，2011）。

（9）"旅游资源是指客观地存在于一定地域空间并因其所具有的愉悦价值而使旅游者为之向往的自然存在、历史文化遗产或社会现象。"（谢彦君，2011）。

（二）主要观点评价

上述学者和机构对旅游资源定义的不同表述，基本上代表了目前国内学术界对旅游资源的主流研究成果，对于我们深入理解旅游资源这一概念的本质和内涵具有重要的借鉴和指导意义，但这其中也有些实际的问题，需要做进一步的分析和探讨。

第一，普遍性的研究视角问题。上述观点总体上来看体现出两种研究视角：一是旅游需求的视角，如观点（3）（5）（8）（9）；二是旅游供需结合的视角，如观点（1）（2）（6）（7）。给旅游资源下定义到底应当采用需求的观点，还是供给的观点，抑或是供需结合的观点，这要看研究的出发点，也就是站在旅游者的立场，还是站在旅游业者的立场。前文我们已经明确地指出，旅游资源是旅游客体的重要组成部分，而旅游客体是旅游者欣赏和体验的对象，这是从旅游者的视角出发而又外在于旅游者的一种客观存在。因此，我们必然逻辑地推出，在给旅游资源下定义时，必须从旅游者的立场并遵循旅游需求的视角来进行定义。

第二，个别的表述与规范问题。总体上看，上述各家观点都或多或少地存在一定的语言表述与规范方面的问题，给人们对旅游资源的概念内涵的准确理解，带来了一定的困难与障碍。第（1）种观点将"直接用于旅游目的的人工创造物"包含在旅游资源的范围之内，很容易使人产生"那些不是直接用于旅游目的，而是直接用于其他目的，但后来被间接地用于旅游目的的人工创造物是不是属于旅游资源"的疑问；第（2）种观点将旅游资源视为"旅游目的地及有关旅游的一切服务设施"更是扩大了旅游资源的概念的外延，使人们很难对旅游资源、旅游产品、旅游目的地乃至旅游服务进行明确的区分；第（5）种观点认为"旅游资源是指并非为旅游而存在于一定地域,能够激发异地旅游者前往游览、体验的吸引因素",虽然试图说明旅游资源不同于一般的资源,但在语言表述上还是有欠顺畅。

（三）本书旅游资源的定义

由此看来,要科学准确地为旅游资源下定义,首先要有一个合理的研究视角,其次还要语言表述顺畅和研究规范。然而,这还不够,还必须充分发掘和理解旅游资源这一概念所包含的特定内涵。这些内涵是：

（1）旅游资源必须具有可观赏性,能满足人们观赏体验和审美需求。旅游资源是人们在旅游过程中所感知和体验的对象。同其他资源相比,其最大的功能就是对旅游者具有较强的吸引力,它能引起旅游者的旅游需要,激发起旅游者的旅游动机,最终吸引旅游者前来旅游观光、休闲度假与审美消遣。

（2）旅游资源是一种客观存在,存在状态包括潜在的未开发状态和尚未得到完全开发的状态。旅游资源是一种自在性的客观存在,它先于人类旅游活动的产生而客观存在,只是在到此旅游的人发现了它的旅游价值,并被众多旅游者纳入欣赏和体验的视野之后,才成为旅游资源。这些因旅游者的发现而由客观存在的资源转变来的旅游资源,因未被开发自然属于旅游资源而非旅游产品。那些虽已经得到部分开发,但还没有开发完毕的旅游资源,在本质上仍属于旅游资源,只有在彻底开发完毕后,才属于旅游产品。

（3）旅游资源可以是有形的,也可以是无形的,但无形的旅游资源必须附丽于有形的资源之上或者依附于一定的物质载体。旅游资源所涵盖的范围十分广泛,几乎包括了自然存在、历史遗产、社会现象或文化现象中的一切事象与要素。其中有形的,如名山、秀水、溶洞、瀑布、湖泊、古遗址、古建筑、珍稀动植物等,看得见,摸得着,将其视为旅游资源毋庸置疑,易于理解,但要将那些无形的文化艺术、文学、科技、技艺、神话故事等也视为旅游资源,自然令人费解。这就需要将它们与一定的有形资源与物质载体相联系,使其通过物质显现和人们的思维想象带给旅游者以审美快感和愉悦。"如苏州寒山寺吸引了大批中外游客,尤其得到受中国文化影响的日本、韩国、东南亚游客的青睐,其吸引力不是寒山寺自身的寺庙和那一口铁钟,而是寒山寺的灵魂,唐代张继留下的那首脍炙人口的诗：'月落乌啼霜满天,江枫渔火对愁眠；姑苏城外寒山寺,夜半钟声到客船。'游客在游览寺庙,凭吊枫桥,抚摸大钟之时,无不在潜心体会张继诗中的意境。"

至此,我们可以给旅游资源作出如下定义：旅游资源是客观地存在于一定地域空间并对旅游者有吸引力的自然存在、历史遗存和社会文化现象。其内涵包括：

（1）旅游资源是一种客观存在,较少存在人为的主观加工与创造；

（2）旅游资源存在于一定的地域空间范围内,体现出一定的地域特征；

（3）旅游资源对旅游者具有吸引力,能满足其观赏体验和审美需要；

（4）旅游资源可以是有形的,也可以是无形的,还可以是有形和无形的统一体。

二、旅游资源的特征

旅游资源是自然、历史、社会等因素共同作用而形成的一种特殊的资源,它既有其他资源的一些共性特征,又在许多方面表现出自己独具的特性：它是地理环境的一部分,故体现出地理环境组成要素所具有的时空分布特征和动态分布特征；它是旅游活动的客体,受社会、经济、文化因素的影响又具有历史人文的特征和经济的特征。因此，对看似简单的旅游资源特征问题的探讨，从来都是众说纷纭，莫衷一是。

（一）代表性观点述评

目前，国内学术界在旅游资源特征研究方面具有代表性和影响较大者当属李天元和谢彦君的观点。

李天元在《旅游学概论》中指出，旅游资源的特征包括：多样性、吸引力的定向性、垄断性、易损性、可创新性。这一关于旅游资源特点的概括，简洁、明快、易懂，特别是将可创新性视为旅游资源的特点，也体现出一定的发展眼光，对于人们认识和理解旅游资源的特点具有重要的指导意义，但其中也有些问题值得商榷。其一是垄断性问题，从旅游业者的角度来看当然存在垄断的问题，但从旅游者的角度来看，就不存在所谓的垄断性。其二是吸引力的定向性问题，究竟旅游资源对于哪些人有吸引力或根本没有吸引力，这是一个无解的问题，将其视为旅游资源的特点，似乎不足以将旅游资源与其他资源区别开来。

谢彦君在《基础旅游学》中认为，旅游资源是一种特殊的资源，具有以下的特征：可观赏性、自在性、潜在性和不可转移性。应当说，这是目前关于旅游资源的特点研究中得到较为广泛认同的观点，也符合旅游资源的实际状况。从一定意义上来说，事物之间的差异表现在不同的层面、范围、程度、角度。只要差异存在，无论大小，事物之间就存在不同的特点。就旅游资源而言，既可以从内在本质和外表形态与一般资源的差异中确定其特点，也可以从旅游资源与消费者关系的差异中确定其特点。由此，谢彦君从内在本质中提出了旅游资源的可观赏性特点，认为旅游资源主要对旅游者有用，其观赏价值是旅游资源的核心成分，而其他的科学价值和文化价值是旅游资源价值体系中的附加成分。此外，他又从旅游资源与旅游者的关系角度，提出了旅游资源的不可转移性特点。这对于人们科学准确地理解旅游资源的特点及其内涵具有极其重要的指导意义。

（二）本书的观点阐述

综合吸收和借鉴前人的研究成果，并仔细分析旅游资源的概念内涵和本质，我们认为旅游资源的特性可以从三个维度来理解，分别是时间维度、空间维度和经济价值维度。时间维度主要体现在旅游资源的季节性、时代性/民族性两方面；空间维度体现在区域性、不可转移性、广泛性、自在性等方面；经济价值维度体现在可观赏性、可替代性、价值的不确定性、永续性。

1. 旅游资源的时间特征

（1）季节性。旅游资源的季节性主要体现在两方面。其一，部分旅游资源存在其特定的观赏季节。例如，洛阳的牡丹，只有在四月时节才能领略其"唯有牡丹真国色，花开时节动京城"的神韵；山东的泰山，只有在夏季多雨时节才能看到"云烟竞秀"的浩瀚云海与"悬崖峭壁，瀑布争流"的雄伟景观。其二，随着季节的变化，同一旅游资源在一年四季可能存在不同的景致。如山岳旅游资源，有春的生机盎然，有夏的姹紫嫣红，有秋的层林尽染，还有冬的银装素裹；西湖十景中的苏堤春晓、曲院风荷、平湖秋月和断桥残雪更是这一特点的真实写照。

（2）时代性/民族性。时代性/民族性指不同的时代和不同的民族对旅游资源的构成及其价值判断会呈现出较大的差异性，主要表现在对于同一种资源，有的时代可以看作是旅游资源，而有的时代则不行；有的民族可以视为旅游资源，而有的民族则万万不可。如昔日封建帝王的宫阙禁地,如今已经成为人们游乐观览的胜地,而博彩和性文化等旅游项目在部分国家可以用来吸引旅游者,但在我国大陆地区则是明令禁止的。之所以如此,主要是因为不同时代、不同民族的人们的道德观念和审美观念是不同的。

2. 旅游资源的空间特征

(1) 区域性。区域性指旅游资源空间分布上具有明显的地域分异性,即不同的旅游资源具有其存在的特殊条件和相应的地理环境。以自然景观为例,大尺度的,如北欧挪威海岸的峡湾景观、地中海沿岸的"3S"景观以及中国西南大面积岩溶地貌景观、热带海岸红树林景观等;中、小尺度的,如四川盆地的方山景观、江南丘陵的红层和丹霞景观、罗布泊的雅丹景观等都呈现出一定的区域性。一个地方的旅游资源越具有其地域独特性,对旅游者的吸引力就越大。

(2) 不可转移性。不可转移性指旅游资源一般在地域上是固定的,不可移动的。首先,自然旅游资源是在一定自然地理环境下形成的,因其规模巨大或与地理环境的紧密联系性,无法用人工力量来搬迁或异地再现。其次,人文旅游资源是在特定的地域环境和特定的历史条件下的人类社会产物,人为割裂其环境联系,会影响到旅游资源所承载信息的完整性、原生性和真实性,降低资源价值。最后,旅游资源在被开发成旅游产品并向旅游者出售时,旅游资源或旅游产品的所有权不能转移。

(3) 广泛性。旅游资源的广泛性体现在其种类的繁多和构成要素众多两方面。国家标准《旅游资源分类、调查与评价》(GB/T 18972—2003)将旅游资源分成115类,可见中国旅游资源种类之纷繁,范围之广泛,内容之丰富。

(4) 自在性。旅游资源的自在性是指旅游资源是那些客观上已经自然地或社会地存在着的,或因其他功用而被创造出来的事与物。因此,它是一种不以人们的意志为转移的自在物象,旅游企业只能对它进行开发利用而不能生产。

3. 旅游资源的经济特性

(1) 可观赏性。旅游资源之所以能为社会创造经济利益,全在于其自身的观赏价值与体验价值,且无论是天然形成抑或是人工创造的旅游资源均存在某种程度的观赏价值,这一价值正是旅游资源可观赏性的直接体现。可观赏性指旅游资源能满足人们的感官享受、心理愉悦和精神升华的需要,使人们获得内心的体验和感受,这是旅游资源同一般资源的最主要区别。虽然旅游动机因人而异,旅游内容丰富多彩,但观赏活动几乎是一切旅游过程都不可缺少的内容,有时更是全部旅游活动的核心内容。"无论是'水光潋滟晴方好,山色空蒙雨亦奇'的西湖美景,还是'大漠孤烟直,长河落日圆'的塞外风光,无不具有观赏价值。可观赏性构成了旅游资源吸引力的最基本要素。"观赏性影响旅游资源的品质,一般来说,旅游资源的观赏性越强,对旅游者的吸引力就越大。

(2) 可替代性。我国旅游资源虽然种类繁多,但同类旅游资源之间也存在许多相似之处,而这些相似之处便是旅游资源具有可替代特性的根源。对于天然形成的旅游资源,其替代性主要由自然环境的相似造成。如,"五岳归来不看山"便是五岳之景对其他山峰景色的替代;还有同是北方海滨城市的大连、青岛,在一定程度上也起到相互替代的作用。对于人工创造的旅游资源,其可替代性主要是由"跟风修建"这一开发心理造成的。因这种心理造成的盲目开发的现象,使景观资源之间产生恶性竞争,这也是很多大型游乐场、人工微缩景观只能"盛极一时"的原因所在。

(3) 价值的不确定性。旅游资源的经济价值是不能量化的，无法用数字精确地表达出来，不像其他资源可以科学地计算出其内在价值。究其原因在于，旅游资源的价值是随着外界审美需求、认知水平、开发利用情况等方面的变化而变化的。例如，在审美、认知方面，旅游地居民习以为常的生活设施、司空见惯的行为习惯很可能是外来旅游者所寻求的真实的文化旅游资源，这便是因审美需求与认知水平方面的变化引起的价值的不确定。在旅游资源的开发利用方面，开发目的和利用方式不同，也会使后期产生的经济价值存在一定程度的差别。例如，同一处海滨资源，用于度假、观光或疗养，其经济价值均会有所不同，甚至有很大差异。

(4) 永续性。永续性指的是旅游资源不会因旅游者的消费和使用而被消耗掉，而是会继续存在。如大多数的观赏性旅游，旅游者带走的只是观赏过后的感受，而非资源本身。但是，虽然旅游资源不会因旅游者的离开而消失，但会因旅游期间的一些相关活动而产生损耗，这会对资源本身造成一定程度的伤害，而对于一些不可再生的旅游资源，这些点滴的损耗日积月累会产生严重的影响。例如，为世人所熟知的布达拉宫，近年来客流量的与日俱增，给这座千年古建筑带来了许多无法修复的伤害。因此，为了保护这类不可再生旅游资源，很多旅游景区提出了限制客流量的政策。

三、旅游资源的分类

（一）分类方法概述

就旅游资源分类的现状来看，为了方便和实用起见，人们常从各自的研究目的和研究视角出发对旅游资源进行分类，如：①根据可否人工再生，分为可再生性旅游资源和不可再生性旅游资源；②根据目前存在或使用状态，分为现实的旅游资源和潜在的旅游资源；③根据旅游资源的基本属性，分为自然旅游资源和人文旅游资源；④根据旅游资源内容属性，分为自然旅游资源、人文旅游资源和社会旅游资源等；⑤根据品位或级别，分为世界级旅游资源、国家级旅游资源、省级旅游资源和市（县）级旅游资源；⑥根据功能的不同，分为观光游览型旅游资源、保健疗养型旅游资源、购物型旅游资源、参与型旅游资源等；⑦根据旅游资源的成因，分为自然赋存形成的旅游资源、人类历史形成的旅游资源、天然和人工结合的旅游资源、人工创造的旅游资源；⑧根据旅游资源的景观组合分类，分为自然景观旅游资源、人文景观旅游资源、历史遗产景观旅游资源、社会风情景观旅游资源；⑨根据资源特点与游客体验，分为市场推动型旅游资源、资源依托型旅游资源、资源-市场兼顾型旅游资源等。上述有关旅游资源的分类方法，虽然众说纷纭、观点各异，但对于科学认识和理解旅游资源的类别划分问题仍具有重要的指导和借鉴意义。

目前，在旅游资源分类方面权威性较高、影响较大，也较为实用的分类方法是所谓的"国家标准分类法"。

（二）国家标准分类法

1. 国家标准分类法的主要内容

2003年5月1日国家标准《旅游资源分类、调查与评价》（GB/T 18972—2003，以下简称"国标"）开始实施。该标准在充分考虑前人研究成果和广泛实践，特别是1992年出版的《中国旅游资源普查规范（试行稿）》的基础上，对旅游资源的类型划分、调查、评价的实用技术和方法，作了较为明晰的规定。标准依据旅游资源的现存状况、形态、特性、特征将旅游资源划分为地文景观、水域风光、生物景观、天象与气候景观、遗址遗迹、建筑与设施、旅游商品、人文活动等8个主类，含31个亚类和155种基本类型。

其中，地文景观类分为综合自然旅游地、沉积与构造、地质地貌过程形迹、自然变动遗迹、岛礁5个亚类；水域风光类分为河段、天然湖泊与池沼、瀑布、泉、河口与海面、冰雪地5个亚类；生物景观类分为树木、草原与草地、花卉地、野生动物栖息地4个亚类；天象与气候景观类分为光现象、天气与气候现象2个亚类；遗址遗迹类分为史前人类活动场所、社会经济文化活动遗址遗迹2个亚类；建筑与设施类分为综合人文旅游地、单体活动场馆、景观建筑与附属型建筑、居住地与社区、归葬地、交通建筑、水工建筑7个亚类；旅游商品类分为地方旅游商品1个亚类；人文活动类分为人事记录、艺术、民间习俗、现代节庆4个亚类。

2. 国家标准分类方法的评价

上述分类是迄今为止国家颁布的唯一标准分类方法，对于促进旅游资源开发与保护、旅游规划与项目建设、旅游行业管理与旅游法规建设、旅游资源信息管理与开发利用等产生了积极的作用和影响。同时，由于国标在对旅游资源进行类别划分时重点突出"科学实证"和"定量分析"，使标准具有较强的实践操作性，在旅游规划与开发的实践中，不少地方的规划文本都采用这一国家颁布的统一标准，足见其影响之大。

虽然上述分类已经被列入国家标准，并在实践中产生了巨大的影响，但根据旅游资源普查实践的检验，目前这一标准尚有诸多值得商榷和有待修订之处。对此，谢彦君（2011）撰文指出，旅游的本质是个人所追求的愉悦体验。旅游体验的本质是整体感，不是对所谓资源单体的断片式的、肢解性的观察，更不是一个艰苦的科学计算过程。当一个旅游资源单体被用科学语言（如米、斤等）描述出来之后，它的旅游价值已经荡然无存了。谢彦君认为，首先，在旅游资源的定义问题上，国标没有坚持旅游资源的潜在性、不可移动性、自在性这样一些基本的学术认识。这将导致旅游商品、活着的人、已经成为产品的东西等混淆为旅游资源。其次，在旅游资源的分类问题上，如果要从旅游资源作为旅游观赏的客观对象物的角度来说，旅游资源有人文旅游资源和自然旅游资源，但这种概念性的分类常常不能落实在现在国标所主张的"单体"层面，因为很多单体事实上都包含了复合性的难以分开的双重品质。硬性地进行分类，在实践层面就难以保证单体的分类达到规则上的完备与互斥。最后，在对旅游资源价值的评价问题上，将旅游资源的价值硬性分裂成并列的几个方面或维度，是不合适的。应该有一个主导的维度——可能就是一个观赏价值，其他价值都依附于这个根本维度。只有这样，才能解释人们为什么还会前往某些只有单一价值的地方旅游的事实。

由此看来，要科学地对旅游资源进行分类，使之既在旅游规划与开发实践中具有较强的可操作性，同时又不破坏旅游者在旅游活动中对旅游资源整体的体验与感受，还有很长的一段路要走。

第二节 旅游产品的定义、特征与分类

一、旅游产品的定义

旅游产品的定义问题，是目前学术界存在较大争议的问题之一。很多学者都依据一定的

研究目的，并从各自的研究视角出发提出了较有价值和意义的观点，使对旅游产品定义的研究呈现出一种仁者见仁、智者见智的百家争鸣的状态，促进了旅游产品定义研究的深入与拓展。

（一）代表性观点简介

目前，国内学术界关于旅游产品定义的代表性的观点主要有"经历说""交换说""组合说"等，现简要介绍如下。

1."经历说"

经历说认为，旅游产品是旅游者在整个旅游活动过程中的全部经历和感受。如杨树林（1999）认为，"旅游产品是指旅游者从居住地到旅游目的地，然后再返回原处的全部经历"；罗明义（2001）认为，"从旅游者的角度来看，旅游产品是指旅游者花费一定的时间、精力和费用所获得的经历和感受"；田里（2006）认为，"旅游产品……也可视为旅游者花费一定的时间、费用和精力所获得的一次完整的旅游经历"；赵长华（2008）认为，"旅游产品是指旅游者花费钱财、时间和精力所购买的从居住地到旅游目的地，再从旅游目的地回到居住地的一次完整的旅游活动或旅游经历"。

2."交换说"

交换说认为，旅游产品是旅游者和旅游经营者之间所交换的物质产品和服务的总和。如肖潜辉（1991）认为，"旅游产品是旅游经营者所生产的，准备销售给旅游者消费的物质产品和服务产品的总和"；罗明义（1994）认为，"旅游产品是指旅游者以货币形式向旅游经营者购买的，一次旅游活动所消费的全部产品和服务的总和"；李肇荣等（2006）认为，"旅游产品指旅游企业经营者在市场上销售的物质产品或活劳动提供的各种服务的总和"；马勇等（2008）认为，"旅游产品是指由旅游经营者凭借着旅游吸引物、旅游交通和旅游设施开发出来的，为了迎合旅游者审美和愉悦的需求，通过市场途径提供给其消费的一切有形实物产品和无形服务产品的总和"。

3."组合说"

"组合说"是目前备受国内学者认可的一种有关旅游产品定义的观点。持此类观点的学者大多认为，旅游产品是由多种要素组合而成的综合性产品，并且根据学说研究程度的不同大致可以划分为三个阶段。

第一阶段以林南枝、陶汉军（2000）的观点为代表。两人认为，从景区旅游经营者的角度出发，旅游产品是他们凭借旅游吸引物、交通和旅游设施，向旅游者提供用以满足其旅游活动需求的全部服务。同一时期，王大悟（2000）也提出了类似的观点，认为"旅游产品是由各种构成要素科学合理地组合而成的，也就是为了实现一次旅游活动所需要的各种服务的组合"。这一阶段的多要素组合等同于各种服务的组合，也可以说是各种无形的服务要素的总和。

第二阶段以谢彦君的观点为代表。谢彦君（2004）认为，"旅游产品是指为满足旅游者的愉悦需要而在一定地域上被生产或开发出来以供销售的物象与劳务的总和"。这一阶段的观点较上一阶段有了长足的进步，认为旅游产品不再是由各种服务构成的单一的组合体，而是融入了有形物质实体的概念，也就是说，这里的多要素既包含有形的物质又包含无形的服务。这一阶段的研究成果也是同国家标准《旅游服务基础术语》中给出的旅游产品的概念最为相似的，其中将旅游产品定义为"由实物和服务综合构成的，向旅游者销售的旅游项目"。

第三阶段的研究相较于第二阶段又深入迈进了一步，对旅游产品的构成进行了更细致的划分，并非仅局限在有形与无形两大基础类别上，而是从横纵两个维度，对旅游产品的广度与深度两方面概念进行了拓展。如戴光全（2002）引入了市场学的 TPC 理论，指出："旅游产品由满足旅游者生理需要和精神需要的核心层、形式层，以及为旅游者的旅游活动提供各种基础设施、社会化服务和旅行便利的延伸层共同构成。"曹诗图（2007）认为，旅游产品是旅游地为旅游者提供的物质产品与精神产品的总和，是旅游景观、旅游线路、旅游商品、旅游设施和旅游服务的综合体，旅游产品是一个复合概念。

（二）代表性观点评价

应当说，上述三类具有代表性的关于旅游产品的定义都有一定的道理，也的确都从某一视角、某一层面揭示出了旅游产品的本质内涵，但上述观点之间彼此的差异也是明显的。造成上述差异的原因大体上有两个，一是研究视角问题，二是对旅游产品的本质的认识问题。

首先，在研究视角上，不难看出，学者们在定义旅游产品概念时，有的从旅游者的立场出发，采用需求的视角；有的从旅游经营者的立场出发，采用供给的视角；有的则站在旅游者和旅游经营者双方的立场上，采用供需结合的角度。理性地看，定义旅游产品的概念究竟应该用哪种视角为好，这是一个很难回答的问题，也是一个见仁见智的问题。学术研究贵在自圆其说，而不在人云亦云。因此，上述诸家关于旅游产品的定义，总有其一定的合理之处，当然也不可避免地体现出一定的局限性。以旅游产品的开发为例，其所以被开发出来，最终的目的是为了卖给旅游者，而不是为了开发而开发。因此，仅从旅游经营者的立场出发，有什么资源就开发出什么旅游产品，而完全忽视旅游市场，其结果只能是破产和消亡。既然旅游产品在开发时不能完全从旅游供给的视角出发，那么我们在定义旅游产品时，也不应该仅从旅游供给的视角出发，而应该从旅游需求的角度或旅游供需结合的角度出发。但正如前文所言，本书在定义旅游资源的概念时，是从旅游者的视角出发的，为了符合前后逻辑一贯性的原则，本书主张应当从旅游者或者旅游需求的角度来定义旅游产品。

其次，在对旅游产品本质的认识上，上述学者的观点，有的尚待进一步商榷。一般说来，产品是指能够提供给市场，被人们使用和消费，并能满足人们某种需求的任何东西，包括物品、服务、组织、观念或它们的组合。产品一般可以分为三个层次，即核心部分、形式部分、延伸部分。核心部分是指整体产品提供给购买者的直接利益和效用；形式部分是指产品在市场上出现的物质实体外形，包括产品的品质、特征、造型、商标和包装等；延伸部分是指整体产品提供给顾客的一系列附加利益，包括运送、安装、维修、保证等在消费领域给予消费者的好处。这是产品的整体概念。通常情况下，产品多指制造业中的有形产品。

上述关于产品的本质的论述对于我们正确认识旅游产品的本质及内涵具有重要的指导意义。首先，旅游产品最终带给人的是体验后的心理愉悦，这也是人们乐于购买的原因。但这绝不意味着在旅游产品的构成中，其核心内容是服务，因为服务的目的也在于满足旅游者内心的愉悦而不在于服务本身。其次，旅游产品要有一定的外表形式，既包括有形的物质实体，也应包括具体的服务行为。通常情况下，具体的服务形式多从属于旅游产品的物质实体，属于旅游产品的延伸部分。同时，虽然旅游产品蕴含着一定的无形的文化因素，但这些文化因素并不能独立存在，而必须依附或附丽于有形的物质实体之上，并成为旅游产品不可分割的一部分。特别需要强调的是，尽管旅游产品最终带给人们的体验和感受的结果具有无形性，但这绝不意味着旅游产品本身具有无形性，旅游产品也不应当是一个过程或经历。虽然产品是用来满足需求、供应消费的，但产品的使用价值并不等于产品本身，需求与消费过程也不是产品。

（三）本书的旅游产品定义

基于以上认识，从旅游需求的视角出发，可对旅游产品作如下的定义：

旅游产品是旅游者为满足旅游体验需要而购买的，由旅游企业在旅游地域内开发和提供的各种物质产品与服务的总和。其内涵包括：

（1）旅游产品是旅游者所购买的各种物质产品和服务，包括经过人工开发的旅游资源、人造旅游景观、旅游设施、旅游服务等，是有形和无形的组合。其可以有物质实体，也可以仅仅是某种现象；既有一定的物质显现，又有一定的精神内涵。

（2）旅游产品是旅游企业在旅游地域内开发和提供的各种物质产品与服务，有别于旅游者在日常生活中在商店或超市中购买的产品与服务。

（3）旅游产品是旅游业者开发和提供的，可能是资源依托型的，也可能是资源脱离型的，具有一定的空间地域性。这种地域空间性不仅意味着旅游产品要占据一定的地域空间，而且也意味着这一空间会远离旅游者日常生活和工作的惯常空间。

（4）旅游产品是旅游企业，即旅游产品是生产者和开发者开发和提供的，凝结着一定数量的人类劳动投入，这是旅游产品和旅游资源的本质区别。

（5）旅游产品的结构具有内在的层次性，其核心部分为能满足旅游者愉悦体验需要的核心旅游产品，如已经被开发出来的旅游地，它是出于交换目的而开发出来的，能够向旅游者提供审美和愉悦的客观凭借的空间单元。其外围部分是旅游企业或旅游相关企业围绕旅游产品的核心价值而做的多重价值追加，为组合旅游产品。由旅行社根据旅游地的区位、特点而综合设计的旅游线路，就是这样一种被大大扩展了价值成分的旅游产品。

（6）旅游产品可以被观赏、享用或体验，具有满足旅游者旅游需求的功能。

二、旅游产品的特征

（一）代表性观点述评

关于旅游产品的定义的争论直接影响到对旅游产品特征问题的探讨。目前学术界对这一问题的看法也是分歧较多。

朱孔山（1998）认为旅游产品的特性为综合性、不可贮存性。白永秀、范省伟（1999）认为旅游产品有服务主体性、文化内涵性、经济依存性和产地实现性四个特征。王莹（2002）着重分析了旅游区服务产品的特征，包括：服务内容的多样性与复杂性，服务提供的系统性，服务对象的流动性，服务所借助的资源（环境）、设施的室外性与珍稀性，服务过程的高发散性和服务消费的非完全排他性。黄羊山（2001）认为旅游产品具有综合性、无形性、不可运输性、不可贮存性、消费同时性、独享性、易波动性等特征。

喻小航（2002）认为，现有的被广泛引用的旅游产品的七大特点如综合性、无形性、功能上的愉悦性、空间上的不可转移性、生产与消费的同时性、不可贮存和易波动性等，具有两大局限：一是表面化，未抓住旅游产品与一般产品的本质差异；二是比较范围片面化，仅仅考虑旅游产品与一般实物产品的差异，而未考虑旅游产品与一般服务产品的差异。鉴于此，他提出了旅游产品的三大本质特征：整合性、塑损矛盾性和被动外向性。

谢彦君（2004）在《基础旅游学》中指出，旅游产品的特征主要表现为：功能（效用）上的愉悦性、空间上的不可转移性、生产与消费的不可分割性、时间上的不可储存性、所有权的不可转让性。武光和韩渝辉（2006）将旅游产品的特征概括为：效用上的心理满足性，空间上的限定性，生产的一次性，价值的递减性，所有权的不可转让性以及消费的参与性、时间性和排他性。马勇（2008）在《旅游学概论》一书中指出，旅游产品具有综合性、同一性、分权性、替代性和脆弱性等特征。

总体看来，上述各位学者对旅游产品的特征问题已经进行了较为深刻的分析与探讨，也取得了较有价值和可资借鉴的研究成果。但其中的某些观点有待进一步商讨。如"消费的参与性""生产与消费的不可分割性"等特点，从一定的意义上来说，旅游产品中的旅游服务，确实存在消费的参与性与生产和消费的不可分割性问题，而有些实体性的旅游产品，如旅游业者开发的有形的旅游产品所形成的旅游景观，旅游者如何参与，又如何体现生产与消费的不可分割性？将部分特征视为整体特征恐怕也不尽合理。再如，"生产的一次性""时间上的不可储存性"等特点，如果要想把生产的一次性只限定在实体类旅游产品（旅游景观）的生产，而不指旅游业者多次提供的服务，那么这种生产周期恐怕是过于长久；旅游产品的特点并不在于时间上的不可储存性，时间根本没法储存，而在于伴随着时间的流逝其价值的不可储存性。总之，有关旅游产品的特点问题的研究与讨论还有许多工作要做。

（二）本书的观点阐述

鉴于上述分析，综合吸收借鉴学者们的研究成果，我们倾向于认为旅游产品具有如下的特征，即体验上的满足性、空间上的地域性、价值上的不可储存性、所有权的不可转移性、生产和消费的相关性。

（1）体验上的满足性是指旅游者所购买的旅游产品具有满足自己欣赏、体验和享受的功能，这是旅游产品的首位和最重要的特征，没有这一特征，旅游者便不会购买，旅游业者也就不会耗费大量的人力、物力和财力加以开发和建设。

（2）空间上的地域性是指旅游者所购买的旅游产品位于一定的地域空间范围之内，只有旅游者前去观赏才能体验和享受，而不能买到家中。因此，在旅游活动中，发生空间转移的不是旅游产品，而是旅游产品的购买主体——旅游者。

（3）价值上的不可储存性是指旅游产品不同于制造业产品，销售不出去可以贮存起来，而是一天有一天的价值，随着时间的流逝其价值不能储存和累积，一旦当天的价值没有实现，第二天便无法弥补。

（4）所有权的不可转移性是指一旦旅游产品被旅游业者开发出来，只要不转让，便永久拥有所有权，这和物质产品在交换后发生所有权转移有着本质的不同。在旅游活动中，旅游者购买旅游产品后，得到的并不是旅游观赏对象或旅游设施本身的所有权，而只是"观赏和享用"权或"操作和使用"权，获得的是一种"愉悦体验"和"旅游经历"的满足感。

（5）生产和消费的相关性是指旅游产品的开发和设计要同时考虑到资源与市场两方面的因素，将二者紧密结合，既要考虑自身资源的特色，又要考虑市场需求的特点，以实现供给方和需求方共同利益的最大化。

三、旅游产品的分类

不同的客源市场与不同的游客群体，需要提供不同的旅游产品，这不仅关系到旅游者旅游体验的质量和水平，也关系到旅游业者的盈利水平和形象。因此，科学地对旅游产品的类型进行划分，对于依据资源特色和市场特点，打造具有竞争力的旅游产品具有重要的意义。

通常，对旅游产品可以按照下列方法进行分类：

1. 按旅游产品存在形态的划分

按旅游产品存在的形态来划分，可分为有形旅游产品和无形旅游产品两种。

（1）有形旅游产品是指旅游者购买和消费的有形物品，包括旅游者在购买后仅拥有某一时间内使用权的产品，如饭店的设施、景区的景观等。

（2）无形旅游产品是指旅游服务，是旅游从业人员直接为旅游者提供的各项劳动，如导游服务、交通服务以及在旅游目的地住宿、餐饮、娱乐、购物等过程中享受到的各项服务等。

2. 按旅游产品功能差异的划分

按旅游产品功能差异来划分，可分为观光旅游产品、度假旅游产品、事务旅游产品和专题旅游产品。

（1）观光旅游产品至今仍是我国旅游市场上的主导产品，常见的有自然生态观光和人文历史观光。

（2）度假旅游是指利用节假日在旅游目的地进行休养、健身和娱乐等的旅游活动。常见的度假旅游产品有海滨度假、温泉度假、山地度假、湖滨度假、森林度假、乡村度假和野营度假等。

（3）事务旅游者是因国际及地区间相关交往事务的急剧增多而形成的特殊旅游消费群体。常见的事务旅游产品包括商务旅游、政务旅游、会议旅游、奖励旅游、节事旅游和探亲访友旅游等。

（4）专题旅游产品是为满足人们除观光、休闲、度假以外的带有明确主题和特定旅游需求而开发的旅游产品。常见的专题旅游产品有修学旅游、教育旅游、宗教旅游、科考旅游和探险旅游等。

3. 按旅游产品销售方式的划分

按旅游产品的销售方式来划分，可分为团体包价旅游产品、散客包价旅游产品和自助旅游产品。

（1）团体包价旅游产品是指旅行社按照旅游市场的需求，按照统一的价格、行程和内容，将若干旅游者组成一个团体进行旅游活动的旅游产品。

（2）散客包价旅游是指旅游者不参加团体旅游，而是一个人或数个人向旅行社购买某一旅游产品的旅游活动。

（3）自助旅游是指旅游者按照个人偏好和需求进行旅游活动，不经过旅行社的组织，自己直接通过旅游供给商购买单项旅游产品。

4. 按照与旅游资源的关系及其结构组合的划分

谢彦君是按照上述两个标准对旅游产品进行类型划分的，其主要观点是：

（1）旅游产品从它与旅游资源之间的关系上来划分，可分为资源依托型旅游产品和资源脱离型旅游产品。前者是从旅游资源开发而产生的，后者是借助于对可获得的人力、物力和财力资源的重新组合并经过加工过程而生产创制出来的。前者一般不可更新，不能加以创造，仅是开发的产物；后者是可以更新和仿建的。

（2）旅游产品从构成上来划分，可分为核心旅游产品和组合旅游产品。前者是旅游产品的原初形态，具有能满足旅游者愉悦需要的效用和价值；而后者是旅游产品的终极形态，是旅游企业或旅游相关企业围绕旅游产品的核心价值而做的多重价值追加。通过这种追加，有的旅游产品甚至具有几乎可以满足旅游者旅游期间一切需要的效用与价值。

谢彦君对旅游产品的类型的划分有着重要的理论和现实意义。这种分类，一方面在理论上解决了长期以来人们面对的旅游资源与旅游产品、核心旅游产品和组合旅游产品混淆不清的困扰；另一方面在实践上有助于对旅游资源与旅游产品、核心旅游产品和组合旅游产品在宏观政策、开发步骤、经营对策等方面采取不同的举措。

第三节　旅游线路的定义、特征与分类

一、旅游线路的定义

旅游线路不仅是旅游产品的重要组成部分，更是联系旅游客源地与目的地之间的纽带，在整个旅游活动开展的过程中起到至关重要的作用。因此，从旅游兴起之时，学界对旅游线路的研究便从未间断，特别是在对旅游线路概念及其内涵的认识上，国内学者更是因研究角度和研究目的的不同，形成了各不相同的观点，鲜有共识。尽管如此，学者们有关旅游线路定义的研究和探讨，对于我们深入认识和理解旅游线路的本质和内涵仍具有积极的促进作用。

（一）现有主要观点简介

综合来看，目前学者们对旅游线路的定义及其概念内涵的认识和理解主要从旅行社（旅游服务部门）产品设计、区域（景区）旅游规划、景观设计三个角度进行，其具体内容如下。

1. 旅行社（旅游服务部门）产品设计视角的定义

此视角的旅游线路定义广泛为旅行社经营管理人员所运用，也有少数学者以此为出发点展开对旅游线路概念的深入研究。这一视角的观点是：旅游线路是由多个单品组合而成的一种旅游商品，且处于旅游产品的最核心层次，即核心旅游产品。此类旅游线路的定义以江月启，阎友兵，徐明、谢彦君，朱国兴和胡华的观点具有代表性。

江月启（1993）认为，旅游线路是旅游服务部门（如旅行社）根据市场需求分析而设计出来的包括旅游活动全过程所需要提供服务全部内容的计划线路。阎友兵（1996）认为，旅游线路是旅游服务部门为根据市场需求，结合旅游资源和接待能力，为旅游者设计的包括整个旅游过程中全部活动内容和服务的旅行游览路线。徐明、谢彦君（1995）认为，旅游线路是旅行社或其他旅游经营部门以旅游点或旅游城市为节点，以交通线路为线索，为旅游者设计、串联或组合而成的旅游过程的具体走向。朱国兴（2001）认为，区域旅游线路是旅行社

或其他旅游经营部门，在特定区域内利用交通为外来旅游者设计的联络若干旅游点或旅游城市并提供一定服务的相对合理的线性空间走向，它将区域内各种单项旅游产品有机地组合在一起，并涵盖旅游者在旅游目的地的各个旅游活动环节，从而表现出综合性的特点。胡华（2015）认为，旅游线路是指旅游服务机构为满足游客度假、休闲需求而将不同的旅游景点、旅游村镇用交通工具科学串联起来的路线，以期用最经济的花费（金钱、时间）满足大容量、求特色的观赏目的，它是旅行社最核心的产品。

2. 区域（景区）旅游规划视角的定义

持这种观点的学者多从旅游景区或旅游目的地的角度出发，兼顾各方需求，通过合理的规划布局形成旅游线路。具体定义的表述以庞规荃，马勇，林南枝、陶汉军和许春晓的观点为代表。

庞规荃（1992）认为，旅游线路是指在一定的区域内，为使游人能够以最短的时间获得最大观赏效果，由交通线把若干旅游点或市域贯穿起来，并具有一定特色的路线。马勇（1992）认为，旅游线路是指在一定的区域内，为使游人能够以最短的时间获得最大观赏效果，由交通线把若干旅游点或旅游城市合理地贯穿起来，并具有一定特色的线路。林楠枝、陶汉军（2000）从旅游目的地角度出发，认为旅游产品是指旅游经营者凭借旅游吸引物、交通和设施向旅游者提供以满足其旅游活动需求的全部服务；具体讲，一条旅游线路就是一个单位的旅游产品。许春晓（2001）认为，旅游线路是旅游经营者或管理者根据旅游客源市场的需求、旅游地旅游资源特色和旅游项目的特殊功能，考虑到各种旅游要素的时空联系而形成的旅游地的旅游服务项目的合理组合。

3. 景观设计视角的定义

一般来说，景观设计专家倾向于称旅游线路为"风景线"或"园林观光路"，其阐述定义的角度也多限于景区、景点、景观设计方面，且非常重视空间维度，强调区域的分割与整合，以为游客提供更好的审美体验，体现旅游美学内涵。

吴为廉（1996）将风景园林路分为风景旅游道路和园（景）路两类，指出园（景）路既是分割各景区的景界，又是联合各个景点的纽带，是造园的要素，具有引导游客、组织交通、分割空间和构成园景的艺术作用。因此，该类旅游线路定义的设计者较为关心的是景观的规划设计，即在一个固定的地域空间上为方便游客观赏行为而设计行动路线。

（二）现有主要观点评价及本书的观点

总体来看，旅游线路分为微观与宏观两个层次。微观层面上的旅游线路大多与景观园林设计相关，均以景区内的路线为研究的出发点，实则更倾向于景区内的甬道或廊道，也可等同于景区内游人的运动轨迹，这便是微观层面对旅游线路的认知。宏观层面，也是被广大旅游学者普遍认同并进行深入研究的层面。这一层面的旅游学者大多将旅游线路视为旅游产品的一种，且由旅游相关机构设计开发形成，不仅包括含旅游六要素在内的各个服务节点，还能满足旅游者的需求。

上述宏观与微观两个层次的叙述基本囊括了上述三类视角的观点，而本书在赞同宏观角度为切入点对旅游线路展开研究的同时存在三点不同的看法，具体观点如下。第一，当下的旅游市场主要是买方市场，生产出的旅游线路有广阔的市场前景、能满足旅游者需求即可，而具体是由旅行社还是由旅游经营者或是旅游管理者开发设计的都无须十分在意。同理，在给旅游线路下定义时也不必过多纠结旅游线路的生产主体，只要强调能满足市场各方面需求便是。第二，有些学者将旅游线路定义成全部服务的总和，这一观点虽然没有表述和逻辑上的错误，但却没有完全揭示旅游线路的本质。旅游线路作为特殊的旅游产品，除了具有其他旅游产品的共性以外还应兼具核心旅游产品的特性，而贯穿始终的服务性仅体现了旅游产品的共性，却没有完全诠释其特性，所以不足以作为定义。第三，旅游线路作为形象具体化的旅游产品，其最大的特色莫过于其空间上的有形性，而现有的定义均没有体现出这一点。旅游线路空间上的有形性指其在空间上呈现出的或链条式或圈层式的各种有形的形状类型，而仅仅将这些形状描述为各元素的组合着实不够精准，不易于在旅游者心中形成更贴切的形象认知。

基于以上几点，本书认为，旅游线路是在一定地域范围内，为满足旅游者在旅游活动中的需求而按照一定设计原则将交通线路整合串联在一起的行进路线。其具体内涵是：

（1）旅游线路是一定地域范围内的游览线路；

（2）旅游线路设计的目的在于满足旅游者在旅游活动中的需要，涉及食、住、行、游、购、娱等众多环节；

（3）旅游线路的设计必须遵循满足游客需要、突出特色、保护生态、安排合理等原则；

（4）出于降低成本和方便出行的目的，旅游线路设计可以利用和整合现有的交通线路，也可以独自开辟新的线路；

（5）根据旅游者出行的实际需要，旅游线路可以采用线性路线，也可以采用环状路线。

二、旅游线路的特征

旅游线路作为旅游产品的重要组成部分，虽然备受旅游业界人士和学者们的关注，但研究者们多将主要精力放在旅游线路的开发设计方面，而不太重视对其外在特征的研究，使得相关的成果较为少见。

吴国清在《旅游线路设计》（2006）一书中将旅游线路的特征表述为：综合性、不可贮存性、不可分割性、分权性、可替代性、脆弱性、后效性、周期性。

胡华在《旅游线路规划与设计》（第2版）（2015）中认为旅游线路具有高组合性、易受影响性、季节性、不可储存性和可替代性特点。

虽然上述两位学者对旅游线路特性的描述都较有见地，并符合逻辑规范，但却在一定意义上缺乏针对性。原因在于，既然要研究和探讨旅游线路的特点，就要区别和彰显出旅游线路与其他线路或旅游产品（旅游线路是旅游产品的一部分）的不同之处，而上述关于旅游线路特征的描述中的不少观点，如不可贮存性、综合性、季节性、脆弱性等均可用于任何一种旅游产品，甚至可用于整个旅游行业当中，是否应视为旅游线路独有的特点还需进一步思考和斟酌。

在分析借鉴已有研究成果，并仔细分析和思考旅游线路概念内涵及其实践应用的基础上，本书认为旅游线路的特点主要有：资源导向性、生命周期性、活动时空性、服务附加性、线路专业性。现对每一特点的具体表现和内涵分析阐述如下。

1. 资源导向性

资源导向性之所以能作为旅游线路的一个重要特性，原因在于，旅游资源的选取对于旅游线路未来的市场价值的形成至关重要。纵观国内的旅游线路，能维持长效热度的旅游线路大多是风景绮丽、鬼斧神工的自然奇观，而人造景观即使红极一时，对游客的吸引力也大多难以长效持久。近年来，国内热销的旅游线路多是所含旅游资源具有强效吸引力的，如包含桂林、九寨沟、张家界、北京、西安等地的旅游线路，均表现出相当明显的资源导向性，即便是创新发展也是在原有资源的基础上进行深度开发。

2. 生命周期性

旅游线路的生命周期性是指旅游线路也是具有生命周期的。从正式推向市场开始，到最后被市场淘汰或退出市场为止，一共包括四个阶段：投入期、成长期、成熟期和衰退期。不同的旅游线路其生命周期也各不相同，长短有别。一般说来，旅游资源级别较高的观光型经典旅游线路的生命周期较长，如九寨沟、张家界、黄山等为目的地的旅游线路。而生命周期较短则有两方面含义，一方面指利润下降明显，获得高额利润的时间不长；另一方面指本身生命周期就较短，即从投入市场到退出市场整个过程的时间较短，这一特点在一些以节庆活动为主题的旅游线路或季节性很强的旅游线路上体现得尤为明显。

3. 活动时空性

旅游线路的活动时空性指旅游者活动的时间性和空间性。时间性，指因旅游线路产生的旅游活动受时间的制约，这主要是因为部分旅游资源具有较强的时间性，必须在特定时间才能进行观光游览，如哈尔滨的冰雕、吉林的雾凇、钱塘江的潮水及一些民间的节庆活动等，因此，包含上述旅游景点的旅游线路便不可避免地具有一定的时间性。空间性，也可以称为跨地域性。特定旅游资源在空间上的不可转移性使由其构成的旅游线路一定要跨越不同的地域，旅游者的旅游活动也会在空间上发生移动，因此，旅游线路具有空间性。旅游线路跨越的空间距离的大小对旅游者的吸引力没有绝对的影响。在某些情况下，旅游线路的吸引力会随着空间距离的增大而减小，这是因为较大的空间距离会产生较大的交通费用或是给沟通等其他方面带来不便；而有些情况下，旅游线路的空间距离大反而会对旅游者造成更大的吸引力，这种吸引则源自不同的文化背景。

4. 服务附加性

在整条旅游线路中除了涉及食住行游购娱六方面的服务之外，为了提升自身线路的市场竞争力，很多旅游企业或旅行社纷纷提供一定的附加服务，包括团体衣物、鞋帽、旅行包等物品的赠送，接送站服务，上门服务等，这其中最重要也最容易被人忽略的便是导游服务（这里的导游服务指的是全陪的导游服务）。说其重要，是因为导游服务是所有附加服务的核心与灵魂，导游服务质量的高低会直接影响旅游者最终的旅游体验和旅行社口碑的建立；说其容易被忽视，是因为在具体的操作过程中导游服务的价值被淡化了许多，最直接的表现是导游人员得不到应有的报酬，收入与付出不成正比。

5. 线路专业性

旅游线路的专业性也可以理解为主题性或特色性，即主题突出、特色鲜明便是专业。随着当今旅游市场竞争的日益激烈，非价格因素显现出较强的优势，其中专业性较强的旅游线路更是具有较高的市场占有率，如老年专项旅游线路、婚庆旅游线路、豪华游轮旅游线路、节日盛典旅游线路、游学旅游专线等旅游线路均是近年来较受欢迎的特色旅游线路。旅游企业或旅行社将发展重心由旅游产品的共性转向旅游线路的特性即线路专业性这一举措，不仅因为主题鲜明的旅游线路在宣传过程中可以吸引特定需求的潜在旅游群体，还因为线路专业性更符合当下"追求个性、释放自我"的时代主题。

三、旅游线路的分类

就目前的实际状况来看，关于旅游线路分类的研究成果较为丰富，除了最初的按时间、距离、包价方式所进行的传统分类外，还衍生出许多按照新标准、新内容和新需求对旅游线路所进行的分类。这种状况一方面反映出旅游线路分类问题受到旅游业界和学界的高度重视，另一方面也表明，伴随着旅游业的快速发展，旅游线路及其设计在旅游业中的地位正在不断提升，其作用也正在日益增强。

为便于叙述，本书仅将目前较为常见，且得到旅游业界普遍认可的旅游线路六种分类方法及其具体内容介绍和阐述如下。

1. 按旅游线路距离分类

根据旅游者在旅游过程中的位移距离及活动范围，旅游线路可分为短程、中程、远程三个类别。

（1）短程旅游线路。短程旅游线路指当天即可返回的旅游路程，多指"一日游"旅游线路，具有线路短、范围小、时间少、费用低、设计难度小等特点。

（2）中程旅游线路。中程旅游线路指比短程大比远程小的旅游线路，通常旅游时间为2~5天，具有线路较长、范围较大、时间较多、费用适中、设计难度一般等特点。

（3）远程旅游线路。远程旅游线路是空间上大范围的旅游线路，旅游时间在5天以上，里程超过1000公里，跨若干省或是国际、洲际旅游，具有线路长、范围大、时间长、费用高、设计难度大等特点。

2. 按旅游者组织形式分类

旅游者的外出旅游会有各种组织形式，较为常见的有三种，即包价旅游线路、拼合旅游线路、自助旅游线路。

（1）包价旅游线路。包价旅游线路指旅游者一次性付费购买包括交通、住宿、餐饮、门票、保险、导游服务等在内的全部或部分旅游产品，具有以团队旅游为主、方式少变、时间性强、自主性小、节省费用等特点。根据包价程度不同还可分为全包价和部分包价旅游线路类型。部分包价旅游线路中具体包含哪些服务的价格视情况而定。

（2）拼合旅游线路。拼合旅游线路是指旅游者在购买旅游线路时可以自主选择组合几种分段的旅游线路。与部分包价旅游最大的区别在于，该种旅游线路在设计之初便是分成若干段旅游线路，而非一条完整的旅游线路，具有灵活性强，可变性高，方便性强的特点。

（3）自助旅游线路。自助式旅游线路指旅游者自行组织旅游活动的一种旅游线路，其线路的设计、旅游活动的实施没有旅游中介组织（如旅游企业）的介入，具有时间、经费自主性强的特点。自助式旅游线路又可分为完全自助式与半自助式（部分自助式）。也有人将半自助式旅游线路称为跳跃式旅游线路，即整个旅程中几小段或几大段服务由旅游企业提供，其余部分均由旅游者自主设计。

3. 按旅游者出游目的分类

旅游者的出游目的或动机是促成整个旅游活动的关键。根据旅游目的的不同可以将旅游线路分为观光游览型、休闲度假型、探亲访友型、专题型、会议奖励型等旅游线路类型。

（1）观光游览型旅游线路是典型的大众型旅游线路，最基础，层次也最低，但市场占有率较高。

（2）休闲度假型的旅游线路多为满足旅游者休息、度假的需要，全程串联景点少、停留时间长，对旅行社而言成本低、利润高。

（3）探亲访友型旅游线路比较简单，目的地多为旅游者的亲友常住地，且多以自助游方式为主。

（4）专题型旅游线路的内容比较单一，主题较为明确，具有较强的文化性与知识趣味性，常见的如科考探险旅游和修学旅游等。

（5）会议奖励型旅游线路包括会议旅游和奖励旅游两种旅游线路。会议旅游线路安排既要重视会议的设施需要，也要满足游客休息度假的需求。奖励旅游则是为业绩优良的员工而专门组织的旅游线路。

4. 按旅游者移动轨迹分类

根据旅游者在游览过程中的空间移动过程，旅游线路可分为周游型、逗留型旅游线路。

（1）周游型旅游线路，也称巡游型旅游线路，空间上呈现一条闭合环状的线路，特点在于旅游内容以观光游览为主，线路不重复，旅游效率较高但重游率较低。

（2）逗留型旅游线路，也称常驻型旅游线路，旅游内容以度假、休闲、探亲、休养等为主，在一个旅游目的地的逗留时间相对较长，因此游览效果较好。

5. 按旅游线路空间形态分类

这一分类方式与旅游者运动轨迹分类方式略有类似，根据旅游线路的空间布局形态将其分为两点往返式、环通道式、单枢纽式、多枢纽式。

（1）两点往返式旅游线路：两点往返式顾名思义只在常住地与最终目的地作一段时间的停留，而这种旅游方式又因交通工具的不同有所不同情况。若采用飞机轮船等交通工具前往最终目的地，则很容易使旅游者感到旅途乏味；若采用长途火车的形式则可以观赏沿途风景，如铁路部门开通的沈阳——西藏铁路专线，途径内蒙古、宁夏、青海省区，既能观赏到"无边绿翠凭羊牧"的醉人草原，也能领略到"大漠孤烟直，长河落日圆"的无垠沙漠，还能欣赏到"万丈盐桥"的光洁平坦与湖光山色的相映成趣。

（2）环通道式旅游线路：这种旅游线路与周游型旅游线路类似，没有重复的道路，接触景点较多。比如沈阳——丹东——大连——营口——盘锦——沈阳。

（3）单枢纽式旅游线路：单枢纽式旅游线路多以一个城市为核心，其他所有旅游目的地都与之连接，整体呈扇形或辐射状。比如，沈阳——鞍山、沈阳——铁岭、沈阳——葫芦岛，这些线路中的沈阳便是中心城市。

（4）多枢纽式旅游线路：多枢纽式旅游线路与单枢纽式旅游线路相比最大的区别在于增加了多个枢纽节点用来联结其他的旅游目的地，几个枢纽之间也有线路直接相连。这种设计可以有效地分散某一聚集点的客流，有助于缓解某一枢纽高峰时段的承载压力。例如，济南——青岛——大连旅游线路，存在多个枢纽城市，在一定程度上缓解了山东半岛、辽东半岛的客流压力。

6. 按旅游线路空间尺度分类

旅游线路按空间尺度的大小可分为游览线路与旅游路径两类。

（1）游览线路：游览线路是景区内连接各景点的小尺度的线路，也就是景区内的线路，是景区规划的一部分，特点是涉及空间范围小。

（2）旅游路径：旅游路径是连接旅游客源地和旅游目的地景点的大尺度的线路，是旅游活动所有组成要素的有机组合与衔接，是旅游产业规划的重要内容。

本章小结

1. 目前，人们对旅游资源的本质和内涵的认识，呈现出一种众说纷纭、观点各异的状态，其原因除了个别的表述与规范问题以外，主要是研究视角问题。总体看来，国内学术界对旅游资源的主流研究成果虽然各自文字表述不同，但都在某种程度上指出或述及了旅游资源应有的内涵，即旅游资源具有可观赏性，能满足人们观赏体验和审美需求；旅游资源是一种客观存在；旅游资源可以是有形的，也可以是无形的等。这对于深入理解旅游资源这一概念的本质和内涵具有重要的借鉴和指导意义。因此，本书倾向于对旅游资源作出如下定义：旅游资源是客观地存在于一定地域空间并对旅游者有吸引力的自然存在、历史遗存和社会文化现象。

2. 目前，国内学术界在旅游资源特征研究方面具有代表性和影响较大者当属李天元和谢彦君的观点。李天元认为，旅游资源的特征包括多样性、吸引力的定向性、垄断性、易损性、可创新性；谢彦君认为，旅游资源是一种特殊的资源，具有可观赏性、自在性、潜在性和不可转移性特征。他们的观点对于人们科学准确地理解旅游资源的特点及其内涵具有极其重要的指导意义。本书在综合吸收和借鉴前人的研究成果，并仔细分析旅游资源的概念内涵和本质的基础上认为，旅游资源的特性可以从三个维度来理解，分别是时间维度、空间维度和经济价值维度。时间维度主要体现在旅游资源的季节性、时代性/民族性两方面；空间维度体现在区域性、不可转移性、广泛性、自在性等方面；经济价值维度体现在可观赏性、可替代性、价值的不确定性、永续性。

3. 为了方便和实用起见，人们常从各自的研究目的和研究视角出发对旅游资源进行分类，但权威性较高、影响较大，也较为实用的分类方法是"国家标准分类法"。《旅游资源分类、调查与评价》（GB/T 18972—2003）依据旅游资源的现存状况、形态、特性、特征将旅游资源划分为地文景观、水域风光、生物景观、天象与气候景观、遗址遗迹、建筑与设施、旅游商品、人文活动等8个主类，含31个亚类和155种基本类型。这一分类对于促进旅游资源开发与保护、旅游规划与项目建设等方面的工作产生了积极的作用和影响。

4. 旅游产品的定义问题，是目前学术界存在着较大争议的问题之一，代表性的观点主要有"经历说""交换说""组合说"等。造成上述差异的原因大体上有两个，一是研究视角问题，二是对旅游产品的本质的认识问题。本书认为，从旅游需求的视角出发，可对旅游产品作如下的定义：旅游产品是旅游者为满足旅游体验需要而购买的，由旅游企业在旅游地域内开发和提供的各种物质产品与服务的总和。

5. 关于旅游产品的定义的争论直接影响到对旅游产品特征问题的探讨。目前学术界对这一问题的看法也是分歧较多。总体看来,一些学者对旅游产品的特征问题已经进行了较为深刻的分析与探讨,也取得了较有价值和可资借鉴的研究成果,但其中的某些观点尚有进一步商讨的必要。本书认为,旅游产品具有体验上的满足性、空间上的地域性、价值上的不可储存性、所有权的不可转移性、生产和消费的相关性特征。

6. 不同的客源市场与不同的游客群体,需要提供不同的旅游产品,这不仅关系到旅游者旅游体验的质量和水平,也关系到旅游业者的盈利水平和形象。因此,科学地对旅游产品的类型进行划分具有重要的意义。通常,对旅游产品可以按照存在形态、功能差异、销售方式、与旅游资源的关系及其结构组合进行分类。

7. 目前学者们对旅游线路的定义及其概念内涵的认识和理解主要是从旅行社(旅游服务部门)产品设计、区域(景区)旅游规划、景观设计三个角度进行的,各有其特色和优点。总体来看,旅游线路分为微观与宏观两个层次。微观层面上的旅游线路大多与景观园林设计相关,而宏观层面,多将旅游线路视为旅游产品的一种。本书认为,旅游线路是在一定地域范围内,为满足旅游者在旅游活动中的需求而按照一定设计原则将交通线路整合串联在一起的行进路线。

8. 旅游线路虽然备受旅游业界人士和学者们的关注,但对其外在特征进行研究的成果除吴国清(2006)和胡华(2015)以外,尚较为少见。本书认为旅游线路的特点主要有:资源导向性、生命周期性、活动时空性、服务附加性、线路专业性。

9. 目前关于旅游线路分类的研究成果较为丰富,其中较为常见,且得到旅游业界普遍认可的旅游线路分类方法主要有按旅游线路的距离、旅游者的组织形式、旅游者的出游目的、旅游者的移动轨迹、旅游线路空间形态和空间尺度等标准所进行的分类。

延伸阅读
北京农业旅游创意设计的原则与内容

农业旅游是以农村自然环境、农业资源、田园景观、农业生产、乡村民俗生活和乡土文化为基础,通过整体规划布局和工艺设计,加上一系列配套服务,为人们提供观光、旅游、休闲、体验活动,以季节性的果、菜、花实地自采现尝,趣味郊游活动以及传统项目、观赏特色动植物等为特色的一种旅游活动形式。农业旅游把农业、生态和旅游结合起来,其实质是利用农村的农业资源和人文资源,以农村景观、农事活动和农业生态、民俗文化、乡村体验来吸引游客,使农业从提供农产品的第一产业转向提供旅游、加工、服务的第三产业。农业旅游既可发挥农业生产、资源利用、生态环境、农业科普、休闲度假、农村生活体验的功效,又能够提高农民的经济收入和文化水平,带动农村发展,是当今旅游的发展方向之一,具有强大的生机和广阔的前景。

随着人们生活水平的提高,农业旅游成为市民重要的休闲方式之一,旅游粗放经营的时代已经过去,农业旅游迫切需要提升档次,开发精品,因此,创意设计的重要性就日益显现出来,成为策划工作的重点。

一、设计原则

我国经济学家于光远1985年对旅游的定义为:旅游是现代社会中居民的一种短期性的特殊生活方式,这种生活方式的特点是:异地性、业余性和享受性。农业旅游的市场在城市,必须适应城市文化和城市经济发展需要,农业旅游的发展也将对社会的健康发展起到十分关键的调控作用。同时，健康有序的农业环境对于城市的可持续发展也起着至关重要的作用。与其他旅游设计相比，农业旅游创意设计以独特性、自然性、文化性为设计原则。

1. 独特性

特色是旅游业的灵魂，旅游文化创意必须充分考虑当地的旅游特色，挖掘当地特色资源，包括地域特色、资源特色、文化特色、民族特点、宗教信仰、名人文化、风土人情等，这些都是创意设计中必须一一考虑的，有了特色，设计便有了灵魂。创意设计应该是为景区量身打造的，既符合传统的美学观，又能呼应当地文化，为游客营造一个全新的体验情景。农业创意设计关键要有原创的意念与造型，原创可以是无中生有，也可以在传统与日常生活中加入创意，推陈出新。

2. 自然性

21世纪科学技术的发展日新月异，人类社会已由工业社会转变成信息社会或后工业社会。科学技术与社会经济文化的发展奠定了时代的物质基础，物质上的富足使人们更加注重自我的情感需求，质量、功能千篇一律的产品已不足以满足人们的精神生活需求，返璞归真、回归自然成为市民放松心情、缓解压力的新选择。旅游者选择农业旅游，目的在于逃离城市的喧嚣和冰冷的金属、水泥，亲近自然，放松心情，所以农业旅游产品的设计要充分重视人的内心情感和精神需要，避免过重的人为痕迹，保持自然的原真性与野性。

3. 文化性

旅游资源开发不能只注重自然景观和观光游览功能，更应发挥其人文内涵和教育功能。要发挥文化在农业旅游中的灵魂作用，必须挖掘农业文化精华，将农耕文化的潜在价值转化为现实的旅游产品，进一步开发衍生的旅游项目和旅游商品，如歌曲、文学、休闲娱乐项目、体育运动项目、文化艺术表演、社区建筑、风土人情和旅游商品等，使农业旅游洋溢着饱满的人文精神和浓郁的文化氛围。许多农业文化具有极强的旅游观光功能，挖掘传统农业文化内涵有利于提升农业观光的水平和档次，从而吸引更多的游客。在这一转化过程中，科学的、创新的、富有文化气息的旅游文化创意设计就显得至关重要，因此文化性的体现是农业旅游设计的重要原则。

二、设计内容

旅游策划最核心的就是旅游项目的核心吸引力和盈利模式，因此必须依托特色资源进行项目设计和文化开发。不重视旅游文化的开发，旅游项目缺乏文化内涵，没有独特风格的旅游项目难以形成大旅游的气候。

1. 文化创意战略规划

文化创意战略规划主要解决旅游地的文化开发方向、文化主题定位、文化内容的组织和文化形象的设计等问题，是文化创意总体规划的基础。文化创意战略规划将赋予一个景区和景点存在的独特意义，将有意识地突出一个地区文化内部土壤中自然生长出来的一种品质，这种品质是个性赖以生存和发展的依据。因此，在农业旅游规划中，主题文化是决定规划形式、特色的依据。

2. 人文自然景观的强化

旅游地要有特色，因此农业旅游设计在发掘资源内涵的基础上，应强化其农业与环境资源优势，形成浓郁的自然与乡村主题。农业旅游的开发要以乡村文化为核心，保持乡土特色，突出以乡土文化和田园景观为依托的开发模式，避免城市化、格式化的倾向。比如北京密云县溪翁庄镇，依托密云水库鲜鱼资源打造独特的"渔文化"，大力发展"渔乐圈"创意旅游农业产业，设计出了地方特色浓郁的农业旅游项目。

3. 人造景观

旅游创意设计的主要工作就是借景，如果无景可借，就要造景，也就是通常所说的无中生有和有中生优。人造景观作为人文自然景观的补充，要求与大自然和谐、融为一体。人造景观的设计思想、主题、风格、布局、体量、造型、色彩等，应当与主题文化、文化形象、生态环境、周围景观相协调，从而打造品牌效应。

4. 旅游文化设计

农业旅游文化设计就是依托农业文化资源发展旅游观光农业，实现农业文化保护和利用的双赢，是农业文化开发利用的重要内容，是一种潜在的旅游产品，也是旅游业的灵魂，缺乏灵魂，旅游业便无生命力可言。农业旅游不仅仅是果品采摘和乡村生活，其中所包含的历史文化内涵更应该被提升和挖掘。随着农业生态旅游的逐步兴起，创意设计得到社会各界的高度重视，人们开始意识到文化在旅游建设与发展中所起的重要作用。旅游文化设计可以让传统历史文化焕发出新的活力，推动农村文化和经济发展，使广大村民得到实惠，从而自觉地保护和传承农业文化。尼亚加拉瀑布在人文资源开发上通过爱情圣地、探险乐园的主题，吸引着世界各地的旅游者前往。农业文化为强化文化内涵，除传统的导游解说之外，还可以通过博物馆和特色活动来进行渲染，发挥其丰富的文化内涵、感受自然的教育功能。

5. 科技创意

科学技术不仅是重要的旅游资源，而且也是现代农业旅游区建设的重要手段，科技创意集科学技术的利用、科技成果的展示、科学文化的渗透、科学知识的传播于一体，将高科技与现代旅游相结合，在旅游设计中贯穿科技手段与科学思想，借助高科技手段体现创意设计理念，实现情景再现，增强趣味性、特异性、参与性。开发科技旅游资源，传播科学知识，加强环境意识，使农业旅游成为人们获得高层次理性愉悦的休闲方式。蔡家洼村农业示范园区根据自己的地域优势和科技优势等有利条件，在策划理念上注入了科技创意，并将科技创意贯入了休闲旅游、健康养生、科普教育、商务活动、会议培训等活动设计中，突出农业旅游活动中的科技特色，形成了差异性的旅游体验，走出一条生态农业旅游发展的新路子。

6. 节事活动策划

节事活动既是一种旅游吸引物，也是提高景区知名度的重要手段，包括神圣的或世俗的庆典，以纪念某个名人或著名历史事件，或为庆祝某种重要产品丰收而举行的仪式，包括为纪念某个人的作品、工艺等类展览的文化事件、交易会，一般性的娱乐、聚会等。

7. 旅游产品策划与设计

旅游产品的创新主要包括主题、结构和功能创新，即从它的主题性、艺术性、趣味性、刺激性、参与性、教育性、和谐性、竞技性等方面进行深入开发，如可以以特色景观、历史文化等元素为创作依据，设计独特的纪念品，给每一件小巧精致的纪念品赋予新的文化内涵。纪念品可根据季节、节日、特产、文化遗产等进行设计。

8. 宣传资料和网站设计

宣传资料和网站设计作为一种营销的手段，往往可以起到先声夺人的效果，近年来兴起的新型农业旅游的宣传策划尤其注重利用这种方式扩大宣传。

宣传资料和网站的设计要根据旅游优势与文化主题、文化形象等进行，主要包括以当地民间故事、历史事件、民俗文化、风景为内容的图书、宣传册、光盘、多媒体、图册、广告、门票、网站等。农业旅游园区应建立详细、完善、具有特色的网站，起到宣传和辅助作用，让人们通过网络第一时间了解到农业园区动态、将要举办的活动和农产品等相关信息，还可以考虑利用网络销售产品。

三、结语

文化创意产业已成为社会经济中新的增长点，逐步渗透到社会的各个领域。农业旅游规划应顺应北京郊区大力发展观光农业现状与创意农业的发展趋势，将创意设计和农业文明、科技创新相结合，以挖掘农业文明和民俗文化内涵为基点，从农业旅游区规划、主题定位、形象设计到旅游产品的创新、营销策划宣传等过程中，始终贯彻创意理念，利用创意设计方法使农业旅游成为富有特色的农业文明示范地，成为首都农业旅游文化创意研究基地，从而探索一种新的农业旅游形式，最终实现农业旅游区的可持续发展。

[资料来源：苗润莲，时艳琴，李梅. 北京农业旅游中的创意设计探讨[J]. 安徽农业科学，2011，39（25）：15535-15537.]

结合阅读思考：
1. 农业旅游的创意设计原则有哪些？
2. 谈谈北京农业旅游的创意设计是从哪几方面展开的。

复习思考题

1. 简述旅游资源的定义、特征及分类。
2. 简述旅游产品的定义、特征及分类。
3. 简述旅游线路的定义、特征及分类。

参考文献

[1] 保继刚. 旅游地理学［M］. 北京：高等教育出版社，1993.
[2] 钱今昔. 中国旅游景观欣赏［M］. 合肥：黄山书社，1993.
[3] 杨振之. 旅游资源开发［M］. 成都：四川人民出版社，1996.
[4] 马勇，李玺. 旅游规划与开发［M］. 2版. 北京：高等教育出版社，2006.
[5] 苏文才，孙文昌. 旅游资源学［M］. 北京：高等教育出版社，1998.

［6］中华人民共和国国家质量监督检验检疫总局．旅游资源分类、调查与评价：GB/T 18972-2003［M］．北京：中国标准出版社，2003．

［7］马勇，周霄．旅游学概论［M］．北京：旅游教育出版社，2008．

［8］谢彦君．基础旅游学［M］．4版．北京：商务印书馆，2015．

［9］陶汉军，林南枝．旅游经济学［M］．上海：上海人民出版社，2001：35-36．

［10］田里，旅游经济学［M］．北京：科学出版社，2004．

［11］罗明义．旅游经济学［M］．北京：北京师范大学出版社，2009．

［12］戴光全，吴必虎．TPC及DLC理论在旅游产品再开发中的应用：昆明市案例研究［J］．地理科学，2002（1）：123-128．

［13］喻小航．旅游产品特点的新视角：论旅游产品的本质特征［J］．西南师范大学学报（人文社会科学版），2002（2）：60-64．

［14］武光，韩渝辉．再论旅游产品概念及其特征［J］．哈尔滨商业大学学报（社会科学版），2006（5）：82-84．

［15］朱国兴．区域旅游线路开发设计：以皖南旅游区为例［J］．皖西学院学报，2001（4）：105-108．

［16］胡华．旅游线路规划与设计［M］．2版．北京：旅游教育出版社，2015．

［17］吴为廉．景园建筑工程规划与设计［M］．上海：同济大学出版社，1996．

［18］庞规荃．旅游开发与旅游地理［M］．北京：旅游教育出版社，1992．

［19］吴国清．旅游线路设计［M］．北京：旅游教育出版社，2006．

［20］全华．旅游资源开发及管理［M］．2版．北京：旅游教育出版社，2011．

第五章

旅游的条件观

 本章导读

从旅游的条件观这一视角来看，旅游的产生和发展需要具备一定的条件，这些条件可分为客观条件和主观条件两大类。客观条件可分为一定的经济、社会、政治等宏观条件和可自由支配的收入水平、闲暇时间、身体健康状况、家庭生命周期等微观条件。主观条件主要指旅游者主观上的旅游动机。按照不同的标准，旅游动机可分为多种不同的类型。影响旅游动机的因素主要有个体的个性心理、社会人口特征以及外部环境等。

 学习目标

1. 理解和掌握影响旅游产生和发展的宏观客观条件；
2. 理解和掌握影响旅游产生和发展的微观客观条件；
3. 理解和掌握影响旅游产生和发展的主观条件；
4. 掌握收入、闲暇时间等对旅游的具体影响；
5. 掌握旅游动机的形成及影响因素。

 核心概念

可支配收入　可自由支配收入　闲暇时间　动机　旅游动机　旅游需要

第一节　影响旅游产生和发展的宏观客观条件

旅游行为的产生，是内外因素共同作用的结果。影响旅游需求的外部因素是客观的，影响旅游需求的内部因素是主观的。外部因素即客观条件，指旅游供给方面的因素和制约游客出游的现实条件。这些客观条件既包括宏观条件，也包括微观条件。从宏观层面来看，人类的旅游活动受到政治、经济、社会等方面许多条件的限制。这些条件不但不以人的意志为转移，而且在很大程度上决定着旅游活动能否开展。本节主要讨论实现旅游活动的宏观层面的客观条件。

一、政治条件

政治条件对旅游活动具有重要的影响。稳定、良好的政治条件常常推动和促进旅游活动的形成和发展，而动荡、恶劣的政治条件常常对旅游活动的发展产生较大的延缓和阻碍作用。

政治条件大致可以分为政治制度、政治秩序和政策等。

1. 政治制度

政治制度是随着人类社会政治现象的出现而产生的，是人类出于维护共同体的安全和利益以及维持一定的公共秩序和分配方式的目的，对各种政治关系所做的一系列规定。它包括一个国家的阶级本质、国家政权的组织形式和管理形式、国家结构形式和公民在国家生活中的地位等。不同的政治制度对旅游的形成和发展具有不同的影响和作用。专制制度下，旅游活动常常被限制在少数贵族和特权阶级的范围之内，而广大下层百姓则被严格禁止参与旅游消遣活动，认为这是不务正业的行为。因此，旅游活动也被烙上浓重的专制色彩，不仅表现在旅游景观开发建设上的因循守旧与模仿复制，也表现在旅游服务上的等级森严和讲究排场，严重阻碍了旅游活动的发展。在民主制度下，旅游活动获得了较快的发展，主要表现在民主制度使旅游成为人人均可参与的大众化活动，直接导致了大众化旅游活动的产生和发展；民主制度使人的个性得到尊重，调动了个体的积极性，丰富了旅游的内容与形式；民主制度的建立，促进了国际旅游交流合作与跨文化旅游活动的发展。

2. 政治秩序

政治秩序是一种政治生活状态，用来描述政治生活的有序性、稳定性以及连续性。无论是动荡的政治秩序，还是相对稳定的政治秩序，均对旅游活动产生重要的影响。政治局势稳定、社会安定是旅游的必要条件。从国际上看，社会环境安定、政治观点相近的国家和地区能吸引旅游者，而政治、经济、社会治安等各方面处在不稳定状态的地区，旅游者就会望而却步。如中东地区本是颇具旅游吸引力的地区，但由于近些年来战乱不断，致使许多旅游者不敢前往。从国内来看，如果国内的政治局势稳定，对旅游业的发展会带来积极的影响；如果国内政治局势不稳定，则会对旅游业的发展产生致命的影响，如美国在经历"9·11"恐怖事件后，旅游业大受影响，旅游收入急剧下降。

3. 政策

政策是国家政权机关、政党组织和其他社会政治集团为实现自己所代表的阶级、阶层的利益与意志，以权威形式标准化地规定在一定历史时期内应该达到的奋斗目标、遵循的行动原则、完成的明确任务、实行的工作方式、采取的一般步骤和具体措施。政策对旅游的产生和发展具有重要的影响。其中，基本政策是指导具体政策的主导性政策，内容涉及财政、经济、文化、教育、军事、劳动、宗教、民族、外交等方面。基本政策对旅游的影响表现在它为旅游活动的产生和发展创造了良好的政策环境，对旅游活动的发展具有导向、控制和协调的作用。相对于基本政策来说，旅游政策对旅游活动的影响具有直接性和针对性，对旅游活动具有保护、约束的作用，在一定程度上影响了旅游活动内容与形式。

二、经济条件

1. 经济发展水平

经济发展水平可以通过 GDP 来衡量。GDP 是按市场价格计算的国内生产总值的简称，指一个国家（或地区）所有常住单位在一定时期内生产最终产品和提供劳务价值的总和。国内生产总值的价值形态是指国民经济各部门增加值之和。增加值等于国民经济各部门的总产出减去中间产品和劳务价值后的余额。

经济发展水平是旅游业发展的根本动力和决定因素，不同水平下的旅游业发展阶段明显不同。伴随着人均 GDP 的提高，我国旅游人数总体上呈现出逐年增长的势头，即人均 GDP 与旅游人数呈现出较强的正相关关系。

2. 经济政策

经济政策是指国家在一定时期内，为实现一定的经济任务而规定的调整各种经济关系的行动准则和措施，是国家在一定时期内经济工作的方针、原则和路线的总和。各国普遍制定了相应的经济政策以支持旅游业的发展。近几年来，全球旅游业逐渐与生物多样性、可持续发展等概念紧密结合在一起。我国早在 1994 年便成为第一个制定国家生物多样性战略与行动计划的国家，将旅游业放在国家经济政策的战略核心地位，为世界树立了榜样。2009 年 12 月，《国务院关于加快发展旅游业的意见》中明确提出"把旅游业培育成国民经济的战略性支柱产业和人民群众更加满意的现代服务业"，这意味着旅游业被定位为中国经济结构调整和扩大内需的突破口。在此政策的刺激下，我国旅游业的发展会得到更大的提升。

3. 经济形势

所谓经济形势，是指经济主体在一定地域、一定时期内经济活动的发展状态和发展趋势。旅游业的关联性较强，影响旅游业发展的因素众多，同时，旅游业又是高消费行业。因此，国际、国内的经济发展态势对旅游业的影响较大，如物价水平、通胀状况、汇率变化等都会给旅游业的发展带来一定影响。

从整体来看，虽然国家的经济条件是影响旅游业发展的宏观条件之一，但居民旺盛的旅游消费需求并不能完全用经济原因来解释。以我国为例，1998—1999 年，我国 GDP 增速下降到 8%以下，但这两年的国内旅游消费年均复合增长率仍然达到了 15.8%。1995—2007 年（2003 年除外），旅游消费增长速度均远高于同年 GDP 的增速。可见，旅游消费需求受多方面因素的共同影响。

三、社会条件

除上文谈到的政治和经济条件外，旅游的发展还需要一定的社会条件。这些社会条件大致可以分为社会环境、科技水平、交通状况、通信条件等，它们都对旅游活动的产生和发展有着重要的影响。

1. 社会环境

旅游活动实际上是旅游者以个人身份同社会环境发生关系的行为，不可避免地要受社会环境的影响。没有这些社会环境因素和条件的保障与支撑作用，旅游活动便无从产生和发展。因此，社会环境对旅游的形成与发展具有重要的影响作用。社会环境中的社会风气、社会群体、社会变迁等均在一定程度上对旅游活动内容、形式、发展规模、发展水平等起着极为重要的促进或延缓作用，从而最终影响旅游活动的形成和发展。

2. 科技水平

纵观世界旅游发展的历史，可以看出旅游的发展是与科技进步紧密地联系在一起的。科技进步推动了社会文明，也促进了旅游业的发展。一方面，科技进步提高了劳动生产率，缩短了劳动时间,客观上促进了闲暇时间的增加。同时,科技进步也推动了整个社会的进步,带动社会财富的增加,为旅游者可自由支配收入的增加带来了可能。另一方面,科技的发展给人们的旅游理念、旅游需求以及旅游产业运行、旅游研究本身都带来了很大的影响。旅游与科技的密切结合,是未来旅游业发展的重要趋势。

3. 交通状况

旅游活动是以旅游者通过一定的位移到达旅游目的地为前提的。因此,交通条件的可进入性、网络化程度以及道路质量的优劣等对旅游活动有着极其重要而深远的影响。首先,交通影响着旅游者外出旅游目的地的选择。交通设施的完善程度会影响区域的可进入性,而旅游目的地的可进入性对旅游者的出游选择有着决定性的影响。其次,交通条件影响着旅游质量的高低和满意度的大小。调查表明,近年来游客最不满意的首要因素多集中在交通条件方面。旅游交通已成为制约旅游目的地有效供给的重要因素。第三,交通工具的改进为旅游创造了更加便利的条件。如发达的航空业对国际旅游者的产生具有巨大的促进作用,使人们具备了到达世界任何地点的可能性。

4. 通信条件

发达的通信条件加快了信息传递的速度和效率。广播、电视、录像、电影、报纸、杂志的普及化,计算机国际国内联网,信息高速公路的开通等都及时地传播着世界各地所发生的任何事情。尽管人们足不出户便知天下事,但这更多地激发了人们的好奇心和探究心理,人们希望观赏到美丽的大自然、宏伟的古迹和古老的文化以及其他地区人民的生产、生活方式,从而有利于旅游者的产生。

综上所述,从客观条件上看,旅游的产生和发展需要社会、经济、政治等宏观条件的支撑。

第二节　影响旅游产生和发展的微观客观条件

在前面一节中,我们讨论了旅游活动的发展与兴衰会受到政治、经济和社会宏观层面的客观条件的限制。从旅游者微观层面来看,个人旅游需求的实现还会受到很多因素的限制。一个潜在的旅游者要成为现实的旅游者,其个人方面需要具备一定的条件,如可供自由支配的收入、闲暇时间、身体健康状况和家庭生命周期等。倘若不具备这些条件,则不足以形成有效的旅游需求。由于这些条件不是旅游者自身在短时间内就可以改变的,可将其视为不以人的意志为转移的客观条件。

一、可自由支配收入水平

旅游活动发展的历史表明,国际性大众旅游的兴起是同世界各国,特别是西欧和北美各国国民收入水平的提高分不开的。我国大众旅游活动的开展也得益于改革开放以来国民收入的提高。因此,收入水平是影响一个人能否成为旅游者的最重要因素,也是实现旅游活动的首要条件。一个人的收入水平,或者更确切一点说是其家庭的收入水平和富裕程度,决定着他能否实现旅游及其消费水平的高低。然而,无论是对个人还是对家庭来说,其收入并非全部都可用于支付旅游。真正决定一个人能否实现其旅游的家庭收入水平,实际上指的是其家庭的可支配收入，或者更确切地说是其家庭的可自由支配收入的水平。可支配收入和可自由支配收入是西方旅游研究中经常使用的两个术语，这两个概念具有相关性，又具有不同的内涵。下面分别对这两个概念加以分析。

1. 可支配收入

"可支配收入（NDI）"，全称"国民可支配收入"或"居民可支配收入"，是指个人家庭收入中扣除应纳所得税等相关税收及支付给政府的非商业性费用等的余额。个人可支配收入作为一个影响旅游发展的最基本因素已经得到一些学者的认同。付春晓（2002）认为，按照消费经济学和行为科学的有关原理，我国城市和农村居民国内旅游出游率及客流量的变化主要受个人可支配收入的制约。孙根年、薛佳（2009）认为，旅游是居民在满足了基本生活需求基础上提高层次的生活消费，个人可支配收入是影响和制约居民国内旅游需求的基本因素。随着国民经济的快速增长，我国城镇居民人均可支配收入有了大幅度的增长。2015年，我国城镇居民人均可支配收入为31195元，比上年增长8.2%，扣除价格因素实际增长6.6%。正是收入水平的不断提升，带动了我国居民的消费升级，人们产生了对旅游这种生活改善型、享受型和发展型消费的需求。

2. 可自由支配收入

可自由支配收入，亦称可随意支配收入，是指个人或家庭收入中扣除应纳所得税、社会保障性消费（包括健康人寿保险、养老保险、失业保险等）和日常生活必需消费（如水电费、孩子受教育开支、房租或者购房抵押贷款产生的月付金、汽车保养费等）等必要开支剩余的部分。其计算公式如下：

$$可自由支配收入=全部收入-纳税额-社会消费-日常生活必需消费$$

可见，可自由支配收入意味着它可由人们随心所欲地选择其用途，因而也是个人或家庭真正可用于旅游消费的收入部分。所以，在严格意义上讲，就支付能力而言，一个人的旅游需求能够得以产生和实现的真正前提是拥有足够的可自由支配收入，而不是较为笼统的可支配收入。然而，由于可自由支配收入难以准确统计，而可支配收入的统计相对比较容易，因而在多数的相关研究中，人们仍常常将可支配收入用作评价客源市场旅游购买力的指标。

3. 可自由支配收入水平的衡量指标

如何衡量一个国家或居民家庭的收入水平？国际上通用的衡量居民生活水平高低的一项重要指标是恩格尔系数（Engel's Coefficient）。恩格尔系数是指一个家庭或个人收入中用于食物支出的比例，系数越低，表明可自由支配收入水平越高。作为一种高层次的消费，旅游与恩格尔系数之间有着某种内在的、必然的联系。恩格尔系数对旅游行为的直观影响体现为：恩格尔系数越低，形成的旅游者越多，旅游者出行的距离越远，花费总量越大；反之，则呈相反方向变化。根据联合国粮农组织提出的标准，恩格尔系数在59%以上为贫困，50%~59%为温饱，40%~50%为小康，20%~40%为富裕，低于20%为极度富裕。据有关资料，美国和日本的恩格尔系数在25%左右，这表明美国和日本旅游者具有很高的旅游支付水平，对于他们来讲，国内旅游已非常普遍，国际旅游也不断发展。2010年，我国城镇居民人均食品支出4805元，恩格尔系数已从20世纪80年代的50%左右下降至35.7%，北京、上海、广州等城市的居民的恩格尔系数则更低，根据旅游业发展的客观规律，此时，已具备产生大量旅游者的经济条件。事实也证明，我国的国内旅游和出境旅游已开始蓬勃发展。

衡量人们收入水平的另一个指标是人均 GDP。根据各国旅游的发展规律，通常一个国家人均 GDP 超过 1 000 美元时，便开始产生出境旅游消费的动机；人均 GDP 超过 3 000 美元时，出境旅游会有较大的井喷。2010 年，我国 GDP 已经超过日本，成为世界第二大经济体，人均 GDP 达到 4 382 美元，真正进入了国际公认的"中等收入"发展阶段。2012 年，我国深圳市人均 GDP 已超过 20 000 美元，而北京、上海、天津以及江苏、山东、内蒙古等省市也已经超过 10 000 美元，按照世界银行的标准，这些地区已经进入"发达状态"，出境游对于该地许多中国公民来说，已成为家常便饭。

4. 可自由支配收入水平对旅游活动的影响

可自由支配收入水平对旅游需求有着多方面的影响，具体主要体现在三个方面：

（1）决定个人或家庭能否实现外出旅游。研究表明，当一个家庭的收入水平尚不足以满足对购买日常生活必需品的需要时，该家庭外出旅游或度假的可能性就会很小。然而收入水平一旦超过这一临界点，该家庭的旅游需求便会表现出明显的收入弹性。根据国际经验统计，当一国人均国民生产总值达到 800～1 000 美元时，居民普遍产生国内旅游动机；达到 4 000～10 000 美元时，居民普遍产生国际旅游动机；超过 10 000 美元时，居民普遍产生洲际旅游动机。

（2）决定旅游消费水平。收入水平高的家庭或个人在国内区域旅游、国内远程旅游、出境游、洲际旅游的自由度较大，而收入水平低的家庭或个人在旅游行程的远近上选择的自由度较小。根据世界经合组织（OECD）的调查和估算，旅游消费的收入弹性系数为 1.5，也就是说，在超过上述临界点之后，家庭收入每增加 1 个百分点，旅游消费就会增加 1.5 个百分点。国际官方旅游组织联盟（IUOTO，世界旅游组织的前身）也曾估计，旅游消费的收入弹性系数为 1.88。这充分说明，旅游消费水平与收入水平呈正相关关系。

（3）影响旅游消费构成。多数学者认为交通、食宿及游览购物等的比例通常为 4:3:3，但家庭富有的旅游者会在食、宿、购、娱等方面花较多的钱，从而使得往返交通费用在其全部旅游消费中所占的比例相应降低；而对于经济条件不是很充裕的旅游者来说，往返交通费用在其旅游消费总额中会占据较高的比例。其中的原因在于，在食、宿、购、娱等方面节省开支比较容易，与之相比，要想在交通方面压缩开支则较为困难。

二、足够的闲暇时间

事实上，即使是在旅游活动普及率很高的国家，有些人虽然收入水平很高，并且也希望能有机会外出旅游度假，但始终不能如意成行。这种情况的出现可能有多方面的原因，其中一个原因就是无暇外出。这说明，拥有足够的闲暇时间是一个人实现旅游需求所需具备的又一基本条件。那么，什么是闲暇时间呢？为了能够准确地理解闲暇时间这一概念，我们有必要首先了解人生的时间构成。

1. 人生时间的构成

以就业者的情况为例，人生时间的构成一般会涉及以下几个组成部分：

（1）法定的就业工作时间。这部分时间指的是，按照国家有关法律的规定，就业者上班工作的时数。例如，我国目前实行的是每周 5 天，每天 8 小时的工作制。这部分时间显然由不得个人随意支配。

（2）必需的附加工作时间。当一个人从事第一职业的所获报酬不足以维持家庭生计时，将不得不另抽时间从事第二职业之类的劳动。即使是就第一职业的工作而言，由于某些工作任务的需要，也可能会出现不得不加班工作的情况。总之，不论是必须用于第二职业工作的时间，还是一般就业工作中必要的加班加点时间，都属于必需的附加工作时间。显然，这部分时间也由不得个人随意支配。

（3）用于满足生理需要的生活时间，即用于吃饭、睡眠等使生命能够得以维系的时间。这部分时间同样也不能由个人随意支配，否则一个人的生命将难以维持。

（4）必需的社交活动时间。在生活中，有些社交活动会具有某种意义上的强制性，因而通常要求人们必须参加，例如出席亲友的婚礼、子女所在学校召开的学生家长会、某些必须参加的社交约会等。事实上，这部分时间也容不得个人随意支配。

（5）闲暇时间，即人生时间中扣除上述所有各项之后的剩余部分，表现为可由个人随意支配的时间。用一个算术式去表达，即：闲暇时间=全部时间-［(1)+(2)+(3)+(4)］。

根据上述时间构成，我们可以将全部时间划分为两大类，即工作时间［上述(1)+(2)］和非工作时间［上述(3)+(4)+(5)］。同时亦可将人在这些不同时间内的活动划分为必需的限制性活动和自由的随意性活动两大类。这些不同类别的时间与这些不同性质的活动二者之间的关系如表 5-1 所示。

表 5-1 时间类别与活动性质的关联

时间 \ 活动	限制性活动	自由活动
工作时间	法定的就业劳动、附加工作	（工间休息）
非工作时间	生理生存活动、必要的社交	休闲活动

资料来源：李天元. 旅游学［M］. 3 版. 北京：高等教育出版社，2011.

2. 闲暇时间的概念

从表 5-1 中可以看出，从事休闲活动的余暇虽属非工作时间，但并不等于非工作时间，而是其中的一部分。一些专门研究休闲问题的学者曾明确指出，"就时间而论，闲暇是指人生中除谋生和自我生存所需时间之外的时间，是用于追求闲情逸致的自由时间"(Jensen, 1977)；"闲暇时间与娱乐时间远远不是同义语，而是在满足了工作、睡觉、吃饭及必要的日常琐事的需要之后，所剩余的时间"(Patmore, 1972)。这些论述都说明，闲暇时间并非只可用于娱乐的时间，而是可由个人随心所欲地"自由支配的时间"(《马克思恩格斯全集》，1974)，因而也可用于从事任何其他非强制性的活动。

可以认为，所谓闲暇时间，就是在日常工作、学习、生活以及其他不得不占用的时间之外，可由个人自由支配、用于消遣娱乐以及自己所乐于从事的任何其他事情的时间。闲暇时间的根本特点就是"可自由支配性"。从本质上来说，闲暇时间就是指"个人可自由支配的时间"。

3. 闲暇时间的分布

并不是所有的闲暇时间都可以外出旅游，这与闲暇时间的连续性有关。现代社会中，闲暇时间有每日闲暇、周末闲暇、公共假日、带薪假期四种分布情况。

（1）每日闲暇。即平日一天中除了工作、学习以及生活之余的闲暇时间，其特点是量小且零散，不可能用于外出旅游，只可用于休息或在惯常居住地范围内开展日常的休闲活动。

（2）周末闲暇。通常表现为周末休息日或每周轮休日。目前，我国与世界绝大多数国家已实行了5天工作制，周末休息2天。此闲暇时间虽比较集中，但由于时间短，一般只适合开展短途旅游活动。

（3）公共假日。通常指法定的公共节假日。各国的公共假日数量不一，具体情况大都与该国传统节日的多少有关。西方国家最典型的公共假日是圣诞节、复活节，目前我国每年的公共假日累计为29天，包括元旦、清明节、端午节、"五一"劳动节、中秋节五个3天的小长假和春节、国庆节两个7天的长假，这7个假期往往是人们外出探亲访友或外出短期度假的高峰时节。

（4）带薪假期。目前经济发达的工业化国家中大都规定就业者享有带薪年假，但各国实行带薪假期制度的具体情况又不尽相同。例如，在西欧国家中，就业者享有的带薪假期一般为每年4周。在瑞典，这种带薪假期为每年5～8周，而在美国，一般为2～4周。带薪假期是人们开展旅游活动的绝好时机，西方国家大多数旅游者都是利用带薪假期进行国际旅游的。表5-2列举了欧洲部分国家和地区的假期。2007年12月16日，我国国务院正式公布了《职工带薪年休假条例》，自2008年1月1日起实施。条例规定，职工连续工作一年以上的，享受带薪年休假，对职工应休未休的年休假天数，单位应按工资收入的300%支付工资报酬。但是事实上近些年真正推行带薪年休假的企事业单位的比例并不高，目前只在特定人群里有带薪假期，如教师。

表5-2 欧洲部分国家的带薪假期和公共节假日

国家	带薪假期/周	公共节假日/天	国家	带薪假期/周	公共节假日/天
奥地利	5	13	比利时	4～5	10
丹麦	5	10	芬兰	5～6	14
法国	5～6	11	德国	5～6	10
希腊	4	12	爱尔兰	4	10
意大利	4～6	10	荷兰	5	7～9
挪威	4	10	葡萄牙	4～5	12
西班牙	4～5	14	瑞典	5～8	11
瑞士	4～5	6	英国	4～6	8

资料来源：朱华.旅游学概论[M].北京：北京大学出版社，2014.

4. 闲暇时间对旅游活动的影响

通过上文分析可见，闲暇时间是影响旅游者决定是否出游的最重要的客观因素之一。随着我国居民的可自由支配收入不断增加，闲暇时间逐渐取代经济因素，成为制约人们实现旅游的显性约束。具体来讲，它对旅游活动的影响主要表现在以下几方面：

（1）闲暇时间的增多改变人们的消费意识和消费结构。近年来，随着人们生活水平的提高和生活观念的转变，特别是休息时间的增加，人们的消费意识发生了明显变化。越来越多的人选择将时间和金钱用于休闲旅游。这样一来，春节、国庆这样的 7 天"黄金周"便成了居民远距离外出旅游的大好机会。如 1999 年开始黄金周休假制度后，屡次出现黄金周旅游"井喷"现象，充分显示了在现行休假制度下，时间因素已成为人们实现旅游的重要影响因素，同时也反映了可自由支配收入提高后，人们对于休闲时间的强烈渴望。

（2）闲暇时间的连续性约束人们的旅游需求。闲暇时间的连续性是指连续可用的闲暇时间长度。旅游活动对闲暇时间的"连续性"要求很高，只有历时较长且连续集中的闲暇时间才能保证旅游活动，尤其是远程旅游的开展。当闲暇时间连续性太低时，即使闲暇时间总量很大，出游价格下降幅度较大，仍然不能有效地激发旅游市场。相反，当闲暇时间连续性提高到一定程度时，即使出游价格上升，也难阻人们的出游热情，如黄金周期间国内旅游市场的"井喷"及过后的萧条就是如此。可见，"连续性"较强的闲暇时间是影响旅游需求的重要条件。闲暇时间连续性对消费者旅游需求的约束可以用闲暇时间的可出游指数来衡量：

闲暇时间的可出游指数=连续可用的闲暇时间 / 预期出游所需的最短时间

显然，只有当可出游指数不低于 1 时，闲暇时间才能满足消费者的出游需要。

（3）闲暇时间的结构影响旅游业的发展。蔡建飞和陆林（2009）以历次假日调整形成的闲暇时间结构为节点分析了旅游业的发展背景，研究表明不同的闲暇时间结构下我国旅游业的发展表现出不同的特征，见表 5-3。

表 5-3　不同闲暇时间结构下我国旅游业发展的特征

时间	旅游发展背景	闲暇时间构成	旅游发展特征
1994 年以前	居民收入较低，闲暇时间较少	单休，主要节日休息 1～3 天	从外事接待向以发展入境为主，1986 年开始发展国内旅游
1995—1999 年	1996 年，城镇居民家庭恩格尔系数突破 0.5	双休，主要节日休息 1～3 天	旅游业被确定为国民经济新的增长点
1999—2007 年	2000 年，我国城乡居民家庭恩格尔系数分别突破 0.4 与 0.5	双休，三个长假	出游动机强烈，国内旅游迅速发展，黄金周期间旅游供求矛盾突出
2008 年至今	我国居民生活水平稳步提高，旅游成为人们生活的一部分	双休，两长五短	旅游功能向休闲化发展，旅游成为品质生活的组成部分

资料来源：蔡建飞，陆林.居民闲暇时间变化对我国旅游发展的影响研究［J］.安徽农学通报，2009（3）.

（4）闲暇时间的结构影响旅游者的出游季节性。闲暇时间的季节分布，是旅游者的出游产生季节性的重要原因。蔡建飞和陆林（2009）通过考察 1994—2007 年期间旅游者在各个季度的出游分布，认为自从双休制度实行后，旅游者的出游季节性逐渐减弱。而黄金周制度实行后，各个季度的出游人数大致相等，旅游季节性明显趋弱。同时进一步研究了旅游者各季度的出游规律，发现旅游者的出游季度选择曲线由 1994 年的"之"字形逐渐转变为较为平坦的"U"形。1999 之前第一、三季度居高的出游率与中国农历春节以及暑假的分布是相一致的，但是到黄金周实行的第二年（2000 年），由于人们拥有的闲暇时间较之以前增加了许多，出游季节性相对变弱，各季度出比率大致相当。

综上所述，外出旅游特别是远程旅游活动的开展，只能利用历时较长而且连续集中的闲暇时间，特别是带薪假期。当然，需要再次重申的是，这里关于闲暇时间的讨论，所针对的是一般的在职人员。至于其他人员，例如退休人士拥有闲暇时间的情况，则需另当别论。总之，拥有足够的闲暇时间是实现旅游需求不可缺少的又一前提条件。

三、身体健康状况

身体健康状况是影响旅游行为的又一个重要因素。身体健康状况不仅对旅游动机的产生及强度影响较大，而且也对旅游地、旅游资源的性质及旅游环境有较多要求，使旅游行为的实现受到多方面的限制。如患有高血压病、肺心病、冠心病、风湿性心脏病、先天性心脏病等疾病的人不能去高原或高山，只能去气候温和、地势平坦的地方旅行。就目前来看，旅游者中身强力壮的中青年人占多数。根据国家旅游局对来华国际旅游者的统计，50岁以下的旅游者占旅游总人数的80%左右。老年人，特别是65岁以上老年游客的出游率相对较低，其中最主要的原因就是年龄增长带来的体能状况的限制。当然，随着生活水平和医疗保健水平的不断提高，如今老年人的身体状况和过去相比已经发生了很大变化。市场调查结果表明，老年人参加旅游活动的热情在迅速增加。自20世纪90年代以来，老年人参加旅游活动的比例在大幅增加，各国旅游业都已经形成令人瞩目的"银色旅游市场"。这就要求旅游业界针对老年人市场应及时推出一些适合其身体状况的旅游产品。

四、家庭生命周期

家庭生命周期指的是一个家庭诞生、发展直至结束的运动过程，它反映了家庭从形成到解体呈循环运动的变化规律。家庭生命周期概念最初是美国人类学学者格里克（Greek）于1947年提出来的。家庭生命周期大致可分为五个阶段：单身阶段、新婚阶段、初为父母阶段、空巢阶段、分解阶段。一个人所处的家庭生命周期阶段或家庭拖累状况，不仅是影响个人旅游需求的客观因素之一，而且表现出差异较大的旅游特点。

在单身阶段，经济上已经自主、脱离家庭独立生活的青年男女，没有家庭拖累，消费比较自由，用于娱乐和旅游的时间和金钱相对较多。此阶段，人们往往乐于参加带有探险、体育、新奇色彩的旅游活动。在新婚阶段，一般没有其他经济负担，闲暇时间较多，又是新婚，夫妻俩乐于寻求自由快乐的生活方式，如旅行结婚、蜜月之旅等。到第三阶段，由于孩子出生，家庭开支增加，闲暇时间也较少，此阶段是否会外出旅游，取决于家庭的收入状况和孩子教育的需要，旅游的需求会大大减少。到空巢阶段，子女长大成人并独立生活，在经济上不再依靠父母，家中只留下夫妻二人，并且大多数已经退休，这一阶段是家庭经济状况最好的阶段，经济收入丰厚，又有大量的闲暇时间，外出参加保健疗养、旅游观光、探亲访友等是这一阶段老年夫妻的时尚。当老年夫妇丧失配偶时，家庭进入分解阶段，这一阶段，有的老年人在情感、生活习惯、经济条件等方面发生很大的变化，人们往往丧失生活乐趣，对旅游也丧失兴趣；而有的老年人则很快适应了这种变化，他们往往会更多地参与一些娱乐活动，如外出旅游等，来调整自己的习惯和心态。

总之，一个人的身体状况和家庭生命周期，与收入水平和闲暇时间一起构成了实现旅游活动的个人方面的客观因素。从它们在促成一个人成为旅游者的作用方面看，这四项客观因素相互联系、相互作用，其中最基本的必备条件是可自由支配的收入和闲暇时间。

需要说明的是，上文讨论实现旅游活动的个人微观层面的客观条件，主要针对的是消遣性旅游活动以及因私的家庭及个人事务性旅游活动而言。至于以商务旅游为代表的差旅性旅游，实际上是由于工作需要或组织派遣而导致的活动，其限制条件同消遣性旅游有较大差别。这种性质的旅游需求与上述因素之间不存在必然的联系。

第三节 影响旅游产生和发展的主观条件

在讨论实现旅游活动的客观条件时，其前提是假定一个人具有外出旅游的意愿。如果抛开这个前提，那么即使一个人同时具备了前面所述的各项客观条件，也未必会成为旅游者。比如，生活中我们常会看到这样的现象，有些人既非常富有又拥有充裕的闲暇时间，但却不曾有过外出旅游的经历，原因在于他们根本就没有外出旅游的意愿或动力。可见，一个人旅游需求的产生与实现，除了需要具备前面所述的客观条件之外，还需要具备能够驱使其外出旅游的内在主观条件。只有同时具备了这些客观条件和主观条件，一个人才能真正成为旅游者。这里所说的主观条件即旅游动机。

一、旅游动机的概念

何为旅游动机？对这一问题的回答，首先涉及的是对动机（motivation）这一概念的认识和理解。动机是源自心理学的一个名词。心理学家们对动机一词的界定有诸多不同的表述。一般地讲，凡是驱使一个人去从事某一活动以满足其某种生理需要或心理意愿的内在动因，都可称为这一活动的动机，简言之，动机就是激励一个人做出某种行动的内在驱动力。在这个意义上，旅游动机就是激发一个人外出旅游的内在驱动力，即促使一个人有意于外出旅游及选择到何处去、开展何种旅游活动的内在心理动因。

二、旅游动机与需要

众所周知，人的行动是由动机所驱使或激发而产生的，而激发这一行动的动机又是如何产生的呢？影响较大的人本主义心理学派认为，动机与需要之间存在密切的关系。也就是说，动机是由需要引起的，一个人的行为动机总是为满足自己的某种需要而产生。有什么样的需要，便会表现出与之相应的行为动机。例如，当一个人感到口渴或腹中饥饿时，为了满足解渴和解除饥饿的需要，便会产生找水喝和找东西吃的行为动机。那么，人到底有多少种需要？旅游动机的产生是为了满足什么需要呢？迄今为止心理学家的认识也不统一。

有关人的需要的研究，最具有代表性的是由美国心理学家亚伯拉罕·哈罗德·马斯洛（Abraham Harold Maslow）在其著作《调动人的积极性的理论》一书中提出的需要层次理论。在这一理论中，马斯洛将人的需要划分为五个层次：生理需要、安全需要、社交需要（归属与爱的需要）、尊重需要、自我实现需要。这五个需要层次由低到高的排列关系如图 5-1 所示。

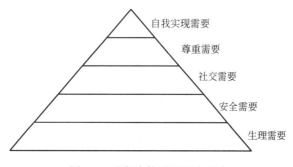

图 5-1　马斯洛的需要层次理论

1. 生理需要

生理需要是指人类为了生存，对基本生活条件的最原始、最基本的需要，如空气、水、吃饭、穿衣、医疗等。若得不到满足，则有生命危险。也就是说，这一层次是较低层次的需要。"生理需要"能否成为驱使人们外出旅游的内在动因？我们研究知道，一个人或其家庭的经济收入达到一定水平后才能旅游。因为凡在经济上有能力外出旅游者，其温饱等基本问题早已得到解决，所以不可能为满足生存需要而旅游。

2. 安全需要

安全需要是指人类对稳定、秩序、维护人类安全与健康的需要。安全需要要求职业安全、生活稳定，希望免于灾难，希望未来有保障等。安全需要比生理需要高一级，当生理需要得到满足以后才有此种需要。每一个在现实中生活的人，都会产生安全感的欲望、自由的欲望、防御的实力的欲望。同样，"安全需要"能否成为驱使人们外出旅游的内在动因？人们都有这样的常识：一个人在自己熟悉的环境中，比如在自己的家里，会比在其他任何地方都更有心理上的安全感。所以，人们不大可能会出于追求安全需要的满足而外出旅游或度假。

3. 社交需要

社交需要也叫归属与爱的需要，是指个人渴望得到家庭、团体、朋友、同事的关怀、爱护、理解，是对友情、信任、温暖、爱情的需要。社交需要比生理和安全需要更细微、更难捉摸，它与个人性格、经历、生活区域、民族、生活习惯、宗教信仰等都有关系。马斯洛在其需要层次理论中所称的"社交需要"从根本上指的是个人对某一社会或群体归属感的需要。这种层次的需要尽管可以在旅游中获得，但由于旅游活动的短暂性，使得这种接触具有肤浅性，人们的心理无法得到真正的满足。因而，人们也不会因为社交需要而外出旅游。

4. 尊重需要

尊重需要是指人们在社交活动中受人尊敬，取得一定的社会地位和权利，获得个人名誉、声望、成就，以及受到尊重的需要。一方面人们希望能够感受到自己对世界有用，另一方面也需要借助某些行为或外部事物去表现和提升自我形象，而旅游就是一种满足这种需要的有效手段。有关调查显示，某些非同一般的旅游经历，例如到多数人难以前往的异国名胜旅游或度假的经历，常常会使人受到周围他人的羡慕和崇敬，从而有助于满足个体受尊重的需要。因此，不管人们是否已经意识到，对于很多人来说，满足受尊重的需要确实可以成为驱使其外出旅游的内在动因。

5. 自我实现需要

自我实现需要是指发挥个人能力，实现理想与抱负的需要，这种需要主要以各种挑战自我极限的方式表现出来。例如，攀越世界险峰、穿越无垠戈壁、驾车或徒步周游全国或全球等，通过惊人之举以引起人们的注意，实现自我价值，达到自我实现的满足。马斯洛需要层次理论的金字塔结构表明，自我实现是人类最高层次的需要，很少有人能达到这一层次，而为满足自我实现需要外出旅游的人在旅游者中的比例也很小。因此，自我实现这一高层次需要充其量只能对极少数人的旅游动机起到激发作用。而在旅游活动大众化的今天，如果用极少数人才能达到的自我实现这一最高层次的需要，去解释广大民众旅游动机的成因，很明显有些勉强。

上述分析说明，马斯洛的需要层次理论似乎并不足以完全解释人们外出旅游的动机成因。但通过分析，我们可以认为，一部分旅游动机的产生与马斯洛需要层次理论中后两个层次的需要确实是密切相关的，而且这两个较高层次的需要无一例外的都是属于精神层面的需要。此外，通过回顾旅游活动的发展历史和观察当今人们开展旅游活动的现实情况，我们还会发现其他促发旅游动机产生的精神需要，如追新猎奇的需要、逃避身心紧张的需要等，而这些需要是马斯洛需要层次理论所无法解释的。

首先是追新猎奇的需要。追新猎奇是指人们暂时变换原来熟悉的生活环境和生活内容而对新生活环境和生活内容的一种追求，通常表现为满足求知欲或好奇心的需要。在现代社会，人们对生活地区以外的国家和地区了解不断增多。它促使人们更加希望亲眼看见异国他乡，亲自体验一下他乡的新异之处，以满足其好奇心和对新事物的渴望。大众旅游的发展实践证明，相当大一部分旅游者出游动机的产生都是为这种追新猎奇的需要所驱使。出于这类动机而开展的旅游活动即是国际学术界所称的"旅游猎奇"或"猎奇式旅游"（the tourist gaze）。

其次是逃避身心紧张的需要。在现代社会中，尤其是在那些高度城市化和工业化的发达国家和地区，人们的工作和生活节奏不断加快，常年处于精神高度紧张和疲倦之中。因此，人们希望能暂时避开这样的环境，到一个环境幽雅、空气新鲜的地方度过一段时间，以期较好地调节身心，缓解疲劳，松弛神经。随着旅游活动的普及，越来越多的人都将外出旅游或度假作为逃避或摆脱身心紧张的一种生活方式。

对旅游业各部门来说，认识上述促进旅游动机产生的需要，将有助于他们在接待旅游者的工作中，针对不同旅游者的需要有效地提高服务质量。

三、旅游动机的类型

由于人们旅游需要具有多样性、复杂性的特点，所以旅游动机也具有类型多样、复杂多变的特点。目前国内外学者们对旅游动机的分类持有多种观点。

（一）国外学者对旅游动机的分类

1. 葛留克斯曼分类法

最初尝试将旅游动机进行分类的是德国的 R. 葛留克斯曼（R. Glucksmann）。他在 1935 年出版的《旅游总论》中分析了旅游发生的原因，将旅游行为的动机分为心理的、精神的、身体的和经济的四种类型。

2. 田中喜一分类法

日本学者田中喜一在葛留克斯曼分类的基础上，于 1950 年出版了《旅游事业论》一书，对心理的动机、精神的动机、身体的动机和经济的动机分别又进行了细分，见表 5-4。

表 5-4　田中喜一旅游动机分类

动机类型	目的
心理的动机	思乡、交友、信仰
身体的动机	运动、休养、治疗
精神的动机	欢乐、知识、见闻
经济的动机	商业、购物

资料来源：刘纯.关于旅游行为及其动机的研究[J].心理科学，1999（1）.

3. 今井省吾分类法

日本心理学家今井省吾认为，现代人的旅游动机可分为消除紧张感的动机、社会存在的动机和自我完善的动机三种。其中，消除紧张感的动机包括变化气氛、从繁杂中解脱出来、接触自然；自我完善的动机包括对未来的向往、接触自然；社会存在的动机包括朋友的友情、大家一起旅游、了解常识、家庭团圆。

4. 麦金托什分类法

美国学者罗伯特·麦金托什（Robert W. McIntosh）提出旅游动机可以划分为四种类型，分为身体健康方面的动机、文化方面的动机、交际方面的动机、地位与声望方面的动机，见表5-5。

表5-5 麦金托什旅游动机分类

动机类型	目的
身体健康方面的动机	获得健康的身体，旅游中通过身体的活动得到精神的放松，消除紧张烦躁的心理
文化方面的动机	获得有关异国他乡的知识，了解、欣赏异地文化，进行文化交流，具有较强的求知欲
交际方面的动机	希望接触他人，摆脱日常生活压力和家庭事务的繁杂，探亲访友，在异地结识新朋友、建立新友谊
地位与声望方面的动机	享受被人承认、引人注意、有好名声的感觉；关系个人成就和个人发展，如会议、会展、科普、考察、出差、求学等

资料来源：赵长华. 旅游概论[M]. 北京：旅游教育出版社，2003.

5. 托马斯分类法

美国学者托马斯在1964年发表的《人们旅游的原因》一文中，提出了激发人们外出旅游的18种主要动机，见表5-6。

表5-6 托马斯分类法

教育和文化方面的动机	观察别的国家人民怎样生活、工作和娱乐
	游览特别的风景名胜
	更好地理解新闻报道的东西
	体验特殊的经历
休息和娱乐方面的动机	摆脱每天的例行公事
	过一下轻松愉快的生活
	获得某种浪漫的体验
种族传统方面的动机	访问自己的祖籍出生地
	访问家属或朋友曾经去过的地方
其他	气候（如避寒）
	健康（需要阳光、干燥的气候等）
	体育活动（去游泳、滑冰、钓鱼或航海）
	经济方面（低廉的费用）
	冒险活动（到新的地方去、接触新朋友、取得新经历）
	取得一种胜人一筹的本事
	适应性（不落人后）
	考察历史（古代庙宇遗迹、现代历史）
	了解世界的愿望

资料来源：谢春山，孙洪波. 旅游学概论[M]. 大连：大连理工大学出版社，2011.

6. 克朗普顿分类法

克朗普顿（Crompton，1979）将旅游动机分为 9 种类型，其中包括 7 种心理动机和 2 种文化动机。心理动机包括逃避世俗环境、寻求自我和评价自我、放松、声望、回归、增进亲友关系及加强社会交往。文化动机包括新奇和教育。克朗普顿认为，了解心理动机比较困难，如果旅游动机相当隐私的话，人们往往不愿意说出旅游的真实动机。

（二）国内学者对旅游动机的分类

目前国内对旅游动机的分类呈现"有多少人研究旅游动机就有多少种分类"的局面，比较有代表性的观点见表 5-7。

表 5-7 国内学者旅游动机分类

来源	研究者	旅游动机分类
专著或教材	屠如骥	"九求"动机：求实、求新、求名、求美、求胜、求趣、求知、求情、求健
	孙喜林	健康、娱乐、好奇探索、审美、社会交往、宗教信仰、商务等动机
	甘朝有	健康、受教育、寻求精神价值和自我提高等动机
	张要民等	身心健康、探奇求知、社会交往、求实、纪念象征、宗教朝觐等动机
	吕勤等	求补偿、求解脱、求平衡等动机
期刊文章	邱扶东	身心健康、怀旧、文化、交际、求美、从众等动机
	刘纯	社交、尊重和自我完善、基本智力、探索、冒险、一致性、复杂性
	张卫红	分为放松、刺激、关系、发展、实现等 5 个层次
	郭亚军	归为社会、放松、知识、技能等 4 个因子
	付邦道	观光、医疗保健、地位与声望、娱乐消遣、家庭和人际交流、宗教、文化、尝试体验、寻根等动机

资料来源：张金玲.近 20 年国内旅游动机研究述评[J].乐山师范学院学报，2011（12）.

上述分类表明，旅游动机可以被分成多种类型，但由于旅游是一种综合性的社会文化和经济活动，可满足人们的多重需要，因此，人们外出旅游很少只是出于一个方面的动机，往往是多种动机共同作用的结果。只不过有时是某一动机为主导动机，其他为辅助动机，或者是有的动机被意识到了，而有的动机未被意识到而已。应该认识到，旅游动机具有一定的动态性和时代性。随着客观条件的变化，旅游动机将会越来越多样化、差别化和具体化。

四、影响旅游动机的因素

人们外出旅游的动机是多种多样的，影响其动机形成的因素也是多方面的，既有来自个人自身的因素，也有来自外部的客观环境因素，但总的来说，主要受个体的个性心理、社会人口特征以及外部环境因素的影响。多种因素的共同作用使得旅游者的动机具有多样性、复杂性的特点。

1. 个性心理特征

在影响旅游动机的个人方面的因素中，个性心理特征起着重要的作用，不同个性心理特征的人有着不同的旅游动机，进而产生不同的旅游行为。心理学家把人们的个性心理因素进行了分类，以此来解释人的个性心理因素对旅游动机的影响。其中较有代表性的是美国心理学家斯坦利·帕洛格（Stanley C. Plog）的心理类型模式。

帕洛格以数千美国人为调查样本，对其个性心理特点进行了详细的研究，发现人们的个性心理可以分为5种类型：自我中心型、近自我中心型、中间型、近多中心型和多中心型。它们呈正态分布，即自我中心型和多中心型的人数最少，而中间型的人数最多，如图5-2所示。

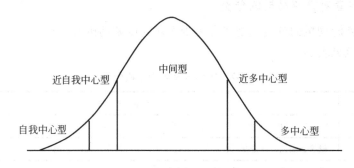

图 5-2　帕洛格的心理类型模式

心理类型属于自我中心型的人，其特点是谨小慎微，多忧多虑，不敢冒险。他们最强烈的旅游动机是休息与轻松，希望旅游目的地是熟悉的地区，有完善的旅游设施，喜欢活动量小、比较轻松的旅游活动。理想的旅游是一切都事先安排好的，因而比较欣赏团体旅游的方式，旅游的习惯做法是自己乘车到旅游目的地。

同自我中心型相反，处在另一个极端的心理类型是多中心型。属于这一心理类型的人的特点是思想开朗，兴趣广泛，无忧无虑，喜新奇，好冒险。这一类人爱好旅游，喜欢独自出游，不愿随大流，喜欢到那些偏僻的、不为人知的旅游地体验全新的经历。他们虽然也需要旅游业为其提供某些基本的旅游服务，如交通和住宿，但是更乐于有较大的自主性和灵活性。

除了这两个极端类型外，中间型属于表现特点不明显的混合型，这种心理类型的旅游者对出游目的地的选择通常没有什么苛求，但一般都不愿选择去那些传统的旅游热点，也不会选择去那些风险很大的待开发地区。近自我中心型和近多中心型则分别属于两个极端类型和中间型之间略倾向于各极端特点的过渡类型。

由于人们的心理类型不尽相同，一个人对旅游目的地、旅行方式等选择不可避免地会受到其所属心理类型的影响。通常一个人的心理类型距离多中心型越近，外出旅游的可能性就越大，并且所选择的旅游目的地的陌生性和冒险性程度也就越高。因此，多中心型心理类型的旅游者多是新旅游目的地的发现者，是旅游者大军的先头部队。伴随着他们对该目的地的发现和传播信息，其他心理类型的旅游消费者陆续会跟进，该新旅游地有可能会逐渐成为旅游热点，并最终能够吸引自我中心型心理类型的旅游者来访。然而与此同时，多中心型心理类型的旅游者则会逐渐失去对该地的兴趣，转而去寻访其他尚不为人所知的新旅游目的地。

2. 社会人口特征

旅游动机除了受人的个性心理特征影响之外，还会受到社会人口特征如性别、年龄、文化程度、社会阶层等客观条件的影响。

（1）性别。正如本节前面提到的，性别本身并不是导致人们外出旅游的内在动因。但这并不意味着性别对一个人的需要和行为不具影响作用。性别差异会对人们的需要和行为产生影响，主要是出于两个方面的原因。第一，性别差异意味着男性和女性会在生理特点（例如体力）上存在不同；第二，性别差异多会导致男女在家庭生活中扮演角色的不同。正是由于这些原因，很多调查结果都显示，在旅游活动参加者中，男性人数往往会多于女性，而参加自然探险旅游的人更是以男性居多。

（2）年龄。年龄对旅游动机的影响也主要来自两个方面。一是年龄的不同往往决定了人们所处的家庭生命周期阶段不尽相同，从而会影响人们的关注重点和需要。以已婚已育的双职工青年家庭为例，夫妻二人虽然具备外出旅游的物质条件和主观意愿，但由于家中有婴幼儿需要照顾，因而多会选择暂停外出旅游。二是年龄的不同往往会使人们的体能和精力有差异，从而也会影响到人们的需要和行为。例如，有些老年人在心理类型上虽然属于多中心型，但由于年龄的原因，因此多会倾向于选择节奏舒缓、体能消耗较小的旅游活动，而放弃参与自然探险等旅游活动。

（3）受教育程度。受教育程度在很大程度上决定着一个人的知识水平以及了解外部世界的能力，并因此会对一个人的需要产生影响。这主要表现在：一方面，知识水平的提高有助于获得有关外部世界的信息，从而易于诱发一个人对外界事物的兴趣和好奇心，外出旅游的动机相对更强烈；另一方面，知识的增多有助于一个人克服对外部世界的心理恐惧感，比较容易适应外地甚至外国的环境，容易获得较高质量的旅游体验。

（4）社会阶层。通常不同的社会阶层是以职业和收入为标准进行划分的，而社会阶层又常常被公认为影响旅游动机和行为的重要因素之一。从较高社会阶层和较低社会阶层的差别来看，人们参加休闲和旅游活动的内容也有着很大不同。例如，较高社会阶层的群体大多会选择豪华旅行团，要求高档住宿环境和迅捷的交通方式，喜欢品尝当地的美味佳肴，喜欢购买异国情调的纪念品，他们旅游的目的不仅是为了快乐，而且也为了声誉。相反，较低社会阶层的人一般会选择中低档的旅馆居住，比较热衷于酒吧、迪厅等热闹场所，他们购买纪念品多是向别人证明自己旅游过，这一社会阶层的人大多会选择中程旅行。

3. 外部因素

外部因素包括政治、经济和微社会环境方面的因素，这些因素也会对一个人的旅游动机产生或大或小，或正或负的影响。政治因素主要是指国际和地区局势及国家之间的关系。当整个国际局势趋于紧张，或国家之间的关系变得僵化甚至处于敌对状态时，人们出于安全原因，外出旅游的动机将会受到抑制。反之，人们的旅游动机就会活跃起来。经济因素对旅游动机的影响也是显而易见的。当国家经济处于萧条或经济衰退时，人们普遍担心以后的收入会减少，甚至有失业的危险，所以人们外出旅游的欲望便会明显减弱。微社会环境是指人们周围的人际环境，即邻里之间、同事之间、亲朋好友之间形成的社会氛围。在这个微型的社会氛围中，人们之间的相互影响往往会对一个人的态度、意见和偏好产生重大影响。例如，如果周围大部分人都要去某地进行某种旅游活动时，那么受此影响，有些人也会产生到这个地方旅游的动机。

本章小结

1. 旅游的产生既需要一定的客观条件，又需要一定的主观条件，二者缺一不可。从客观条件来看，旅游的产生除了需要具备旅游者个人的可自由支配收入水平、足够的闲暇时间、身体健康状况、家庭生命周期等微观层面的客观条件外，也离不开政治条件、经济条件、社会条件等宏观层面的客观条件的支持。总体来讲，对于旅游者来讲，宏观层面的客观条件是基础条件，而微观层面的客观条件是起限制性作用的必要条件。

2. 宏观客观条件方面，政治制度、政治秩序和政策等政治条件对旅游活动具有重要的影响，稳定、良好的政治条件常常推动和促进旅游活动的形成和发展；经济发展水平、经济政策、经济形势等经济条件是旅游活动产生和发展的经济基础；社会环境、科技水平、交通状况、通信条件等社会条件也都对旅游活动的产生和发展有着重要的影响。旅游的产生和发展离不开政治、经济、社会等宏观条件的共同支撑。

3. 微观客观条件方面，一个人的身体状况和家庭生命周期，与收入水平和闲暇时间一起构成了实现旅游活动的个人方面的客观因素。在促成一个人成为旅游者的作用方面，这四项因素相互联系、协同作用。可自由支配收入水平不仅决定个人或家庭能否实现外出旅游，同时还影响着旅游消费水平和消费构成；闲暇时间属于人们非工作时间中的一部分，拥有足够的闲暇时间是实现旅游需求不可缺少的条件之一；一个人的身体健康状况和所处的家庭生命周期阶段同样也是影响旅游行为的重要因素。

4. 从主观条件来看，旅游活动产生和发展的内在因素主要体现为旅游动机。旅游动机是激发一个人外出旅游的内在驱动力。旅游动机的产生受个体的个性心理特征、社会人口特征以及政治、经济、微社会环境等外部因素的影响。按照不同的标准旅游动机可以分为多种类型，旅游动机研究是旅游业对旅游者进行分析的基础。随着现代旅游业的发展，对旅游者旅游动机的研究愈加成为旅游研究的一个重要领域。

延伸阅读
农民工旅游的主要特征

一、旅游活动稀少，旅游需求强烈

中国农民工的旅游发端于 20 世纪 90 年代初，近十几年来发展极其缓慢。农民工的旅游频率比较低，参与旅游人次极少，他们在休息期间只是在工作地或住房附近进行一些简单的休憩活动，只有在有特别意义的时候才会选择去一些稍远的地方旅游。他们以小团体结伴短程游为主，出游时间主要集中在节假日。然而，由于农民工大多是年富力强的中青年，尤其是"新生代"农民工，基本上受过程度较高的文化教育，再加上网络的兴起和大众传媒的普及，让他们的视野、信息、观念都有所开阔和变化，他们追求个性独立，追求物质和精神双重享受，追求多元的价值观，而旅游作为一项时尚的消费项目，自然就成了他们热衷的体验目标。近几年的中国统计年鉴显示，农民工的消费构成中，用于食品类的比例越来越小，用于交通、通信、旅游、文化娱乐等方面的支出大幅度增加，其中旅游消

费增加趋势尤其明显。

二、旅游层次较低，上升空间大

由于农民工的旅游消费支出非常有限，价格障碍让他们主要追求低价的旅游产品，旅游活动集中在以观光为主的低端层次。随着农民工群体不断分层分化，不同群体的旅游诉求出现较大差异。根据流动程度的大小，农民工可划分为基本融入城市的农民工、常年在城市务工的农民工和间歇性在城市务工的农民工三个群体。基本融入城市的农民工是旅游层次上升最大的一个群体，他们具有接近城市居民的旅游特征，除观光游外，正在开始尝试在节假日进行休闲度假旅游。而常年在城市务工的农民是农民工的主体，也会出现进一步的分化，其中大部分将会融入城市，他们的旅游上升空间也相当大。根据国家统计局的调查，55.14%的农民工设想未来在城市发展、定居，举家外出（即已在城市稳定居住）的农民占到 20%。他们的旅游意愿逐渐提升，参与中高端旅游的可能性正在逐渐增强。

三、旅游消费结构失衡，旅游动机多元化

城区内和城市近郊是农民工旅游的首选之地，这些旅游目的地的消费类型相对丰富，农民工消费意愿的差别很大，旅游消费结构严重失衡。一般而言，旅游消费结构分为基本旅游消费和非基本旅游消费两类。基本旅游消费是指进行一次旅游活动所必需的而又相对稳定的消费，如旅游景区门票、游览、住宿，农民工在这方面的意愿相对较强；非基本旅游消费是指不是每次旅游活动都需要的并具有较大弹性的消费，如购物、娱乐、疗养，农民工在这一块的消费意愿都较弱（表1）。由此看来，农民工享受性消费贫乏，简朴型消费明显，旅游消费层次悬殊。

表1　农民工消费意愿构成

消费类型	景区门票	景区游览	交通	住宿	餐饮	购物	娱乐	疗养
消费意愿	强	强	中	中	中	弱	弱	弱

虽然农民工的旅游刚性需求不高，但在旅游动机上却呈现出多元化的趋势。多种因素的驱动，特别是新生代农民工价值取向多元化，使得旅游动机上出现体验动机、创业动机、学习动机、探亲动机、猎奇动机、从众动机、休闲动机等多种形式。

[资料来源：邱玉华，陈幼琳.农民工的旅游需求及其实现[J].农村经济，2014.（1）.]

结合阅读思考：

1．随着农民工群体不断分层分化，农民工的旅游需求会发生哪些变化？
2．哪些因素导致"新生代"农民工的旅游需求不断增加？
3．结合材料分析影响农民工旅游出行的因素可能会有哪些？

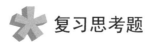 复习思考题

1．从宏观来看，哪些因素是影响旅游产生和发展的必要客观条件？
2．从微观来看，影响旅游产生和发展的客观条件有哪些？
3．简要分析可支配收入和可自由支配收入的差别。

4. 分析收入水平对旅游的影响。

5. 简要论述闲暇时间和旅游的关系。

6. 麦金托什关于旅游动机的分类包含哪些基本类型？

7. 影响旅游动机的个人因素主要有哪些？这些因素如何起作用？

8. 一个人要成为现实的旅游者应具备哪些条件？认识这些条件有何实际意义？

9. 简述帕洛格心理类型的种类以及不同心理类型者的思想和行为特点。

参考文献

［1］蔡建飞，陆林. 居民闲暇时间变化对我国旅游发展的影响研究［J］. 安徽农学通报，2009（3）：192-195.

［2］付春晓. 中国居民收入水平对国内旅游市场的影响研究［D］. 成都：西南交通大学，2002.

［3］卿前龙，毕斗斗. 闲暇时间的"连续性"与国内休闲旅游发展［J］. 旅游学刊，2009（11）：10-11.

［4］邱玉华，陈幼琳. 农民工的旅游需求及其实现. 农村经济，2014（1）：114-118.

［5］孙根年，薛佳. 收入驱动的居民国内旅游模型研究［J］. 商业研究，2009（5）：13-16.

［6］董观志. 旅游学概论［M］. 大连：东北财经大学出版社，2007.

［7］李瑞. 旅游学［M］. 北京：北京大学出版社，2013.

［8］李天元. 旅游学［M］. 3版. 北京：高等教育出版社，2011.

［9］刘纯. 关于旅游行为及其动机的研究［J］. 心理科学，1999（1）：67-69.

［10］刘伟. 旅游学［M］. 北京：高等教育出版社，2014.

［11］王洪滨. 旅游学概论［M］. 3版. 北京：中国旅游出版社，2001.

［12］谢春山，孙洪波. 旅游学概论［M］. 大连：大连理工大学出版社，2011.

［13］张金玲. 近20年国内旅游动机研究述评［J］. 乐山师范学院学报，2011（12）：70-73.

［14］赵长华. 旅游概论［M］. 北京：旅游教育出版社，2003.

［15］朱华. 旅游学概论［M］. 北京：北京大学出版社，2014.

第六章
旅游的历史观

 本章导读

旅游活动是一种社会现象，具有悠久的历史。通过了解旅游活动的历史，可以全面、深入、系统地考察旅游这一社会现象发生、发展的客观规律以及旅游活动的本质。本章在阐述旅游起源的基础上，按古代旅行、近代旅游和现代旅游三个阶段系统地介绍了中外旅游活动的发展历史，以及各阶段表现出来的旅游活动的形式和特点。本章内容对我们深入了解旅游活动发展的原因，认识旅游活动的本质，把握旅游活动的发展方向具有重要意义。

 学习目标

1. 了解国外古代旅行的主要形式；
2. 掌握中国古代旅行的主要类型；
3. 了解中国近代旅游的发展概况；
4. 掌握近代旅游业诞生的标志；
5. 掌握产业革命对近代旅游的影响；
6. 掌握现代旅游迅速发展的原因。

 核心概念

旅行　旅游　近代旅游　现代旅游　产业革命

第一节　古代旅行的发展历程及特点

一、旅游的起源与产生

旅游起源问题一直是旅游研究中的一个难点问题，尽管在古代文献典籍中有大量的旅行和旅游方面的记载，但由于缺乏研究方法论作为指导，相关的学术探讨一直较少，仅有的一些成果也是争议较多，可以说是众说纷纭，莫衷一是。

关于旅游的起源问题，目前学界主要有四种争议性的观点。持第一种观点的学者认为史前就有旅游。王淑良（1998）认为，旅游作为人类社会的实践活动，与人类社会发展史相始终，即有人类社会就有旅游。章必功（1992）认为，"黄帝本人也就无可非议地兼任了汉民族旅游文化的开山大师"，人类的旅游活动始于原始社会时期。持第二种观点的学者认为，古代只有旅行而没有旅游，旅游出现于近代。如美国旅游人类学家史密斯（L. Smith，1989）认为："旅游是新生事物，即使在某些定义中商业旅行也被视为旅游的一种，旅游的起源还是相对更近代。"李天元《旅游学》（2011）一书中关于"19世纪以前的旅行活动的发展"的论述，在关于古代有没有旅游的认识上与史密斯持近似观点。西方新社会文化史代表人物之一的安东尼·马克扎克（Anthony Markzuker）在其所著的《旅行社会史》中认定，直到19世纪中叶，托马斯·库克创办世界上第一家旅行社，真正意义上的人类的旅游活动才开始。申葆嘉（2010）也认为，旅游现象是市场经济发展的产物，它出现于英国产业革命之后，在此之前属于游乐旅行时期。持第三种观点的学者采取了以上两种认识的折中，如方百寿（2000）认为："探讨旅游现象的发轫应从旅游动机的形成即主观意图来考察，并不认为史前时期就出现了旅游，只能说出现了造成客观效果的旅游的源头，当时绝没有旅游的动机和目的，但也不会晚到19世纪才出现。"持第四种观点的学者认为旅行与旅游基本相通，如郑焱（2000）认为："在很遥远的时代，我们的祖先就已知晓旅行是指人们离开自己的定居地，到异地他乡游览观光，并能在物质上和精神上得到一定程度满足的活动，而这与现代旅游的概念恰好是基本相通的。"

事实上，上述关于古代旅游的认识分歧中包含统一，即都不否认近代（或现代）旅游是古代旅游（或旅行）发展而来的，将古代旅游称为"旅行"，主要还是为了将其与近代（或现代）旅游加以区分。旅游作为"人类最基本的活动之一"，既有本能的自然属性，又有客观的社会属性。旅行是人的有目的的空间位移，其与旅游关系密切：旅游中包含旅行，但旅行不一定是旅游，旅游者的空间位移带有特定目的。从人类发展史可以看到，旅游会随着社会的发展而发展，旅游观也会随着社会的发展而改变。旅行是社会生产力发展到一定阶段的产物，是随着社会大分工的深入、商品经济的繁荣发展和社会秩序的相对稳定而产生的。

在原始社会的新石器时代中期之前，由于社会经济条件所限，这一时期的人类客观上既无开展旅行的物质基础，主观上亦无外出旅行的愿望。当然，这一时期人类也有从一个地方到另一个地方的活动，但这些活动都是因某种自然因素（如天灾）或特定的人为因素（如战争）而被迫进行的，完全是出于生存的需要，远远算不上现今意义上的旅行和旅游。

到了原始社会末期，生产力的进步和社会经济的发展促使手工业日渐形成专门性的行业，并最终从家庭生产中分离出来，人类历史上的第二次社会大分工（手工业同农业和畜牧业的分离）也因此出现。之后，随着生产分工和交换范围的扩大，到了原始社会瓦解和奴隶制社会开始形成之时，专门从事经商贸易的商人开始出现，这便是人类历史上的第三次社会大分工——商业从农、牧、手工业中分离出来。社会分工的发展使得不同产品交换的地域范围不断扩大，基于这一发展，人们需要了解其他地区的生产和需求情况，需要到其他地区去交换自己的产品或货物，因而也就产生了外出旅行的需要。因此，人类最初的外出旅行远非休闲或度假目的，而是出于产品交换、经商贸易或扩大对其他地区了解与接触的需要而产生的一种经济活动。因此，联合国世界旅游组织（United Nations World Tourism Organization, UNWTO）在其有关的研究报告中明确指出："在最初的年代中，主要是商人开创了旅行的通路。"

与此同时，原始先民在生产劳动过程中逐渐产生审美意识。随着社会历史的发展和人类自身的进化，出于审美需要的消遣、娱乐及享受人生价值的游览活动开始出现。旅行是旅游的凭借和形式，游览是旅游的核心与内涵。当个体的游览活动以旅行的方式出现在异地且成为一项经常性的活动或现象时，旅游就产生了。

现代意义上的旅游是从古代旅行发展而来的，这一观点已成共识。越来越多的学者认为，旅游既不是有人类就有的，也不是近代社会（或市场经济）的产物，而是社会生产力发展到一定阶段，人类意识、精神需求发展到一定程度的必然产物，是异地游览活动与旅行相孕育的产物。旅游是人类自身进化和在社会发展过程中产生的，其基础条件是人类意识的发展、精神需求的提高和社会、经济、文化等的发展与进步。

因古代旅游与旅行在形式和内容上难以辨识和区分，因而本节多以"旅行"一词代替"旅游"。

二、国外的古代旅行

（一）国外古代旅行概况

古埃及在公元前3 000多年就建立了统一的国家，古王国时代（约公元前27世纪到公元前22世纪）就确立了以法老（国王）为主的中央专制政体，并大规模地兴建金字塔和神庙，这些建筑物在当时就曾吸引了许多游客前往参观游览。埃及还经常举行宗教集会，大批宗教信奉者参加庆典活动，这实际上也是一种宗教旅游活动。

宗教旅行的鼎盛期是在古希腊时代。古希腊的提洛岛、特尔斐和奥林匹斯山是当时世界著名的宗教圣地。古希腊竞技会（公元前776年）是世界上最早以寻求乐趣为目的的群众性旅游活动。在建有宙斯神庙的奥林匹亚，每逢宙斯神大祭之日，前来参拜者不绝于道。节庆期间，还举行角斗、赛车、赛马、赛跑等各种竞技运动。

公元前300年，波斯帝国修建了长2 000多公里的"御道"，并设有百余处驿站，此外，还修建了自巴比伦城到大夏和印度边境的道路。由于交通的便利，商人、游人往来不断。

古罗马帝国政治统一，经济强盛，幅员辽阔，国家提倡和鼓励旅游活动。由于交通的便利、货币的统一（全国使用统一的罗马铸币）、没有语言障碍（希腊语和拉丁语为官方语言），旅游活动得到顺利发展。

与古代相比，中世纪的旅游活动虽没有得到明显发展，但是仍有一些旅游活动发展的实绩。在阿拉伯帝国时期，伊斯兰教实行朝觐制度，穆斯林只要有能力，在一生中都要去麦加朝觐，这种宗教活动，也就形成了长距离的宗教旅游活动。此外，阿拉伯帝国对旅游活动也是鼓励的，在旅游活动较为发展的基础上，也曾出现过一批著名的旅行家，如伊本·白图泰就是杰出的一位。他行程12万余公里，费时26年，游历了亚、非、欧三大洲。1346年，他以德里苏丹特使的名义访问中国，并根据几十年的游历，撰写了《旅行者的欢乐》一书，对了解发达的东方文化是极其宝贵的。

特别值得一提的是意大利的旅行家马可·波罗（1254—1324），在元朝忽必烈时期，随其叔父来到中国，得到忽必烈赏识，令其在朝中为官，共计17年。他在中国游览了许多地方，回国后，以在中国的所见所闻为主要素材，口述并由他人代笔写成了《马可·波罗游记》。

在资本主义原始积累时期，新兴资产阶级为了寻求国外更广阔的市场，扩大商品销售，海上航行探险活动日益增多。从15世纪中期到16世纪中期前后，出现了许多著名的航海家和探险家。如发现新大陆的意大利航海家哥伦布（1451—1506），发现绕过非洲南端好望角抵达印度洋航线的葡萄牙人达·伽马（时值1498年）等。葡萄牙航海家麦哲伦，于1519年奉西班牙政府之命，率船队由圣罗卡起航，越过大西洋，沿巴西海岸南下，经南美洲大陆和火地岛之间的海峡（后称麦哲伦海峡），入太平洋至菲律宾，因干涉岛上内争，被当地人所杀，之后余众乘"维多利亚号"船回到西班牙，完成了第一次环绕地球的航行，证明了地圆说。这些航海家、探险家的任务虽有不同，历史的贡献大小不一，但是从一定意义上讲，他们也都是伟大的旅行家。

（二）国外古代旅行的类型

西方旅行和旅游活动最早产生于古埃及、在巴比伦等文明古国，以及经济、政治和文化比较发达的古希腊和古罗马。西方古代旅游大致可分为5种类型。

1. 哲人的求真旅游

西方旅游文化的核心是欧洲，而古希腊、古罗马又是欧洲旅游文化之源。古希腊人的理性精神和国家实行的开放政策，促使古希腊的学者经常到国外去旅行和游历。数学家毕达格拉斯游遍了地中海沿岸；阿基米德曾去埃及游学；亚里士多德在小亚细亚哥区旅游和讲演。其中，最著名的旅行家非希罗多德莫属。希罗多德将文化人类学家、地理学家、自然学家和历史学家的角色结合到了一起，他的旅游足迹遍布地中海世界，被罗马著名的政治家西塞罗称为"历史学之父"。希罗多德在其游历作品中集中叙述了希波战争，并记述近东和希腊的各种文化。从有关希罗多德的史料和他本人的作品中，可以知道他到过小亚细亚诸城市、希腊本土、马其顿、埃及、腓尼基、叙利亚、黑海沿岸、意大利南部和西西里等许多地方，因他见闻之广是罕见的，所以后来又被称为"旅行家之父"。另外古罗马时期的农学家科路美拉、史学家普鲁塔克和文学家奥维德以及阿拉伯时期的旅行家和历史学家马苏第也是此类代表人物。

2. 使徒的传教旅游

宗教旅行最鼎盛的时期是在古希腊时代。在建有宙斯神庙的奥林匹亚，奥林匹亚节是最负盛名的盛典，宙斯神大祭之日，前来参加者不绝于道。早在《荷马史诗》记载的年代里，希腊人就开始进行各种体育运动，人们从四面八方赶来，一睹心目中偶像的风采。古代奥运会自公元前776年开始，到公元394年被罗马人废除，每四年一次，共持续了一千多年。奥运会对于希腊人来说是一个真正的欢乐节日，这种活动一直延续至今，发展成了现代的奥林匹克运动会。当时的奥林匹亚庆典，纯属一种宗教活动，但它却促进了周围剧院的建立和宗教旅游的发展。后来，宗教旅行逐渐遍及全球，成为一种世界性的旅游活动。

基督教在西方的创立，使得一批忠实的信徒游走四方，传播教义。基督及其门徒在亚洲、非洲、欧洲交界的广大地区宣传其信仰。"使徒"因游走四方、居无定所而得名。随着罗马帝国的覆灭，基督教势力急剧扩张，使教士传教旅行得以迅猛发展。在漫长的中世纪里，基督教成为凌驾于世俗封建王权之上的政治力量，更加促进了教士传教旅行的超常发展。13世纪40年代，先后有教士普拉诺·卡尔比尼和古尔奥修·鲁布鲁克到达蒙古金帐汗国首都哈尔和林（今蒙古国境内）。另外，意大利教士约翰·蒙迪科（John Montecorvino）、鄂多立克（Friar Odoric）以及法国教士马黎诺里（Marignolli）都是教士旅行家的杰出代表。

3. 商人的商务旅游

早在公元前3000年，商业旅行就在腓尼基产生。被称为"海上民族"的腓尼基，很早就有发达的商业和手工业，造船业也在当时世界领先，这为腓尼基人的商业旅行提供了条件。

公元前8世纪，希腊人与地中海周边的其他民族，如腓尼基人、埃及人、叙利亚人和伊特鲁立亚人，就开始了大规模的贸易往来。希腊人用他们的酒、油、毛、矿物、陶器、武器、奢侈品、书等物品，去换回腓尼基的水果和肉类、黑海的鱼、小亚细亚的坚果和塞浦路斯的铜、英格兰的锡等。希腊人还出台了一系列优惠措施来鼓励外国商人的到来。例如，雅典的优良港口一律对外开放，外国商人可以带走他们所赚的真金白银等。那时，地中海成了历史上第一个庞大的"共同市场"。古罗马时期，罗马、亚历山大里亚等大城市成为商品集散地和内外贸易枢纽，地中海变成了"内湖"，海上航路、内陆河道、陆上通道和古老商道成为内外贸易的动脉，"条条道路通罗马"遂成为世界名谚。

4. 骑士的行侠旅游

骑士行侠仗义的旅游，是中世纪封建制度的产物。11世纪末，法兰西王国首先形成骑士制度。欧洲盛行的长子继承制使那些次子们源源不断地加入骑士队伍。来自中小地主和富裕农民家庭却不能继承传位的次子们通过替大封建主打仗，从他们那里获得土地和其他报酬，成为小封建主。随着骑士土地成为世袭，固定的骑士阶层便形成了。骑士的道德标准是忠诚、荣誉和英勇。他们有为保卫崇高的事业和用矛与剑为教会利益而战斗的义务。在骑士身上，古希腊、古罗马时期形成的冒险旅游性格得到了充分的发挥。

5. 冒险家的航海旅游

西方最早以旅游著名的古希腊人是皮西亚斯（Pytheas）。公元前325—公元前320年，皮西亚斯领导探险队从马西里亚（今法国马赛）出发，向西绕过直布罗陀海峡，向西北欧海岸进行了首次航行。他穿过拉芒什海峡（今英吉利海峡），到达一个大岛的西南海角，他把这个岛命名为"不列颠"，成为第一个考察并测绘了属于不列颠群岛的数十个岛屿的人。他在向北航行时还接近了"冰海"，因此被认为是历史上第一个极地旅行家。古罗马时期，航海旅游更加频繁。8—9世纪，居住在日德兰半岛的诺曼人经营海上贸易，从事远距离航行，他们不但进入伏尔加河，航行到拜占庭帝国，还是最早进行横跨北大西洋旅行的人。另外，葡萄牙人巴尔托洛梅乌·迪亚士（Bartholmeu Dias）、瓦斯科·达·伽马（Vasco da Gama）、费尔南多·麦哲伦（Fernando de Magellanes）以及代表西班牙政府的哥伦布（Christopher Columbus）都是西方航海旅游的杰出代表人物。

三、中国的古代旅行

（一）中国古代旅行概况

作为四大文明古国之一，中国是世界上旅行游览活动兴起最早的国家之一。传说黄帝"作舟车以济不能，旁行天下"，"迁徙往来无常处"，虽然主要是为了谋生的需要，但却反映了原始社会末期人们经常迁徙流动的情况。

到了先秦时期，天子巡游，政治和经商、游学旅行已有了一定的发展。"观国之光，利用宾于王"，天子巡游具有政治和享乐双重目的，周穆王是其中的典型代表。周穆王酷好旅行，"昔穆王欲肆其心，周行天下，将皆必有车辙马迹"。《穆天子传》中还记述了周穆王西行的故事和路线，甚至有人认为周穆王西巡远达波斯（今伊朗），是中国通往西方道路的最早开辟者。周朝已建立起较完善的为公务人员旅行提供饮食住宿的国有庐舍候馆。《周礼·地官司徒》写道:"凡国野之道,十里有庐,庐有饮食。三十里有宿,宿有路室,路室有委。五十里有市,市有候馆,候馆有积。"

商朝是中国奴隶制商品经济繁荣时期,翦伯赞《中国史纲》说:"商人的足迹,已经走遍了他们所知道的世界。"到春秋战国时期,商业有了更大的发展,许多大商人负货贩运,周游天下。这一时期,最为突出的是诸子百家,齐相争鸣,他们广纳弟子,纵横捭阖,游说四方。曾有弟子三千、贤者七十二的孔子带领部分弟子周游列国达14年。孟子也曾率领弟子"后车数十乘,从者数百人,以传食于诸侯",声势颇为浩大。

秦汉国家统一,幅员辽阔,社会稳定,国力强盛,远行是这一时期旅游活动的主题。据《史记》记载,统一后的秦朝,"车同轨","一法度衡石丈尺"及"书同文字",并大兴驰道、直道及配套的馆舍、邮驿等设施,形成了以咸阳为中心四通八达的全国道路网。这些为远距离旅行提供了良好的条件。秦始皇称帝十年间,进行了数次大规模的远巡。他西到流沙,南到北户,东至东海,北过大夏,走遍了东西南北四方。汉武帝更是先后巡游各地达30次之多,"巡荆扬,辑江淮物,会大海气,以合泰山。上天见象,增修封禅",甚为豪迈。他还两次派遣张骞出使西域,开拓"丝绸之路"。西汉著名的史学家、文学家司马迁是学术考察旅行的最杰出代表。他二十岁起就开始旅行活动,"南游江、淮,上会稽,探禹穴,窥九疑,浮于沅、湘;北涉汶、泗,讲业齐、鲁之都,观孔子之遗风,乡射邹峄,厄困鄱、薛、彭城,过梁、楚以归。"

魏晋南北朝是中国旅游史上的重要转折时期,社会动荡,文化活跃,少了秦汉万里漫游的恢宏之气,多了超凡脱俗、返璞归真、寄情山水的哲学、宗教色彩。"旅游"一词,在中国古籍中最早出现在南北朝时期。梁朝诗人沈约在《悲哉行》中写道:"旅游媚年春,年春媚游人。"士人们为避祸而寄情于山水之间,山水文学与山水画创作达到相当的高度。阮籍、嵇康等七人因不满时政而纵酒悠游于竹林之中。南朝谢灵运是我国山水诗的鼻祖,其作品充满了"壮志郁不用""泄为山水诗"的格调。东晋僧人法显远足于印度求法,著有《佛国记》。北魏的郦道元把毕生的才华融于山川大地之中,著有《水经注》,被称为中国山水散文的鼻祖。这一时期的旅行和旅游是以文学旅游和宗教旅游为主的。

隋唐时期是中国封建社会的鼎盛期。这一时期,社会稳定和经济繁荣使中国境内的旅行游览活动及与海外的交往日益增多,表现出旅游发展的继承性。在士人漫游方面,隋唐实行的科举取士制度,使得士人远游成风,造就了一批像王勃、李白、杜甫、元结和柳宗元等杰出的文学家、诗人和旅行家。王勃的《滕王阁序》和柳宗元的《永州八记》在旅游文学中占有重要的地位;李白、杜甫的诗是唐代诗歌的代表;元结则是把描写自然景物和抒情结合在一起的游记开创者。在帝王巡游方面,隋炀帝在大运河开通后,沿水路出游,开创了中国旅游史上帝王舟游的新篇章。在宗教旅游方面,玄奘赴南亚求法,鉴真东渡日本扬法,以及日本、朝鲜和中国佛教徒之间的频繁交往,均表现出这一时期宗教旅行的风行程度。唐朝时期的国际旅行也极为活跃,来唐的外国使者、商人、学者和僧侣络绎不绝,如日本曾先后16次遣使者来唐学习。阿拉伯与唐的交往也十分频繁,他们主要以香料来换取中国的茶、瓷器和丝织品,其中最著名的人是苏拉曼。总之,士人漫游成风,宗教旅行盛行,国际旅游活跃和旅游文学创作繁荣是这一时期的旅游特点。

宋元时期是我国封建社会继续发展的时期,科学技术、文学和医学都取得了显著成就。尤其是指南针的发明并应用于航海,对促进各国航海事业的发展和以后"海上丝绸之路"的开辟,加强与西方各国的贸易、旅游交往等均做出了重大贡献。宋元时期,"舟船继路,商使交属",海外贸易发达。迨至元朝,中国已与140多个国家或地区建立了海上贸易往来。广州、杭州、泉州、扬州等港埠,开辟有专供外国人居住的"番坊",摩洛哥旅行家伊本·白图泰(Ibn Batutah)在游记中讲到,杭州当时有大城,"第二城是犹太人、土耳其人及基督徒的圣居之处。第三城皆回教徒所居,此处甚优雅。市场之布置,与西方信回教国相同"。由此可见当时外国人来中国经商旅行之盛况。元朝进一步扩大开放,海陆交通网络覆盖了亚洲大陆的广阔地区,并直达东欧多瑙河畔。东亚、西亚之间的旅行,"如行国中","适千里者如在户庭,之万里者如出邻家"。宋元时期,在旅游文学和旅游理论方面都比唐代有了更大的发展。著名的旅行家苏轼、陆游和范成大等人所著的《南行集》《入蜀记》和《吴船录》都是千古流传的旅游名著。

明清时期是中国封建社会走向衰败,资本主义开始萌芽的阶段。反映到人们的旅游行为上,则显出日益成熟的特点,较之唐宋时期在风光的鉴赏、旅游经验的总结和学术考察方面更具特色。最杰出的旅行家有郑和、徐霞客、李时珍等,他们毕生都涉猎于远足旅游之中,并分别留下了宝贵的航海资料、千古不朽的游记和医学名著。清中叶后,我国遭受西方资本主义国家的侵略,闭关锁国的格局被打破。伴随西方文化的侵入,中国人的旅游观念逐渐发生了变化,古代旅行阶段也随之结束。

(二)中国古代旅行的类型

中国古代社会岁月漫长,在几千年中,曾有过内容各异、形式多样的旅游活动,现就几种主要的、有代表性的旅游活动做一简略描述。

1. 帝王巡游

帝王巡游是指历代最高统治者对自己所管辖的国家或领土所进行的巡视游览活动。通过巡游,一则可通过饱览风景名胜达到享乐娱心的目的;二则可显示帝王至高无上的权威,威加四海,观察民风,巩固统治。同时,古代帝王巡游还有一个突出的特点,就是热衷于封禅和祭祀活动。我国有史记载最早的天子巡游,是周穆王西行漫游。《穆天子传》又称《国王游行记》,书中所记行程至今仍可找到线索,是我国最早的一部以记述游历我国西北地区为主要内容的著作。秦始皇在公元前220年到公元前210年的十年中,五次巡游,游历了大半个中国。此后,隋炀帝、清康熙皇帝和乾隆皇帝都是有代表性的进行巡游的帝王。

2. 士人漫游

士人漫游主要指文人学士为了各种目的而进行的旅行游览活动。士人漫游起始于先秦,但不同时期士人漫游的目的又各有侧重,其形式和内容也有相应的变化。孔子周游列国,为的是推广其政治主张。他在外十四年,游历宋、卫、陈、蔡、齐、楚等诸侯国,广泛收集文献资料,体察民情,为后人留下了《春秋》等传世之作。西汉伟大的史学家司马迁花费近二十年的时间,游览考察了江、浙、皖、湘、鲁、鄂等地,所到之处,辑史实逸事,采风土人情,完成了不朽的著作《史记》。唐代"游学"盛行,士人托物言志,多在对自然风光、山川景物的游览观赏中赋予其理想性格,通过文学作品寄托自己的志向和情怀。杜甫、柳宗元、欧阳修、陆游、苏轼等均是唐宋时期士人漫游杰出的代表人物。

3. 政治旅行

政治旅行是指为某种政治目的,肩负国家使命而进行的一种旅行活动。它起始于奴隶制行将崩溃，封建制逐渐形成的春秋战国时期。突出表现在烽烟四起的争霸年代，代表不同阶级、阶层的思想家、理论家多从各自的阶级利益出发，著书立说，争鸣论战。如著名思想家孔子带领门徒周游列国，宣传自己的政治主张，以求得到重用。孟子游说于齐、魏筹国君之间，苏秦游说"合纵"，张仪宣讲"连横"等。虽然这些"士"阶层的游说活动主要是为了致身卿相或忙于名利，但长期的旅行实践也使他们从中获得审美感受，加强了对旅游理论的思考，并对后代产生深远的影响。

4. 学术考察旅行

学术考察旅行主要指一些专家、学者或矢志求学之士对前人的遗著的正误进行考证或探索客观世界的奥秘而形成的治学与旅游相结合的实践活动，它是中国文化的优良传统之一。许多矢志求学之士深谙"尽信书则不如无书"的道理，为获得"读万卷书"而无法获得的知识信息，都热衷于"行万里路"。他们通过长期艰苦的实地考察，在取得学术和科学上杰出成就的同时，也成为著名的旅行家。如郦道元为了写《水经注》，先后两次随北魏孝文帝出游，历时两年，行程万里。《徐霞客游记》以日记体裁详细地记录了中国明代著名旅行家和地理学家徐霞客一生旅行生涯中的所见所闻，包括山川河流、气候植被、风俗人情等，既富有文学色彩，又具有重要科学价值。司马迁、李时珍、顾炎武等也是此类代表人物。

5. 宗教旅行

宗教旅行是以朝拜、寻仙、取经、求法、布道为目的的一种古老的旅行形式，至今仍具有较大的吸引力。唐代的玄奘、鉴真是最著名的代表。玄奘于贞观元年（627年），从长安出发，西出玉门关和阳关而去印度，历时18年，行程5万余里，在贞观十九年（654年）回到长安。根据他的口述和记载，其弟子写成了《大唐西域记》，记述了他在28个国家的所见所闻。鉴真历尽艰辛，与弟子34人于天宝十二年（753年）第六次东渡日本成功。第二年抵达日本首都奈良，并在奈良建造了唐招提寺。他不仅将佛教传入日本，同时也将中国的文化、艺术、建筑等传入日本。

6. 航海旅行

中国是航海业发展较早的国家之一，在古代历史的不同时期，航海旅行都较为发达。秦朝统一后，就与日本、高丽、安南有海上交往的历史记载。隋唐时，中国造船业和航海技术都已达到较高水平，海外旅行和移民已有发生。宋元时，中国的造船技术发展迅速，中国造的船只最大可容纳五六百人。明初，为适应政治和经济的需要，海外交通日益频繁。郑和"七下西洋"就是航海旅行的最重要代表。他前后七次航海航行，历时二十余年，共经历亚非三十多个国家和地区。他的航行比1486年葡萄牙航海家迪亚士发现绕过非洲南端的好望角进入印度洋的新航线要早半个多世纪，被誉为我国以及世界历史上伟大的航海家之一。

四、古代旅行的特点

在几千年的漫长历史时期中，人类社会经历了奴隶社会、封建社会、资本主义社会前期等几个不同性质的社会形态，生产力水平有了很大提高。但是，从旅游活动的内容和方式来看，它们有着共同的特点：

（1）社会生产力的发展还没有引起交通工具的重大变化，交通仍不发达，主要依靠以自然力、人力、畜力为主的船、车等。人们外出旅游都是步行、乘坐木船和帆船、骑马等，即使到了19世纪上半叶，最高级的交通工具还是四轮马车和大型帆船。

（2）参加旅游的人数很少，多半是皇室、贵族、僧侣等特权阶层。这些人由于攫取了群众的劳动成果，拥有旅游所必需的自由时间和多余钱财。而一般劳动者都在为生存而忙碌，他们被排除在旅游的行列之外。

（3）旅游的活动范围很小。不发达的交通工具，不允许人们到很远的地方去旅游，类似于今天的洲际旅游和国际旅游是很难发生的。只有极个别的人，出于探险和经商的目的，用毕生的精力和生命，创下那个时期长途旅游的历史。

第二节　近代旅游的发展历程及特点

一、国外的近代旅游

1. 国外近代旅游发展的原因

19世纪后半叶的欧美地区，无论是国内旅游还是国际旅游都有了突破性的进展，这在很大程度上是和产业革命的影响分不开的。产业革命指资本主义机器大工业代替工场手工业的过程，是历史上资本主义政治经济发展的必然产物。它于18世纪60年代首先发生在当时资本主义最发达的英国，到19世纪30年代末，在英国基本完成。美、法、德、日等国的产业革命也都在19世纪内先后完成。产业革命既是生产技术的巨大革命，同时也促使生产关系发生了深刻的变革，它给社会生活的各个领域带来了巨大变化，对近代旅游活动的发展也产生了重大而深远的影响。

第一，产业革命加速了城市化的进程，使很多人的工作和生活地点从农村转移到了工业城市。这一变化最终会导致人们需要适时地逃避城市生活的紧张节奏和拥挤嘈杂的环境压力，产生对回归自由、宁静的大自然的追求。大量的事实证明，城市居民外出旅游的数量和出游率大大高于乡村居民，时至今日依然如此。可见，城市化进程导致的工作和生活地点的变化对产业革命后旅游活动的发展是一个重要的刺激因素。

第二，城市化也改变了很多人的工作性质。随着大量人口进入城市，原先那种随农时变化而忙闲有致的多样性农业劳动开始被枯燥、重复、单一的大机器工业劳动所取代。这一变化促使人们强烈要求休假，以便能够获得喘息和调整的机会。用今天的专业眼光来看待，这一变化成为促使人们产生旅游动机的重要原因。

第三，产业革命带来了阶级关系的新变化。产业革命造就了工业资产阶级，从而使社会生产的财富不再只流向封建贵族和大土地所有者，也流向了资产阶级，从而扩大了有财力参与外出旅游的人数。此外，产业革命也造就了出卖劳动力的工人阶级。生产力的提高和工人阶级的不懈斗争，终将使资本家有可能增加工人的工资及给予他们带薪假日。虽然从根本上讲，资本家的让步不过是榨取相对剩余价值的欺骗手段，但对于广大劳动者来说，他们将因此有可能加入旅游者的行列。

第四，产业革命带来了科学技术的进步，蒸汽机的发明是这次产业革命的重要标志。蒸汽机技术的改进和应用，解决了交通运输的动力问题，促成了新的交通方式的产生，轮船和火车相继出现。新交通工具的发明不仅改变了人们外出旅行的方式,而且这些新兴的交通方式在费用、速度、运载能力和范围等方面,均比传统的公共马车优越得多,从而使大规模的人员流动成为可能,导致旅游者规模不断扩大。

2. 国外近代旅游业的诞生

产业革命不仅使更多的人产生了外出旅游的需要,而且也提供了众多的旅游机会。但由于当时绝大多数人都没有旅行游览的经验,对异国他乡的情况不大了解,有关旅行的手续、语言及货币方面的障碍也是人们外出旅游所担心的问题。因此,这时社会上急需一种能够联系旅游者与旅游对象的中介服务。顺应这种社会需求,英国人托马斯·库克(1808—1892年)率先设立了相应的旅游服务机构,导致了近代旅游业的产生。

1841年7月5日,时任英国中部地区禁酒协会秘书长的托马斯·库克利用包租火车的形式组织了一次从英国中部地区的莱斯特前往洛赫伯勒的禁酒大会,参加这次活动的人数达570人之多,往返约30英里,每人交费1先令(Shilling,英国1971年前用的货币单位)。此次活动被当时的人们称为"伟大的创造",并被看作是近代旅游活动的开端。

托马斯·库克组织的这次活动,之所以被看作近代旅游业开端的标志,是因为其有许多特殊意义。一是此次活动的参加者来自各行各业,涉及各个阶层,来源的公众性犹如后来旅游者的组成成分;二是组织工作周密,托马斯·库克全程陪同并照顾,其服务样式为后来的旅行社服务提供了示范;三是此次活动团队规模之大前所未有,其后也罕见;四是这次活动为后来的托马斯·库克旅行社的建立奠定了基础。

在成功组织团体旅游活动的基础上,又经过三四年的实践和准备,托马斯·库克于1845年在家乡莱斯特创办了世界上第一家旅行社——托马斯·库克旅行社(即现在的通济隆旅行社的前身),开辟了旅行业务代理的先河,标志着近代旅游业的诞生。旅行社成立之后,于当年夏天首次组织团体消遣旅游。这次团体旅游活动是从莱斯特到利物浦,历时一周,团员达350人。为这次旅游活动,托马斯·库克做了周密的安排,进行了大量的先期考察,确定参观景点及住宿旅馆,还为游客编写了旅游指南《利物浦之行手册》。托马斯·库克不仅亲自担任陪同和导游,还沿途聘请地方导游。这次活动,托马斯·库克从考察线路、设计产品、市场宣传、销售组团,直至提供全程陪同和地方导游服务,体现了当今旅行社的基本业务,开创了旅行社业务的基本模式,成为近代旅游业的创始人。

1846年,托马斯·库克又成功地组织了到苏格兰的旅行。此后,他每年都要组织大约5000多人在英格兰、苏格兰、威尔士三岛之间旅行。每次他本人都亲自陪同,编印旅游指南。他成功地把铁路、水路和地上交通设施紧紧联系在一起,使得旅行社的业务得到较大发展。1851年,托马斯·库克组织了16.5万多人参加在伦敦水晶宫举行的第一次"世界博览会"。1872年,托马斯·库克组织了一次9人团体的环球航行,历时220天。他在1892年创办的旅行支票,可在世界各大城市通行。

19世纪下半叶,由于托马斯·库克的倡导,近代旅游开始成为一项经济活动。欧洲成立了许多类似旅行社的组织,如英国1875年成立的登山俱乐部和1885年成立的帐篷俱乐部,1850年以后美国运通公司开始兼营旅行业务。到了20世纪初,世界旅行代理业务有了很大发展,托马斯·库克父子公司、美国运通公司和比利时铁路卧车公司已成为世界旅游业的三大公司。

二、中国的近代旅游

1. 中国近代旅游发展的原因

中国近代旅游是指 1840 年鸦片战争以后到 1949 年中华人民共和国诞生前这段时期的旅游。这一时期，中国由独立的封建国家逐渐沦为半殖民地半封建国家。国家性质的变化使社会各个领域都发生了深刻的变化，旅游也不例外。其变化主要表现在：一是由于西方文化的入侵，中国人的旅游观念发生了变化，平民阶层开始加入旅游队伍；二是随着现代化交通的发展，旅游的空间得到进一步拓展，参加旅游的人数越来越多，去的地方越来越远，国际旅游交往频繁；三是为适应这种旅游形势的发展，为旅客服务的民间旅游组织逐渐形成一个独立的行业。

2. 中国近代旅游的发展概况

鸦片战争之后，西方列强凭借坚船利炮打开了中国的大门，中国逐渐沦为半殖民地半封建的社会。这个时期中国的旅游活动也明显带有半殖民地半封建的烙印。伴随着殖民主义者政治、经济和文化的入侵，大批资本主义国家的商人、传教士、学者和冒险家纷纷来到我国。许多人选择中国的名胜之地，如庐山、北戴河、青岛等地建造别墅供自己消遣享乐。一时间，古老、神秘的东方古国中国成了外国冒险家的乐园。这一时期外国人来华旅行和旅游与帝国主义的殖民侵略活动是紧密相连的。

与此同时，中国人出国旅游的人数也大大增加。其中有的是出国考察游历的旅行者，有的是出国求学的留学生。他们中许多人的共同目的是到外国寻找救国救民的真理。林则徐、魏源等提出"师夷长技以制夷"的主张，并著书介绍西方的地理、历史、政治和科学技术等。魏源的《海国图志》是一部使锁国闭居、坐井观天的中国人开始知道世界之大，并产生走向世界要求的启蒙著作。18 世纪 70 年代，清政府推行"洋务运动"，先后派许多留学生到美国和欧洲国家去学习西方的科学技术。詹天佑、严复就是其中的代表人物。这种出国留学热潮一直延续到 19 世纪末 20 世纪初，至 1906 年中国官费、自费留学生增至 8 000 多人。

这个时期，一些外国的旅游企业也纷纷侵入中国，抢占和瓜分中国旅游市场，如英国的通济隆、美国的捷运、日本的国际观光局等先后在中国设立代办机构，包揽中国的旅游业务，这些对于旅游活动和旅游业的发展客观上起了推动作用。中国旅游业形成的标志是中国旅行经营机构的建立。1923 年，上海商业储蓄银行总经理陈光甫创办了上海商业储蓄银行旅行部，专门经营旅游业务，为出游者安排行程及办理各种手续，这标志着中国近代旅游业在上海诞生。1927 年 6 月，旅游部从上海商业储蓄银行中独立出来，成立"中国旅行社"，这是中国设立最早、规模最大的一家旅行社。旅行社下设七部一处，即运输部、车务部、航务部、出版部、会计部、出纳部、稽核部和文书处。

中国旅行社最初的业务是代办车船票，后扩展到代运行李、接送旅客、组织个人和团体的旅游活动。此外，还办理留学生出国手续；设立避暑区服务站；组织短程的团体游览；组织境外旅游，如赴日观樱等。此后数年中，中国旅行社的规模、业务均有一定的发展。随着业务的扩大，中国旅行社在国内的苏州、镇江、无锡、蚌埠、济南、天津、沈阳、武汉、南昌、徐州、北京、杭州、青岛、广州、西安 15 个城市设立了办事机构；在国外的纽约、伦敦、河内、新加坡、马尼拉等地设立办事处，承办外国人来华旅游事宜。在中国旅行社成立与发展的同时，中国还出现了许多类似的旅游组织，如铁路游历经理处、公路旅游服务社、浙江名胜导游团等。这些旅游企业虽然处于起步阶段，规模不大且实力较弱，但旅游已开始纳入有组织的企业经营范畴，这标志着新兴产业中国近代旅游业的产生。

三、近代旅游的特点

18世纪末叶，英国的产业革命使人类社会的经济生活发生了巨大的变化，导致了手工业工具逐渐为机器和机动工具所代替，引起了重大的社会经济变革，也使人类的旅游活动产生了质的变革。这一时期的旅游有如下几个特点：

（1）火车和轮船已相当发达，使旅游的规模、范围和内容都发生了巨大变化。1825年，当第一条铁路在英格兰通车时，贵族们的宁静生活被打乱了，他们抱怨道："整个王朝的脸被刺上了令人厌恶的花纹。"而对女演员范尼·坎布（Fanny Kambhu）来说，乘坐火车旅游是一次神奇的经历，她说："如果你不亲眼看见一下，你就无法相信那具有魔术般奇迹的机器是如何疾驰在白色的烟雾中，用那和谐的节奏、一成不变的速度前进的。"

（2）旅游的队伍扩大了，中产阶级加入了旅游者的行列。产业革命使中产阶级取代了原来的贵族，财富不断增加，他们也产生了享受乐趣的要求，其中包括旅游。

（3）出现了作为经济行业的旅游业。火车的出现使参加旅游的人数增多，英国牧师托马斯·库克最早有组织地带领人们外出旅游，受到普遍欢迎，他于1845年创立了世界上第一家旅行社。此后在欧洲各地出现许多类似的组织，作为经济行业的旅游业应运而生。

第三节 现代旅游的发展历程及特点

一、国外的现代旅游

（一）国外现代旅游发展的原因

现代旅游通常是指第二次世界大战结束以后，特别是20世纪60年代以来，迅速普及于世界各地的社会化旅游活动。战后除了相对和平与稳定的国际形势和现代科技革命的成功两大背景因素外，推动国外现代旅游发展的直接原因有以下几个方面。

1. 战后世界人口迅速增加

第二次世界大战结束时，全世界人口仅为约25亿，至20世纪60年代初，已激增到36亿，在不到20年的时间内，世界人口总量增加了44%。世界人口基数的扩大成为战后大众旅游人数增加的基础。

2. 战后世界经济迅速发展

据统计，以1979年的美元价值计算，战后1949年的全世界生产总值为25 000亿美元；到20世纪60年代末，则上升为62 000亿美元。几乎所有国家战后的经济增长速度都大大超过了战前的增长速度。经济的发展使得众多国家的人均收入，或者更确切地说，是众多国家居民的家庭平均收入迅速增加，尤其是在那些经济基础原先就较雄厚的西方国家更是如此。20世纪60年代，这些国家开始形成所谓的"富裕社会"。人们收入的增加和支付能力的提高对旅游活动的迅速发展和普及无疑起到了极其重要的刺激作用。

3. 交通运输工具的进步

第二次世界大战结束以后，铁路和轮船虽然在不少国家中仍为人们重要的旅行方式，但就世界范围讲，特别是在经济发达的工业化国家中，这些传统的旅行方式逐渐为汽车和飞机所代替。在欧美发达国家中，随着拥有小汽车的家庭比例不断增大以及长途公共汽车运营网络的扩大和完善，汽车成为人们中、短途外出旅游的主要交通工具。这种旅行方式所具有的自由、方便、灵活等特点自然缩短了人们旅行过程中的时间距离。与此同时，民航运输的发展也使得人们有机会在较短的时间内做长距离旅行，特别是外出做国际、洲际乃至环球旅游。航空旅行因而成为人们最重要的远距离旅行方式。

4. 各国城市化进程普遍加快

战后，随着许多国家工业化的发展和社会经济的转型，城市化进程普遍加快，经济发达国家农村人口不断下降。1950年，世界城市人口只占总人口的28.7%，到1980年，已达到42%，到20世纪90年代，已经远远超过了50%。绝大部分城市居民都在城市从事单调乏味的重复性工作，身心承受着极人的压力。他们需要定期缓解紧张的情绪和释放压力，并向往重返没有城市污染和工业污染的大自然。这一情况成为战后旅游需求规模迅速发展的重要社会心理原因之一。

5. 生产自动化程度的提高和带薪假期的增加

战后，随着科学技术的进步，很多行业生产过程的自动化程度不断提高，在提高生产效率的同时，也大大减少了生产同样数量产品所需要的时间。战后生产自动化程度的提高使劳动时间得以缩短，加之劳动阶级坚持不懈的斗争，从而使人们的带薪假期有可能得以增加。20世纪60年代以后，很多国家都在不同程度上规定了带薪休假制度，允许劳动者每年享有2~6周的带薪假期。这种变化使人们外出旅游有了时间上的充分保证，参加旅游活动的人数迅速增加，并且出游的距离和在外逗留的时间也大大加长。

6. 战后教育事业的发展

战后，西方各国普遍重视教育，教育事业不断向新的广度和深度发展，加之信息技术进步的影响，越来越多的人想对自己乡土以外的其他地区和国家的事物增加了解，并因此产生了好奇心和求知欲，刺激了他们外出旅游的动机。这一因素对于战后旅游热的兴起和发展无疑起到了重要的推动作用。

（二）国外现代旅游发展的历程

国外现代旅游的真正崛起是在第二次世界大战以后，其发展过程经历了四个阶段。

1. 起步阶段（20世纪40年代后期到50年代初）

世界经济在战后复苏，旅游业也开始起步。中产阶级的迅速成长和现代科技发展所带来的交通工具的改进，有力地促进了现代旅游业的发展。1946年10月，国际官方旅游组织联合会（世界旅游组织的前身）在瑞士日内瓦应运而生。到1950年，旅游观光事业已经成为世界的一个新兴产业。这一年，全球国际旅游过夜的人数为2 528万人次，国际旅游外汇收入达21亿美元。

2. 发展阶段（20世纪50年代后期到70年代）

这是欧美各国经济发展的黄金时期。1958年，喷气式客机在世界上正式启用，经济型客机也正式出现。从欧洲到北美洲的飞行时间由24小时缩短到8小时，为国际观光旅游的发展树立了重要的里程碑。1960年，全球国际旅游过夜人数达6 932万人次，是1950年的2.74倍，平均每年增长10.6%；国际旅游外汇收入达68.67亿美元，是1950年的3.27倍，平均每年增长12.6%，远远高于当时世界经济的平均增长率。这种发展趋势在以后30年中继续巩固发展。

3. 腾飞阶段（20世纪70年代到80年代）

世界旅游收入在这10年间平均增长率高达19%，翻了两番半，10年净增844亿元。旅游业因此成为许多新兴国家的发展亮点和支柱产业，世界旅游业也跃上了一个新台阶。

4. 成熟阶段（20世纪80年代至今）

据统计，到1990年，全球国际旅游过夜人数达4.556 6亿人次，是1960年的6.57倍，平均每年增长6.5%；国际旅游外汇收入达2 610亿元，是1960年的38倍，平均每年增长12.9%，亦远远高于这30年中世界经济的平均增长率。加上比国际旅游外汇收入高出2～3倍的国内旅游收入，到20世纪80年代和90年代，旅游业已经成为世界上最大的产业之一。

二、中国的现代旅游

（一）中国现代旅游迅速发展的原因

改革开放以来，我国的旅游业迅速发展，并取得了令人瞩目的成就，其主要原因有以下几个方面。

1. 政府的高度重视和政策的大力支持

自1996年起，我国连续推出旅游主题海外促销宣传活动；1997年，第二次举办中国旅游年；1998年12月，中央经济工作会议确定旅游业为国民经济新的增长点；1999年，对外经济贸易部和国家旅游局联合发布《中外合资旅行社试点暂行办法》，进一步开放旅行社市场。2009年《国务院关于加快发展旅游业的意见》按照科学发展观的要求，对旅游业提出了全新的定位，指出"要把旅游业培育成国民经济的战略性支柱产业和人民群众更加满意的现代服务业"。国家的重视和各种有利于旅游业发展的新措施、新办法的出台，大大调动了全国各地发展旅游业的积极性，促进了旅游业的快速发展。

2. 旅游行业管理趋向规范化

1985年5月11日，国务院发布了《旅行社管理暂行条例》，2001年修订为《旅行社管理条例》并出台实施细则；1987年11月14日，国务院批准发布了《导游人员管理暂行条例》，1999年修订为《导游人员管理条例》，2001年又出台《导游人员管理实施办法》；1988年8月22日国家旅游局发布了《中华人民共和国评定旅游（涉外）饭店星级的规定》，2003年《旅游饭店星级的划分与评定》颁布实施，2011年国家又颁布了新的《旅游饭店星级的划分与评定》国家标准。这些条例、规定规范了我国旅游行业的管理标准，促使我国旅游业与国际接轨，保证了旅游产业健康发展。

3. 居民可支配收入的快速增长

改革开放 30 多年来，我国经济以平均每年 9.7%的增长率飞速发展，2015 年人均 GDP 为 8 280 美元，GDP 总量仅次于美国，成为世界第二大经济体。随着国民经济的发展，我国居民收入逐年增加。据国家统计局公布，2015 年全年全国居民人均可支配收入 21 966 元，比上年名义增长 8.9%，扣除价格因素实际增长 7.4%。按常住地分，城镇居民人均可支配收入 31 195 元，比上年增长 8.2%，扣除价格因素实际增长 6.6%；农村居民人均可支配收入 11 422 元，比上年增长 8.9%，扣除价格因素实际增长 7.5%。随着居民可支配收入的增加，我国国内旅游需求日益旺盛，国内旅游市场具有巨大的潜力。

4. 余暇时间的增多

改革开放后，带薪假期虽有所增加，但时间不集中，只为短距离旅游提供了可能性。1995 年 5 月开始实施的每周休息 2 天的工作制，为中距离旅游的发展带来了良好的机遇，随即出现了"周末旅游热"，使得 1995—1999 年城镇居民的出游率迅猛增加。1999 年 9 月，国务院出台了《全国年节及纪念日放假办法》，将"五一""十一"和"春节"一样调整延长，形成三个完整的集中假期，被称为"旅游黄金周"，每年的这三个集中假期都成为国内旅游关注的热点。2009 年，国家又《放假办法》进行了修订，增加了清明节、端午节、中秋节等传统节假日的放假时间。随着居民的可自由支配时间进一步增加，旅游出行呈现出逐年增长的势头。

5. 人们消费观念和消费意识的改变

随着国际入境游客数量的剧增，异国文化必将影响和改变国内居民的消费观念。同时，我国城市化发展迅速，人们面对高度城市化的生活和巨大的工作压力，需要舒缓压力、放松身心，并产生向往自然的需求。这些消费观念和生活方式的改变都进一步刺激了我国旅游业的发展。据国家统计局联合中央电视台《生活》栏目组对 10 个城市进行的家庭生活意向调查显示，我国居民对旅游的关注率已达 23.2%。可见，旅游已成为我国居民生活中密切关注的重要问题之一。随着居民消费意识的变化，我国国内旅游的发展前景将会更加广阔。

（二）中国现代旅游发展的历程

1949 年中华人民共和国成立，揭开了中国现代旅游的新篇章。综观中国现代旅游业 60 余年的发展历程，我国现代旅游业的发展大致可划分以下 5 个阶段。

1. 初创阶段（1949—1957 年）

这一时期，中国旅游业发展的主要任务是增进世界各国人民的了解和友谊，宣传我国的社会主义制度。新中国旅游业是以华侨服务社和中国国际旅行社两个旅游机构的建立为诞生标志的。1949 年 11 月 19 日，厦门市军管会接管了旧华侨服务社，并进行整顿，于同年 12 月正式创立了新中国第一家国营华侨服务社。到 1956 年，全国已有十几个城市相继成立华侨服务社。1957 年 4 月 22 日，华侨旅游服务总社在北京成立。从此，新中国旅游业从早期的公费接待少量观光团，发展到组织华侨、港澳同胞自费回国或回内地观光、旅游、探亲。侨乡探亲旅游是初创阶段的主要旅游形式。与此同时，为了适应外交和旅游形势发展的需要，经周恩来总理提议和当时的政务院批准，中国国际旅行社（简称国旅）于 1954 年 4 月 15 日正式成立，这是新中国第一家经营国际旅游业务的旅行社。中国国际旅行社成立时性质为"国营企业"，当时的主要任务就是做好政治接待。1954年以后，该社开始接待外国自费旅游者，这时的旅游者主要来自苏联与东欧社会主义国家。

2. 开拓阶段（1958—1965年）

1958—1965年是中国旅游业的开拓阶段，它的标志是中国旅行游览事业管理局的成立。1964年7月22日，全国人大常委会批准成立中国旅行游览事业管理局（简称旅游局），作为国务院直属机构。其主要任务是负责对外国自费旅游者的旅游管理工作；领导各有关地区的国际旅行社和直属的服务机构的业务，组织我国公民出国旅行；负责有关旅游的对外联络和对外宣传工作。国务院还明确规定，发展我国旅游业的方针和目的，首先是为了宣传我国社会主义建设的成就，扩大对外政治影响，学习各国人民的长处，加强和促进同各国人民之间的友好往来和相互了解；其次才是通过旅游业为国家增加外汇收入，积累资金。以上情况表明，这一阶段我国发展旅游业的动机仍然是以政治动机为主。中国旅行游览事业管理局的成立和旅游事业方针政策的制定，标志着中国现代旅游业开始走上正轨，并为我国旅游业的发展提供了巨大动力。1965年，国旅接待外国团体和零散旅游者达21 235人次，是建社以来接待人数最多的一年，相当于1964年的4倍，旅游收入超过200万美元。我国旅游业出现了开拓前进的良好局面。

3. 停滞阶段（1966—1977年）

这一阶段，我国现代旅游业的发展受到猛烈冲击。大部分地方华侨旅行服务社被撤销或被合并，到1969年，华侨旅行服务总社也被撤销，中华人民共和国成立后发展起来的华侨旅行服务系统已不复存在。与此同时，旅游设施被破坏，旅游经营管理规章被废弃，旅游系统干部职工被下放。这些情况使新中国旅游业近乎陷入瘫痪，极大地损害了我国的国际形象。国际旅游者来华旅游动机削弱，每年外国来华旅游者骤减至三四百人，而海外华侨和港澳同胞来大陆的旅行团几乎为零。20世纪70年代，毛泽东对旅游接待计划做出重要批示后，周恩来亲自抓旅游工作，提出"宣传自己，了解别人"的正确方针，使旅游工作得以恢复。1971年新中国在联合国的合法席位得到恢复，1972年中美《上海公报》的发表和中日建交等一系列重大外交事件，为我国旅游业的恢复和发展提供了有利的国际环境，美日游客数量逐渐增多，接待人数有所增加。

4. 调整发展阶段（1978—1991年）

改革开放以后我国旅游事业逐渐得到恢复，尤其是改革开放以后，旅游事业进入了一个调整发展的时期，在短短的十多年中取得了巨大成就。具体表现在以下几个方面：

第一，旅游业的性质由政治接待向经济创汇转变，明确了旅游业经济产业的属性。1985年，国务院决定把旅游业作为国家重点支持发展的一项事业，正式纳入国民经济和社会发展计划。

第二，旅游管理体制不断改革与完善。为加强对旅游工作的领导，1978年，经国务院批准，中国旅行游览事业管理局改为中国旅行游览管理总局，各省、市、自治区也相应成立了旅游局。1981年年初，又成立了国务院旅游工作领导小组，同年制订了我国旅游业发展五年计划。1982年8月，中国旅行游览管理总局正式更名为中华人民共和国国家旅游局。1984年，国务院确定了在管理体制上实行"政企分开，统一领导，分散经营，统一对外"的原则，指出"旅游经营单位由事业型向企业型转变,自主经营、参与行业竞争"。旅游管理体制的改革和完善,推动着我国旅游业不断走向成熟。

第三,入境旅游与国内旅游共同发展。改革开放后,我国大力发展入境旅游,使入境旅游成为创汇的重要来源。随着改革开放和国民经济的发展,20世纪80年代中期,国内旅游开始活跃起来。至90年代初,出现了国内旅游与国际入境旅游共同发展的新局面。

5. 全面发展阶段(1991年以后)

进入20世纪90年代,特别是党的十四大提出建设社会主义市场经济体制后,我国旅游业进入了全面发展阶段。主要表现如下:

第一,进一步理顺管理体制,并强化行业标准管理。1994年,国务院颁发《国家旅游局职能配置、内设机构和人员编制方案》,通过精简国家旅游局机构和实行政企分开,使行业管理进一步向"大旅游、大市场、大产业"方向推进。20世纪90年代初实施旅游服务标准化、服务质量规范化,逐步强化行业标准管理。

第二,旅游产业规模不断扩大。经过20多年的发展,我国旅游业已具相当规模。统计数据表明,截至2014年年底,全国旅行社总数为26 650家,同比增长2.29%;旅游业务营业收入3 398.05亿元,同比增长6.54%。

第三,三大旅游市场全面发展。20世纪90年代,我国贯彻"大力发展入境旅游,积极发展国内旅游,适度发展出境旅游"的策略方针,使三大旅游市场全面发展。据统计,2015年我国旅游业实现了平稳较快增长,全年国内游客40亿人次,比上年增长10.5%;国内旅游收入34 195亿元,同比增长13.1%;入境过夜游客5 689万人次,同比增长2.3%;国际旅游收入1 137亿美元,同比增长7.8%;国内居民出境12 786万人次,同比增长9.7%。

三、现代旅游的特点

第二次世界大战后,世界的政治形势呈现相对稳定状况,社会生产力的迅速恢复和发展,推动了旅游业的迅猛发展。其特点如下:

(1)交通工具有巨大的发展。除火车、轮船外,飞机和汽车成了主要的交通工具,旅游活动发生革命性的变革。飞机投入民用,客观上缩短了空间距离,国际旅游和洲际旅游成了人们向往的旅游方式。

(2)旅游成为群众性的活动。如果说古代和近代旅游的主体是富有者,那么在现代旅游阶段,劳动群众已成为旅游活动的主要参与者。

(3)旅游业成了国民经济的重要组成部分。无论是经济发达国家还是发展中国家,都已认识到现代旅游业在政治、经济和社会文化方面的重要作用。1992年,国际旅游业以年流量5亿人次,年消费3 000亿美元,就业人数1.2亿人的规模,正式宣告超过石油、汽车、钢铁等传统的巨头工业,成为世界上的第一大产业,至今没有易位。据世界旅游组织预测,到2020年世界国际旅游人数将达16亿人次,国际旅游消费将达到2万亿美元。

本章小结

1. 旅游是人类历史发展的产物。就旅游的起源来看，旅游是在人类自身进化和社会发展过程中产生的，其基础条件是人类意识的发展、精神需求的提高和社会、经济、文化等的发展与进步。

2. 中外旅游活动发展史经历了古代旅行与旅游（19世纪40年代之前）、近代旅游（19世纪40年代至第二次世界大战结束）和现代旅游（第二次世界大战结束至今）三个阶段。旅行首先是在世界最早进入文明时代的埃及、中国和古代的希腊、罗马发展起来的。19世纪之前的古代旅行，以宗教旅行和商务旅行为主，旅行活动无专业的组织机构参与代理。近代以欧美地区为主的旅游活动蓬勃发展和产业革命有着密切的关系。1841年7月，英国人托马斯·库克组织的一次从莱斯特乘火车到洛赫伯勒参加戒酒大会的活动被看作是近代旅游业开端的标志。第二次世界大战后，现代旅游活动迅速发展，表现出普及性、地域的集中性、季节性和竞争激烈性的特征。

3. 中国是旅行、旅游活动产生最早的国家之一。中国的古代旅行具有文化色彩浓厚、来华旅游者人数众多等自身特色。中国古代旅行的形式主要有帝王巡游、政治旅行、士人漫游、学术考察旅行、宗教旅行、航海旅游等。近代中国旅游具有明显的半殖民地半封建烙印。现代中国的旅游是指中华人民共和国建立以来的旅游。新中国旅游事业的发展，大体经过了初创、开拓、停滞、调整发展和全面发展五个阶段。改革开放以来，中国旅游业发展极为迅速，日益成为中国经济新的增长点，进而成为国民经济的战略性支柱产业。

延伸阅读
明代的宗教旅游活动

在浩瀚的历史长河中，明代由于其资本主义萌芽产生，商品经济发展，城市繁荣，特别是在明代中后期，产生了历史上罕见的旅游热潮，被认为是中国古代旅游发展的一个高峰，学者指出："这是前所未有所罕见的现象，在唐虽有游人，而多数流连光景，作为诗料；在宋游风已经稍杀为少数；在清代几乎萎缩到只有极少数人才热爱山水。而晚明却是登峰造极的好游典型。"

明代由于统治者相对宽容的宗教政策，佛、儒、道三教合流，成为中国宗教发展的重要时期，当时的文人士大夫主体意识觉醒，纷纷广泛参与到各种宗教活动中，这种时代的特殊性致使明代的宗教旅游在旅游发展史上有其独特的研究价值。

一、明代宗教旅游的旅行者构成

旅游即是当时的士大夫阶层选择的一种生活方式。传统社会中常说到的"开门七件事，柴米油盐酱醋茶"，明代人则笑言有新七件事：谈谐（即说笑话）、听曲、旅游、博弈、狎妓、收藏（包括书籍、古董、时玩）、花虫鱼鸟。可见随着当时的社会发展，士大夫阶层在满足了基本的物质需求之后，更加重视精神层面的闲暇生活，而旅游作为这样一种享乐化与艺术化的休闲生活方式，也自然而然会获得文人士大夫的青睐。这其中最具有代表性的人物即徐霞客。友人杨名时在《徐霞客游记序》云："观其意趣所寄，往往出入释老仙佛。"徐霞客生平对佛教素有好感，不仅和很多僧人道士交往投缘，还常常出入留宿于各类寺庙道观，在《徐霞客游记》中大量记录了明代佛寺分布、僧侣生活和佛教文化方面的情况，是研究明季佛教的珍贵史料。明代另一位大旅行家王士性，相较徐霞客来说，更注重人文现象的观察和记录，他在《广游志》中有不少关于各地宗教文化的记载，例如，他在台州旅游时花了大量笔墨记载佛教圣地天台山。在我国道教发祥地之一的浙江临海"盖竹洞"，王士性游览时就曾写下"宇内洞天三十六，玄都仙伯纷相逐。我闻此洞多素书，葛洪谓是神仙居"等诗句。

在明代，即使是深受封建礼教约束的妇女也有了更多觉醒意识，有了更多享受闲暇生活的自觉需求，因而她们往往利用烧香拜佛、进贡还愿、祭祀扫墓等宗教活动，借机出游，获得欢乐。例如，明代旅行家王士性称燕京风俗："都人好游，妇女尤甚……""正月十九，都中士女，倾国出城……"妇女穿着白绫衫，队而宵行，说是可以免除腰腿诸病，叫"走桥"，也叫"走百病"。"今田野人家妇女相聚三二十人，结社讲经，不分晓夜者；有跋涉数千里外，望南海、走东岱祈福者；有朔望入祠庙烧香者。"说的就是江南的妇女长途跋涉到南海即普陀山和泰山进香的事情。

由于明代宗教世俗化的倾向，特别是明代中期以后，僧人道士喜好四处"游方化缘"，明代史籍中常把这类人统称为"游方挂搭寄住僧道"。明人言："京师，僧海也。名蓝精刹甲宇内，三民居而一之，而香火之盛，赡养之腴，则又十边储而三之，故十方缁流，咸辐辏于是。"如学者所言：无论是佛僧、道士，还是西方的传教士，他们在外出"游方"或者传播宗教教义的过程中，自身也成为明代旅游队伍中的一员，他们开始与士大夫交往，甚至不乏共同赋诗相乐的场景。

二、明代宗教旅游的旅游中介

明代的交通工具，最为常见的是车马舟船，而宗教旅游涉及的佛寺道观多修建于名山中，因而会因地制宜采用各种交通工具。如袁中道游武当山时，曾感慨："平生以烟波为乐，到此殊觉行路之难。以后荆郡游太和者，决宜陆行水归为便。"意即从荆州拜谒武当山，当属坐船最为便利。而明代江浙地区由于经济发达，当地民众赴武当山进香的规模颇为壮观，进香客在无锡县北门外的北塘"莲蓉湖"集合，进香船队多达百十艘乃至数百艘，每船载香客二三十名，每人悬灯一盏，浩浩荡荡，从无锡出发，经镇江、南京、芜湖、安庆、九江、汉口、襄阳等都邑，直达武当山，全程3 000多里，来回需要3个多月。明代另一宗教旅游胜地普陀山，由于远在海外，去烧香需造香船，香船分上下两层，上坐善男，下坐信女，其中饮食水火之事，均由香头主持，而香头往往由寺庙中的和尚充任。在西南地区，由于各大寺庙道观修建之地多风光绝美，地势险峻，人们在宗教旅游活动中，除了基本的步行，在一些路况不佳的地方还常使用轿子、滑竿等人力交通工具。例如王士性云游太华山时，"易笋舆而登"，"笋舆"即滑竿，四川峨眉山的滑竿风俗亦延续至今。

由于明代的旅游兴盛，宗教旅游活动频繁，相应地也促进了民间旅店业的发达。明代泰山脚下的客房，因进山游人之多异常兴盛，驴马槽房、戏子寓所、窑户曲房，一应俱全，以满足香客的各种需求。又如明初洪武年间，在当时的京师南京，由于经济发达，不少人以开旅店为生。据史料记载，这种旅店不仅服务质量差，而且租金昂贵，仅可放置一床的客房，每天盥洗还需自备，每月却收租金数千钱。在明代，各大寺庙道观也成为当时宗教旅游的一大主要住宿场所。一般寺院除招待过往僧人，还专门备有客房，以接待行旅之人和游山者。特别是一些佛教寺院，不仅设有专门负责迎送与应接宾客的职位——知客，还有严格的接待住宿程序和规范，堪称明代的客房服务指南。

明代宗教旅游由于时代的特殊性，文人士大夫深度参与，以王士性为代表的文人士大夫，提炼"人游、神游、天游"三种旅游境界，他们一方面强调在名刹古寺中饱览自然景观，另一方面强调在丰富的宗教艺术中欣赏人文景观，最终依靠知行合一的宗教旅游活动实现人格的完善，寻找心理的依托，实现"天人合一"的终极理想，其独特的旅游见解和丰富的文化内涵在今天看来仍然极具研究价值。

[资料来源：甘颖.明代宗教旅游活动探析 [J]. 兰台世界，2014 (15).]

结合阅读思考：
1. 明代宗教旅游的旅行者主要包括哪些类型？
2. 明代宗教旅游的交通工具有哪些？住宿设施主要有哪些？
3. 与现代宗教旅游相比，明代宗教旅游有何独特之处？

复习思考题

1. 人类的旅游活动分为哪几个历史阶段，各有什么特点？
2. 中国古代社会的旅游有哪些主要类型？
3. 试析产业革命对近代旅游发展的影响。
4. 为什么人们将托马斯·库克尊为近代旅游业的先驱？
5. 国外现代旅游迅速发展的原因是什么？
6. 社会主义中国旅游事业的发展大致经历了哪些阶段？各有什么特点？

参考文献

[1] 李瑞. 旅游学 [M]. 北京：北京大学出版社，2013.

[2] 李天元. 旅游学 [M]. 3版. 北京：高等教育出版社，2011.

[3] 李玉华，仝红星. 旅游学概论 [M]. 北京：高等教育出版社，2014.

[4] 刘伟. 旅游学 [M]. 北京：高等教育出版社，2014.

[5] 彭顺生. 世界旅游发展史 [M]. 北京：中国旅游出版社，2006.

[6] 申葆嘉. 旅游学原理：旅游运行规律研究之系统陈述 [M]. 北京：中国旅游出版社，2010.

[7] 王洪滨. 旅游学概论 [M]. 3版. 北京：中国旅游出版社，2001.

[8] 王淑良. 中国旅游史：上册 [M]. 北京：旅游教育出版社，1998.

[9] 谢春山，孙洪波. 旅游学概论 [M]. 大连：大连理工大学出版社，2011.

[10] 章必功. 中国旅游史 [M]. 昆明：云南人民出版社，1992.

[11] 郑焱. 中国旅游发展史 [M]. 长沙：湖南教育出版社，2000.

[12] 徐春堂. 中国国内旅游的发展现状与前景预测 [J]. 山东师范大学学报（自然科学版），2003（2）：62-65.

[13] 方百寿. 中国旅游史研究之我见 [J]. 旅游学刊，2000（2）：70-73.

[14] SMITH V L. Hosts and guests: the anthropology of tourism [M]. Philadelphia: University of Pennsylvania Press, 1989.

第七章

旅游的区域观

本章导读

随着世界经济的不断发展,旅游业已经成为许多国家重要的支柱产业之一。在资源全球化的背景下,积极开发国内外旅游资源,努力开拓国内外旅游市场已经越来越受到各国政府的高度重视。受旅游资源禀赋状况以及社会经济条件差异等因素的影响,各国国内旅游、国际旅游的发展也呈现出不同的特征。本章主要介绍了国际旅游的发展现状、特征及未来趋势,深入分析了我国入境旅游、出境旅游以及国内旅游的发展现状与特征,并结合旅游区域的不同类型探讨了中国旅游区域的差异与整合模式,以全面认识和理解区域旅游的发展规律。

学习目标

1. 理解和掌握国际旅游的概念与分类;
2. 掌握国际旅游的特征及未来发展趋势;
3. 了解和掌握我国入境旅游的发展状况及特征;
4. 了解和掌握我国出境旅游的特征;
5. 掌握我国国内旅游的基本特征;
6. 了解和掌握我国旅游区域的分类、差异特征及整合模式。

核心概念

国际旅游　入境旅游　出境旅游　旅游区域　旅游区域差异与整合

第一节　国际旅游的发展现状及特征

在经济全球化的大背景下,国际旅游对于促进国际的交流与合作具有重要的意义。在分析与把握国际旅游概念和类别的基础上,深入探讨国际旅游的发展现状与特征,并指明全球旅游的未来发展方向,对于促进国际旅游的持续、健康发展有着十分重要的意义和作用。

一、国际旅游的概念与分类

关于国际旅游概念的界定,国内不同学者从不同的角度出发,有着不同的理解。其中较具有代表性的是罗明义(2002)的观点。他认为,国际旅游就是指人们为了特定目的离开居住国,前往其他国家并作短暂停留(不超过一年)的旅游活动,其主要目的不是为了从访问地获得经济收益。本书基于前文对旅游概念的认识，并结合其他学者对国际旅游的理解，将国际旅游定义如下：国际旅游是指人们不以获取经济收益为目的，短时间内（不超过一年）跨越国界的旅游活动，既包括本国居民到其他国家的出境旅游，也包括其他国家居民到本国境内的入境旅游。国际旅游作为一种跨国性旅游活动，既不同于一般的纯文化交流活动，也不同于一般的纯经济贸易活动，而是两者兼有的综合性文化活动和经济活动。

根据不同的维度，我们可以将国际旅游划分为不同的类型。例如，从旅游目的的角度出发，国际旅游可分为观光旅游、度假旅游、康体旅游、探险旅游、文化旅游、商务旅游、宗教旅游等；从旅游方式的角度出发，国际旅游可分为团体旅游和散客旅游；从旅游距离的角度出发，国际旅游可分为边境旅游、区域旅游和全球旅游；从旅游流向的角度出发，国际旅游又可以分为入境旅游和出境旅游；等等。

二、国际旅游的发展历程

国际旅游最初形成于 19 世纪中期。1850 年，英国人托马斯·库克成立了专门为散客服务的"旅游组织者"，与此同时，在法国、德国、瑞士、挪威等国家也相继成立了类似旅行社的各种俱乐部组织，为各类旅游者提供专门的旅游服务。这可看成是国际旅游的兴起。19 世纪 50 年代以来，根据国际旅游人数和旅游收入的增长变化，我们可以将国际旅游大致分为以下几个发展阶段。

1. 快速发展阶段（1950—1960 年）

20 世纪 50 年代以后，随着第二次世界大战后世界经济的迅速恢复，人均收入水平的提升，闲暇时间的增多以及交通运输条件的不断改善等，人们对国际旅游的需求不断增加，拉动了国际旅游的快速发展。1950—1960 年，国际旅游人数从 2 528.2 万人次增加到 6 932.0 万人次，年均增长率达 10.61%；国际旅游收入从 21 亿美元增加到 68.67 亿美元，年均增长率达 12.58%。国际旅游业呈现快速发展之势。但由于这一阶段旅游劳动生产率较低，旅游收入的增长率略高于游客接待的增长率，因此，整个国际旅游业基本处于一种"高速低效"的发展状态。并且，这一阶段，欧洲和美洲这两大区域合计接待国际旅游者的人数比重已超过全世界的 90% 以上，形成了国际旅游目的地市场的垄断格局。

2. 中速发展阶段（1961—1980 年）

从 20 世纪 60 年代开始，随着国际社会经济交往的扩大，人们生活水平的不断提高，旅游观光度假逐渐走进人们的生活，促使国际旅游进入大众化发展时期。从 1960 年到 1980 年，国际旅游人数从 6 932 万人次上升到 28 533 万人次，年均增长率 7.3%；国际旅游收入从 69 亿美元增长到 1 053 亿美元，年均增长率达 14.6%。这一阶段国际旅游人数的年均增长率比上一阶段减少了 3.31 个百分点，但仍保持在年均 5% 以上。因此，这一时期属于国际旅游的中速发展阶段。

3. 稳定持续发展阶段（1981—2000 年）

20 世纪 80 年代以后，国际旅游开始进入了"低速高效"的稳定持续发展时期。这一时期，国际旅游人数增长了 1.45 倍，年均递增 4.6%；国际旅游收入增长了 3.52 倍，年均递增 7.8%。由于这一阶段国际旅游收入增长率几乎高于国际旅游人数年均增长率 1 倍，因此，虽然这一阶段的国际旅游增长率较上一阶段相比有所下降，但总体上可以反映出国际旅游已经开始从数量增长型向效益发展型转变，正逐渐成为成熟的经济产业。国际旅游业进入稳定持续的发展阶段。

4. 稳步低速发展阶段（2001年至今）

21世纪以来，世界经济持续增长，人们收入水平不断提高，国家之间往来交流频繁，以及现代信息技术和国际互联网的推动等，促进了全球国际旅游持续发展。从2000年到2015年期间，全球国际旅游人数从6.75亿人次增长到11.84亿人次，实现了国际旅游人数的大幅度增长。并且，这一时期，亚太地区逐渐成为国际旅游的新热点，与欧洲、美洲共同构成国际旅游市场三足鼎立的分布格局。但是，在各种国际重大事件、特大自然灾害等冲击及叠加影响下，无论从全球国际入境旅游方面还是传统旅游发达区域的入境旅游来看，均呈现"低速增长"之势。据统计，2000—2010年，全球国际入境旅游人数年均增长率仅达到3.37%，低于世界旅游组织预测的4.5%的长期发展趋势。在传统旅游发达区域方面，欧洲区域国际入境旅游人数增长率仅达到2.1%，比20世纪90年代4.1%的增长率下降了2个百分点；美洲区域国际入境旅游人数增长率仅有1.6%，比20世纪90年代3.3%的增长率下降了1.7个百分点。亚太地区与20世纪90年代基本持平。国际旅游进入了稳步低速发展时期。

三、国际旅游的发展特征

通过对近几年来国际旅游发展状况进行考察，可以发现，国际旅游发展呈现出以下几方面特征。

1. 欧洲、亚太和美洲继续引领国际旅游发展

欧洲、亚太、美洲作为世界上经济最发达的区域，不仅是当今国际旅游最大的客源发生地，而且也是最大的旅游接待地，具备产生大量国际旅游客流的条件。在世界160多个经营国际旅游业的国家和地区中，18个经济发达国家（美国、法国、英国、加拿大、比利时、荷兰、日本、意大利、德国、奥地利、西班牙、瑞士、瑞典、澳大利亚、挪威、丹麦、爱尔兰、芬兰）不仅产生了国际旅游客源总数的90%，还接待了80%的国际旅游客源。近几年来虽然旅游增速有所减缓，但依然保持国际三大旅游热点地位。据统计，2015年，在国际旅游人数的地区结构中，欧洲所占比例最大，高达52%，其次是亚太（23%）和美洲（16%）。欧洲、亚太和美洲继续引领国际旅游发展。

2. 各洲之间的差距呈逐渐缩小态势

20世纪90年代以来，随着现代科技的进步、世界经济的发展、交通条件的改善以及人们对远距离旅游需求的不断增加，国际旅游客流开始迅速向洲际流动方向发展。从整体上看，近几年来，国际入境旅游以欧洲、亚太、美洲地区为主导的形势下，各洲之间的差距呈现逐渐缩小的态势。以2015年为例，因受到世界经济和安全、安保问题的影响，亚太地区和美洲地区的旅游客源总体增长明显放缓。其中，东北亚和南亚地区旅游客源放缓程度尤为显著。而中东地区虽受到政局不稳的影响，但这两年其接待游客数量却逐年上升，2014年其增幅更是达到了6.7%，2015年也实现了3.1%的增长率。可见，各洲之间的差距在逐渐缩小。

3. 以短程旅游为主体，中远程旅游逐渐兴旺

受旅游距离和国际交通条件等因素的影响，长期以来，国际旅游中的短程旅游一直占据很大比重。有资料显示，20世纪50年代左右，欧洲和北美洲游客分别主要选择在欧洲、北美洲旅行，而亚太地区旅游者多选择在亚洲或大洋洲旅游。但近几年来，随着人们经济水平的提高、闲暇时间增多，加之国际交通方式的便利，中远程旅游已逐渐成为国际旅游的新趋势。以我国为例，2005年中国内地居民出境第一站的前十名，依次是中国香港、中国澳门、日本、越南、韩国、俄罗斯、泰国、美国、新加坡和马来西亚，除美国外，全部是近距离目的地。而2015年，我国内地居民出境旅游的十大目的地国家和地区依次是韩国、中国台湾、日本、中国香港、泰国、法国、意大利、瑞士、中国澳门和德国。其中，法国、意大利、瑞士、德国等国家均在离我国距离较远的欧洲。可以看出，国际旅游虽然依然以短程旅游为主体，但中远程旅游所占比重逐渐加大。

第二节　中国旅游的发展及特征

受政治、经济等方面因素的影响，我国旅游业的发展历程与发达国家有所不同。一般来讲，世界上大多数发达国家采用的是延伸型发展模式，即先发展国内旅游，在国内旅游的基础上发展入境旅游，并根据国民的出游能力的提升发展出境旅游。而我国旅游业则采取推进型发展模式，即先发展国际入境旅游，再通过入境旅游推动本国旅游经济基本构架的形成，并随着本国经济的发展逐步发展国内旅游和出境旅游。为了全面深刻地了解和认识我国的旅游发展状况，有必要分别对中国入境旅游、出境旅游和国内旅游的发展状况及特点进行详细的探讨与分析。

一、入境旅游的发展与特征

（一）入境旅游的发展概况

根据不同时期入境旅游的人数与收入变化，我国入境旅游大致可以分为以下四个发展阶段。

1. 起步和超常发展阶段（1978—1981年）

在改革开放初期，中国政府便提出要大力发展旅游业。尽管当时在旅游资源、旅游产品、旅游设施和旅游服务等方面存在着较多问题，但入境人数以每年36%的速度递增，旅游外汇收入的增长速度也超过27%。我国入境旅游形成了蓬勃的发展势头。

2. 快速增长阶段（1981—1988年）

这段时期，入境旅游者人数由1981年的776.91万人次增加到1988年的3169.48万人次，世界排名也跃至第10位。入境旅游取得了突破性的进展。

3. 下降和恢复增长阶段（1988—1991年）

1989年，受当时国内环境和形势的影响，当年入境人数和旅游外汇收入都明显下降，入境人数比上年下降22.7%，旅游外汇收入下降17.2%，这一阶段是中国入境旅游发展的低谷期，

直到1991年才恢复到1988年的水平。

4. 平稳增长阶段（1991年至今）

20世纪90年代后期，国家先后推出了刺激消费、拉动内需的"双休日""黄金周"制度和《中国公民自费出国旅游暂行管理办法》，以促进入境旅游的快速增长。2005年国家旅游局提出了"大力发展入境旅游，规范发展出境旅游，全面提升国内旅游"的方针后，入境旅游依然保持优先的发展地位。2013年"一带一路"战略的提出，不仅为我国入境旅游市场的开拓创造了新的平台、新的条件、新的渠道、新的机遇，也为入境旅游市场开发指明了重点方向。中国入境旅游将进入全面发展的黄金时期。

虽然当前我国入境旅游发展势头日趋强劲，但作为我国外汇来源和对外宣传的主要渠道之一，入境旅游的发展仍存在一定的问题，具体可从外部环境和内部环境两方面来分析。

就外部环境来看，在当前经济发展前景尚不明确的背景下，多数国家和地区特别是发达国家和地区的国际游客对中远程旅游决策趋于谨慎，对跨境旅游消费的价格较为敏感，直接影响到出行意愿和旅华意愿。此外，越来越多的国家和地区正将振兴旅游业作为刺激经济增长的重要举措，纷纷针对包括中国在内的主要客源市场出台免签、延长签证有效期等便利化措施，导致国际旅游市场竞争持续加剧，进而影响到中国入境旅游的发展。

就内部环境来看，影响我国入境旅游的消极影响仍然存在。2015年，中国旅游研究院针对23个旅华主要客源市场的抽样调查显示，在"不愿意来华旅游的原因"中，空气污染、食品安全和治安状况是名列前三的市场障碍因素，语言不通紧随其后。这对中国旅游的国际形象带来极大的不良影响。此外，我国的旅游宣传推广体系还有待完善，旅游品牌建设还处于起步阶段，旅游宣传推广队伍专业化水准还有待进一步提高等因素也在一定程度上影响了我国入境旅游的发展。

（二）入境旅游的特征

1. 外国客源市场份额有所回落，港澳台市场主力地位依旧

从地域格局上看，中国的海外旅游客源市场按客源地可以划分为亚洲、欧洲、美洲、大洋洲和非洲五大市场，其总体格局是以东亚和太平洋地区市场为主体，欧洲和北美洲远程洲际市场为两翼。其中，亚洲市场（不包括港澳台）是我国传统的主要海外客源市场，几乎每年都是五大客源市场中增长最快的，而欧洲和美洲虽然是世界上最主要的客源输出地，但因交通不便，历史文化、生活方式、价值观念上的差异等原因在中国入境旅游中所占比重不是很大。据2016年《中国入境旅游发展年度报告》显示，2015年，我国接待入境游客约13 382.04万人次，同比增长4.14%。其中，接待旅华外国游客2 598.54万人次，同比下降1.42%，总量维持平稳发展态势；接待港澳台入境游客10 783.49万人次，同比增长5.58%，占全部市场份额的80.58%。可见，我国入境旅游市场容量在持续扩张的同时，外国客源市场份额有所回落，港澳台市场主力地位依然不变。

2. 主要客源国构成略有变化，近距离国家占据绝对优势

近几年来，我国入境旅游客源市场较以前有所变化。20世纪80、90年代，我国入境旅游主要客源国的构成及排序情况相对稳定，尤其是前十名的入境客源国构成一直维持不变。主要包括亚洲国家4个（日本、菲律宾、新加坡、泰国）、欧洲国家3个（英国、法国和德国）、美洲国家2个（美

国和加拿大)、大洋洲国家 1 个(澳大利亚)。可以看出,近距离的周边国家和远距离的欧美国家几乎各占半壁江山。进入 21 世纪以来,我国入境旅游客源国的构成和排序发生了一些变化,表现为原十大客源国游客比重呈下降趋势,马来西亚、蒙古、印度等国家,因人种、血缘、文化关系以及居民消费水平的不断提高和便利的地域条件,也逐渐成为中国入境旅游的较大客源地。2015 年,韩国、日本、越南、美国、俄罗斯、马来西亚、蒙古、菲律宾、新加坡、印度合计向中国大陆输送游客 1750.04 万人次,占中国大陆接待入境外国游客总量的 67.35%,成为中国入境客源市场的前十大客源国。可以看出,中国的入境旅游主要客源国构成略有变化,近距离国家占据绝对优势。

3. 客流扩散的等级性与近程性显著,扩散路径持续多样化

由于受到旅游资源、地方知名度、空间距离、旅行费用等多重因素的影响,入境客流的扩散依然呈现出典型的"等级性"与"近程性"特征。例如,北京、上海、广州等城市大约有 50%~80% 的入境游客会扩散到旅游资源同样丰富的城市或者邻近城市。并且,入境客流的扩散路径也呈现出多样化的趋势。如以北京为节点的入境游客可能往东南向、西向、东北向、西南向、南向等其他城市扩散;以上海为节点的入境游客可能往南向、西向、北向、西南向、西北向等其他城市扩散;以广州为节点的入境游客则有可能向省内、北向、东北向、西北向等其他城市扩散等。多样化的扩散路径促进了各区域入境旅游的均衡发展。

4. 空间流向和流量西低东高,具有一定的集中性

根据区域分布特点、地域交互作用与关联性,我国入境旅游流可划分为华北、东北、华东、华中、华南、西南和西北 7 大主要旅游流,其中,华南、华东和华北旅游流是我国最主要的三种区域旅游流。总体上看,我国入境旅游流发展水平呈现出与地形三级阶梯反向的特征,即西低东高。华南旅游流区包括广东、广西和海南,是中国最大的旅游流区和入境旅游的"前哨区",该区以港澳游客为主体,以台湾及华侨游客为重要补充。华东旅游流区是中国仅次于华南的第二大旅游流区和入境旅游发达区,形成了以上海为中心的中国旅游热点城市网络核心和长江三角洲黄金旅游带。华北旅游流区是中国最重要的三大旅游流区之一,也是入境旅游的中心区。该区以北京为核心形成了中国环渤海黄金旅游带,拥有极其丰富的旅游资源及完善的接待设施,为旅游流的集散地,而向京流及离京流更是中国旅游流网络最重要的组成部分。中西部的华中、西南、西北等为相对欠发达的旅游区,入境旅游流规模较小,且具有分布不均的特点,区内有影响的旅游带和旅游热点城市较少。其中,西南旅游流区在客源构成上以外国游客和台湾游客为主,港澳游客及华侨流量较小;在西北旅游流区旅游流的构成中,外国游客占绝对优势,台湾游客、港澳游客及华侨流量相对较小。

二、出境旅游的发展与特征

(一)出境旅游的发展概况

总体来看,我国出境旅游经历了一个从无到有、从小到大、从出境探亲到公民自费出国旅游的发展历程。依据国家在不同时期颁布的不同出境旅游的政策及其影响,可将我国出境旅游的发展历程划分为以下几个阶段。

1. 政治性外交阶段(20 世纪 50 年代—1982 年)

早在 20 世纪 50 年代,中国政府便以参观旅游的名义指派我国公民赴境外进行交流。但

由于受到当时世界政治局势不稳定、经济发展水平低下、交通不便捷等不利条件的限制，国家对出境旅游的出游人员、出游数量、出游目的地等均有严格的限制。因此，这一阶段，因公出境是出境旅游的主体，商务、因私出境旅游人数较少，出境旅游市场规模极小，政治色彩较为浓重。

2. 尝试性发展阶段（1983—1996 年）

20 世纪 80 年代初期，随着内地改革开放的不断发展，内地居民与香港居民交往日渐频繁。1983 年，广东省在全国率先试点组织内地居民赴港探亲旅游，并取得了较好的成绩。1984 年，国务院正式批准内地居民赴港澳探亲，拉开了我国公民出境旅游的序幕。自此，国家开始有针对性地设立出境旅游试点，有序组织出境旅游活动。后来，随着港澳游的大力开展，我国边境旅游也逐渐发展起来。1987 年 11 月，国家旅游局对外经济贸易部批准丹东市对朝鲜新义州市的"一日游"，标志着中国边境旅游的真正开始。但边境旅游开展的最初目的并非发展旅游，而是为了繁荣边境贸易。国家规定只有边境地区的居民才能参加边境旅游，并且出游活动也必须在规定的期限内开展。这一阶段，虽然旅游市场规模有了一定发展，但增长速度依然缓慢。

3. 适度发展阶段（1997—2001 年）

随着我国国民出国旅游兴致的不断高涨，出境旅游市场规模日益扩大。1997 年 7 月，国家颁布并实施了《中国公民自费出国旅游管理暂行办法》，规定了我国要有组织、有计划、有控制地适度发展出境旅游。《暂行办法》的出台，标志着我国出境旅游市场的形成。由此，中国旅行社经营业务的基本格局确立，入境旅游、国内旅游和出境旅游成为旅行社经营业务的三大组成部分。根据新的原则与程序，中国政府又陆续批准开放了一些中国公民可以自费出境旅游的目的地国家，使出境探亲旅游正式转变为中国公民自费出国旅游。这阶段，港澳游、边境游、出国游都得到了健康有序的发展。

4. 全面发展阶段（2002 年至今）

2002 年 7 月，国家正式颁布并实施了《中国公民出国旅游管理办法》，以调整我国出境旅游发展政策来适应国际旅游发展的要求。《办法》取消了以往出国旅游的"配额管理""审核证明"等制度，不再明确规定"有计划、有组织、有控制"地发展出境旅游。我国出境旅游进入全面发展时期。此后，随着中国对外开放的不断扩大和深化，中国公民出境旅游的目的地国家和地区不断增多。截至 2014 年，中国公民出境旅游目的地国家和地区扩大至 150 多个，已建立起中国—东盟、中国—欧盟、中国—南太、中美、中俄、中澳、中日韩等一系列多双边旅游合作机制。目前，中国已成为亚洲第一大客源输出国和全球出境旅游市场增长最快的国家。据世界旅游组织预测，2020 年中国公民出境旅游将达 1 亿人次，占世界总量的 6.2%，仅次于德国、日本和美国，成为世界第四大客源输出国。

（二）出境旅游的特征

1. 近距离旅游保持领先，远距离旅游逐步上升

目前，中国出境旅游客流仍旧以传统的近距离旅游目的地国家和地区为辐射点和聚集点，周边地区和国家仍然是中国公民出境旅游的主体。从 2000—2009 年近十年的《中

国旅游统计年鉴》中可以看出，中国公民出境第一站到达的目的地国家和地区基本保持稳定，主要集中在中国香港、中国澳门、泰国、日本、韩国、新加坡等亚洲国家和地区。而随着居民可自由支配收入的增加，开放目的地范围的扩大以及交通运输的便捷等因素的驱动，更多的旅游者开始进行远程的洲际旅行，由最初的港澳地区扩展到新马泰等东南亚地区，至现在的欧美、非洲等旅游市场，从而使欧洲、非洲等距离我国较远的地区成为中国出境旅游流的又一重要目的地。根据相关资料显示，2015年上半年热门目的地排名前十的国家和地区依次是韩国、中国台湾、日本、中国香港、泰国、法国、意大利、瑞士、中国澳门和德国。可以看出，我国出境旅游在以近距离市场为主的基础上，远距离旅游逐渐呈上升趋势。

2. 出境旅游市场区域垄断格局逐渐形成

全国出境旅游市场已基本形成以上海为中心的华东地区、以北京为中心的华北地区和以广州为中心的华南地区三大板块。以二类口岸为中心形成的西南市场（成都、重庆、昆明）和东北市场（哈尔滨、大连、吉林）近年来对三大板块的分流效应开始显现。在三大板块中，以上海为中心的华东地区位于长江三角洲经济带，是中国经济发展的前沿，民营经济发达，背靠江浙沪，客源量充足。上海也是中国最大的口岸之一，从经济背景看其客源比北京多，且以商务客人居多。以北京为中心的华北地区市场优势在于：具有资源优势，航空港发达，航班航点都较多；有相对畅通的签证渠道；中国出境游最初发展基础在北京，北京的旅行社对经营出境游的零售商和出境游客的教育历史较长。以广州为中心的华南地区，背靠香港，交通便利，价格相对便宜，思想观念超前，是中国出境旅游的首办地，也是客源产生最多的省份，其旅游流流量要远远高于其他省市。

三、国内旅游的发展与特征

国内旅游是指人们在居住国境内开展的旅游活动，通常是一个国家的居民离开自己的常住地到本国境内其他地方去进行的旅游活动。根据世界旅游组织（UNWTO）的解释，不属于居民的长住性外国人在所在国境内进行的旅游活动也属于国内旅游。

（一）国内旅游的发展概况

正如前文所述，我国采取的是推进型旅游发展模式，国内旅游业形成的时间较晚，直到1978年才初具雏形。具体来讲，大体上分为以下四个阶段。

1. 恢复和转轨阶段（1978—1980年）

这一时期，旅游产业总体规模小，结构单一，且国家把重点放在入境旅游上，国内旅游尚属一片空白。

2. 起步阶段（1981—1990年）

1981年10月10日，国务院作出《关于加强旅游工作的决定》，提出需要解决的三个主要问题：基础设施问题、国内旅行社问题、开发和保护景点景区问题。1985年1月31日，国务院批转了国家旅游局《关于当前旅游体制改革几个问题的报告》，提出了关于国内旅游的几项发展原则：满足需求；多方面努力，保障供给；加强行政管理。这些决定和原则，极大地调动了各方面办旅游的积极性。

3. 迅猛崛起阶段（1991—2000年）

1991年，国家旅游局提出了国际、国内旅游一起上的方针。这个时期，随着我国国民经济的迅速发展和人民生活水平的不断提高，加上新工时制度的实行以及旅游交通设施的完善，旅游已成为人们的一种生活时尚。国内旅游业迅猛发展，已经成为许多地方新的经济增长点，在扩大内需、活跃市场方面起到了积极的推动作用，并带动了一大批相关产业的发展。

4. 蓬勃发展阶段（2001年至今）

进入21世纪，为了进一步加快旅游业的发展，提高产业素质，使中国由旅游大国走向旅游强国，中央政府采取了一系列的政策、方针，地方政府也不遗余力地推动、支持。这一时期，国内旅游异军突起，显示出巨大的发展潜力。旅游发展模式进一步完善，特别是在"大力发展入境旅游，积极发展国内旅游，适度发展出境旅游"的方针引导下，国内旅游被提升至重要位置，突出了国内旅游在总体旅游发展中的地位和作用。这段时期，无论是国内旅游人数，还是国内旅游收入，都在波动中得到快速稳定的增长和提高。如2015年，我国国内旅游人数突破40亿人次，旅游收入超过4万亿元，国内旅游进入蓬勃发展的黄金时期。

（二）国内旅游的特征

我国国内旅游的特征主要体现在空间的流动性、时间的集中性以及旅游者需求的多样性三个方面，具体分析如下。

1. 空间的流动性

一个国家的国内旅游者流动方向，取决于其旅游资源的位置和类型，以及这个国家的人口分布状况。我国居民的国内旅游在空间方面呈现如下的发展特征：

（1）从内陆地区流向沿海、沿江地区。具体来看，主要表现为国内旅游者从各大城市流向上海、大连、北戴河、青岛、厦门、南京、三亚等沿海、沿江城市。我国长期以来重视沿海、沿江城市的旅游开发，重点开发建设国家重点风景名胜旅游区，形成了沿海、沿江中心城市的"点—线"式旅游模式。在旅游旺季尤其是寒暑假、黄金周等几个时段，国内旅游者竞相流向热点沿海、沿江城市。

（2）城市与乡村之间相互流动。城市经济的发展和城市紧张的生活带给城市居民日益严重的精神压力，同时，城市居民旅游动机日益多样化，更加向往对不同旅游文化的体验。农村、郊区相对于城市居民而言，因其优美的环境、广阔的天地、自在的生活方式而越来越受到城市居民的向往。因此，我国客流表现出从各大城市流向相关的周边乡村的特点。此外，随着我国经济的发展和惠农政策的出台，越来越多的农民拥有了更多的可自由支配收入，并开始参与旅游活动，客流也呈现出乡村向城市流动的特征。农民旅游的主要表现是旅游者从乡村与偏远地区到城市观光、购物及参加城市的文化和娱乐活动。城乡间生活、景观、历史、风俗、收入状况等的差异，以及城市在传统消费体系中所处的中心位置，都使得农村成为城市旅游的一个重要客源地。

（3）城市之间的流动。在具体城市方面，一方面形成了"趋高性"特征，如全国各大中城市的向京流、向沪流、向穗流等。这主要是由于这些"高级别"的特大城市所具有的政治、经济、文化、科技、旅游等中心城市的吸引力以及三大口岸的区位作用所致。另一方面表现为"向丰性"特征，即流向旅游资源丰富、旅游产品具有典型特色的旅游城市。如从全国其他城市流向内陆城市西安、桂林、昆明等方向的旅游流，就具有这种特色。

此外，从国内旅游的空间特征来看，还存在着叠加于上述各种旅游客流之上的一个总趋势，即流向气候条件更好（较温暖、阳光充足、相对较干燥）的旅游目的地，我国旅游者明显有向秦岭—淮河一线以南移动的趋势。但北方一些突出的旅游目的地，如北京故宫、长城、西安秦始皇陵兵马俑、承德的避暑山庄及哈尔滨的冰雪旅游等则吸引旅游者向北流动，在一定程度上冲淡了向南的旅游流。

2. 时间的集中性

连续、集中的闲暇时间是顺利开展旅游活动的前提和保障。受我国国情及政策的影响，当前，我国居民的国内出游时间具有较强的集中性，主要在"黄金周"和"小长假"两个时间段内。

（1）黄金周的实施促使国内旅游发展迅猛。黄金周最早实施于 1999 年。在 1999—2007 年八年间，我国一直实行一年"三个黄金周"（春节、劳动节、国庆节）的休假制度，为国内旅游事业的发展做出了巨大的贡献。如 1999—2007 年黄金周期间，国内旅游人数从 4 000 万人次增加到 41 720 万人次，旅游经济收入从 141 亿元增加到 1 816 亿元，极大地推动了经济的增长。2007 年，我国公布了《全国年节及纪念日放假办法》，取消了一年中三个七天的黄金周，改成了元旦、清明节、劳动节、端午节和中秋节各放假一天。春节和国庆节放假三天，春节、国庆节移动双休日，形成两个七天的黄金周。虽然我国休假制度由三个黄金周调整为两个黄金周，使长假的时间大为缩短，但并未对国内旅游造成太大影响。黄金周依旧是国内旅游的"集中高发期"。例如，2008—2014 年黄金周期间，尽管受到政治、疫病、灾情等各种因素的影响，国内旅游人数还是从 2.65 亿人次提升至 7.06 亿人次，旅游经济收入也从 1 189 亿元增加到 3 716.9 亿元。黄金周的旅游收入和接待人数已占到了全年国内旅游收入和接待人数的三分之一左右，有效地促进了我国国内旅游的发展，并在扩大我国内需、促进假日经济发展等方面发挥了积极的作用。

（2）小长假旅游发展态势良好。2007 年以前，除了三个黄金周以外，我国只将元旦定为法定节假日，移动双休日后，可以放假三天。但由于当时假期时间相对较短、数量较少，交通也不是特别便利，居民多以探亲访友、城郊游览居多，并未形成较大的旅游规模。2008 年以来，我国的小长假由原来的 1 个（元旦）变成了现在的 5 个（元旦、清明节、劳动节、端午节和中秋节），这些零散的小假期在时间和形式上更加灵活，使 1~2 日的短途游览备受追捧，尤其是近些年来私家轿车广泛普及，自驾游异军突起，这些都极大地推动了我国短程旅游市场的发展，也使得这些小长假成为国内旅游的重要集中点。

3. 需求的多样性

随着市场多元化趋势的逐渐加快，人们的旅游需求也呈现多样性的特征。主要体现在以下三个方面：

（1）旅游产品需求由游览观光向休闲度假转变。2010 年，我国人均 GDP 已超过 4 000 美元。按照国际规律，当人均 GDP 达到 3 000 美元，旅游形态开始向度假旅游升级，旅游产品需求由观光产品向休闲度假产品转化。该阶段人们的休闲需求和消费能力日益增强并呈多样化，一地滞留型和第二家园式的休闲度假日渐成为有消费能力者的爱好。当然，从总体来看虽然我国人均 GDP 超过了 4 000 美元，但是并没有完全进入度假旅游阶段。结合我国旅游设施的供给情况，可以认为我国国内旅游需求正处于以观光旅游为主，休闲度假旅游有一定发展，并由观光旅游向度假旅游发展的阶段。

（2）旅游观念需求由大众化向多元化、个性化转变。目前我国国民的旅游需求在不断变化，从最初长期积存的旅游需求释放所引发的"井喷"现象，逐渐走向理性消费；从最初的为旅游而旅游到现在注重体验与求异。近年来因居民收入差距而形成的旅游消费层次客观上减少了集中、趋同型消费现象，再加上服务性消费、娱乐性消费的快速增长，也对旅游消费起到一定的分流作用。另外，私人汽车拥有量的增加和网上旅游信息获得的方便快捷，这些都促进了旅游需求的个性化、多元化。

（3）旅游方式由组团游向自助游的方向发展，定制旅游初见端倪。自助游是指旅游者在开展旅游活动时，不借助导游人员，完全根据自身的爱好自主选择旅游目的地、自主确定旅游线路与行程，部分借助甚至不借助旅游中间商的安排，旅行中所涉及的吃、住、行、游、购、娱等事项全由自己决定的一种新兴的旅游方式。尽管目前旅游者出行的方式，仍以全包价的粗放型旅游为主，自主性较强的旅游消费方式仍未充分展开，但是随着社会的发展，自助游越来越得到旅游者的认同。相比于自助游，"定制旅游"作为一种新的旅游发展趋势，更加体现了旅游者的个性化需求。定制旅游是指旅游企业通过与旅游者进行个性化的信息交流，让旅游者更多地参与旅游产品设计、开发和生产，将每一位旅游者都视为单独的细分市场，以满足游客旅游体验的个性化需求的一种旅游方式。通过定制旅游，不仅可以使旅游者享受独具个性的旅游体验，将旅游产品加工成具有自身风格的出行方式，还便于旅游企业直接与每个旅游者进行信息交流，进一步发掘旅游者的消费潜力，提升自身市场竞争力。

第三节 中国旅游区域的差异与整合

我国地域辽阔，从南到北、自东向西地理跨度较大，自然地理环境地域分异显著。在了解和认识旅游区域概念与分类的基础上，分析与探讨旅游区域之间的差异及整合方式，对于促进旅游区域之间的特色、协调发展具有重要意义。

一、旅游区域的概念与分类

（一）旅游区域的概念

一般来说，区域是一个空间的概念，是地球表面上具有一定空间的、以不同物质客体为对象的地域结构形式或地理范畴。区域概念包含不同层面的含义，小至县、乡、村，大到省和国家以及由若干国家共同开发的某些跨国界的区域，如亚太地区、东北亚、南极、太平洋等。出于实用的目的，人们通常按照行政区划的标准来划分区域的范围，正如西方著名区域经济学家埃德加·胡佛所说，最实用的区域划分应当符合行政区划的疆界，这是因为各级政府的管理对区域发展有巨大作用，经济自成体系，拥有较为健全的产业结构、强有力的经济中心及广大的经济腹地。

旅游区域是以行政区划为基础的旅游活动联系相对紧密的旅游要素集中区域，在此范围内，各组成部分有着较高的近似性、较接近的文化背景或类似的旅游产品形式，具有地理共同性及资源结构上的相似性。为了研究上的方便，我们将旅游区域的范围进一步限定在一国范围之内。

（二）中国旅游区域的分类

长期以来，国内学者从不同的角度、按照不同的标准对中国旅游区域进行了划分，并详细分析了不同旅游区域的资源状况与特点，加深了人们对中国旅游区域的认识和理解。

1. 基于旅游季节气候的旅游区域划分

濮静娟等（1987）应用特吉旺以气温为主导因素来考虑的舒适度和风效指数的概念，对中国大陆地区气象资料进行分析计算，分别得出各地多年月平均值的舒适度和风效指数，由其时空分布分析归纳出各地最佳旅游月份和适宜旅游季节，并根据旅游季节气候将全国大陆划分为 3 个旅游气候大区，18 个旅游气候区以及 22 个旅游气候小区。其中，三个旅游气候大区分别为：北方温带气候大区，南方亚热带气候大区，青藏、云贵高原气候大区。

2. 基于旅游地理特征的旅游区域划分

郭来喜（1988）根据旅游地带相似性原则划分了一级旅游区——旅游带，共 9 个，分别是京华古今风貌旅游带、白山黑水北国风光旅游带、丝路寻踪民族风情旅游带、华夏文明仿古旅游带、西南奇山秀水民族风情旅游带、荆楚文化湖山景观旅游带、吴越文化江南水乡风光旅游带、岭南文化热带—亚热带旅游带、世界屋脊猎奇探险旅游带；按照保持行政区完整的原则又划分了二级旅游区——旅游省，共 29 个；结合旅游资源的近似性、运输的便捷性和管理的方便性划分了三级旅游区，共 149 个。

3. 基于旅游资源的旅游区域划分

阎守邕等（1989）根据中国旅游资源—产品地域分异与区域差异状况将中国旅游资源区划分为东北温带湿润景观旅游区、黄河中下游名胜古迹旅游区、长江流域山水风光旅游区、华南热带亚热带景观旅游区、云贵高原奇山异水风光民情旅游区、塞外草原荒漠旅游区、西北丝绸之路旅游区、青藏高原世界屋脊藏文化旅游区等 8 个一级旅游区，以及 41 个二级旅游区。其中一级区划的指标主要有两个，即区域地质、地貌以及区域旅游资源宏观特征的差异。二级区划的指标主要有三个，即区域旅游资源总体特征的异同、形成区域旅游资源特征的自然演化过程的异同以及人类活动的相关性。

4. 基于旅游文化的旅游区域划分

陈传康（1991）考虑文化的传统与现代结合，将观光游览与科学文化导游相结合，把全国划分为华北、长江中下游流域、华南、东北、内蒙古西北、青藏高原等 6 个一级旅游文化区，并且，一级旅游文化区又可以进一步划分为二、三级旅游文化区。例如，华北旅游文化区包括长城以南，秦淮线以北，东起辽南和辽东半岛、山东，经京冀、晋豫、陕西中北部（关中和陕北）、甘东等地。

5. 基于四象限法的旅游区域划分

陈秀琼（2006）从旅游者的角度采用四象限分类法将所有旅游区域划分为重点旅游区、深渊旅游区、崛起旅游区和传统旅游区四个区域。其中，重点旅游区多是旅游者必定要光顾的旅游区，一般都拥有世界级的极品旅游资源，是国际旅游的一级旅游目的地，主要有广东、北京、上海、福建、江苏、浙江和山东。传统旅游区是指逗留时间长，访问频率最高，市场份额相对小的旅游区，主要有辽宁、黑龙江、湖南、内蒙古、天津、重庆和新疆。深渊旅游区是指低于平均水平的旅游区，有两种情况：一种是处于未开发状态，到访者多为探险旅游者；另一种处于衰退阶段，已经失去了吸引力。我国的深渊旅游区多处于初步开发状态，主要有河北、河南、安徽、吉林、甘肃、贵州、山西、江西、西藏等。崛起旅游区是指处于平均水平的旅游区，一般是新兴旅游目的地，是次二级旅游目的地，主要有广西、陕西、云南、海南、四川和湖北。

二、中国旅游区域的差异

我国各旅游区域的差异主要体现在旅游资源、旅游产业、旅游市场及旅游人才培养四个方面。

1. 旅游资源分布的区域差异

中国山川锦绣、历史悠久、民族众多，形成了丰富多彩的旅游资源，呈现出多样性、丰厚性、古老性、奇特性和地区差异性的特征。我国各旅游区域资源分布的差异可以体现在资源类型、资源的空间组合及资源的丰度等几个方面。地区旅游资源的优劣与资源丰度成正比，与资源组合指数成反比。从旅游资源的地区来看，我国主要旅游资源数量居前10位的省区依次为四川、云南、山西、广东、甘肃、河南、湖北、陕西、江西、广西。从资源的组合上看，各旅游区也存在一定的差异。吴越文化江南水乡风光旅游带、京华古今风貌旅游带及华夏文明仿古旅游带等旅游区域整体优势度较大。

2. 旅游产业发展的区域差异

区域经济发展的不平衡必然反映到旅游企业发育与成长的差异上来。反之，区域的旅游企业总量、规模、结构、效益存在差异，也必然形成区域旅游业发展的不平衡格局。我国旅游区旅游产业结构状况，常以旅游业的三大支柱产业（即旅行社业、旅游饭店业和旅游交通）的发展情况来衡量，包括三大支柱产业的规模、比例和规范化程度等。旅行社和旅游饭店的数量、质量与规模直接反映区域旅游产业结构的合理化程度。旅游交通的发展取决于该旅游区地理环境和经济发展水平，因为旅游交通依附于整个国家的交通系统，交通发达的东部和中部地区旅游客源广泛。就我国而言，旅游企业发展的区域差异是相当大的，旅游企业区域差异客观上为各地区的企业开展横向合作交流提供了必要性和基础条件。

3. 旅游市场的区域差异

我国旅游市场的区域差异表现在两个方面。第一，不同区域旅游市场旅游消费特征的差异，即各省、各地区、各民族区域由于经济发展水平和收入状况、文化观念、民族传统、消费行为习惯、信仰等方面的差异，旅游者在选择旅游产品类型和旅游目的地去向方面存在的差异。这种区域差异是遍布全国的，对旅游者的区域流动和旅游业的跨区域合作具有积极的意义。第二，由于区域社会经济发展水平差异的作用，不同地区居民表现在旅游需求总量和旅游方式上的差异，表现为旅游动机、旅游出行空间范围、出游率、旅游花费、旅游方式等。受区域社会经济发展水平的影响，东部城市居民的旅游动机与消费明显高于西部城市居民，经济发达的珠江三角洲与港澳地区、长江三角洲地区、黄河中下游和长江中游部分省区是国内主要的旅游客源中心。这些旅游需求中心的居民不仅视其本区域（特别是大城市区域）

的短程游憩为日常生活之必需,而且热衷于长距离的国内旅游,甚至是出境旅游。而广大中西部地区仍然是以城市居民的短程游憩为主要旅游消费方式。旅游市场差异的存在,使得全国各地区的游客可以跨区域流动,旅游企业之间的客源互送、旅游景点的跨区域组合和旅游线路的设计就成为可能。

4. 旅游人才培养的区域差异

旅游人才资源是旅游业发展最重要的支持因素,拥有一定数量、质量和结构合理的旅游人才或人力资源是区域旅游业得以存在和发展的根本保证。我国各旅游区在人才与人力资源方面的差异,一方面表现在旅游教育与培训机构分布的地区不平衡,另一方面表现为旅游从业人员的行业教育与培训方面的地区差异。从地区分布看,现在各省、自治区、直辖市都有开设旅游专业的院校,且旅游院校分布和地区旅游经济发展基本吻合,旅游发达地区数量多,旅游落后地区数量少。西部地区旅游院校发展缓慢、实力不强,已经成为制约当地旅游业发展的一个重要因素。旅游教育与人才培养的地区不平衡,使得区域之间开展这方面的合作具有了必要性和可能性。

除了以上四个主要方面的差异,区域范围的广大、经济基础和产业结构的差异使我国各旅游区还存在着一定的内部差异,旅游区域内各省的差异是引起旅游区发展不均衡的重要原因。

三、中国旅游区域的整合

旅游区域差异性的存在使得中国旅游呈现出不同区域特色的同时,也造成了旅游区域发展的不平衡。在保持旅游区域原有优势与特色的基础上,将旅游区域有机整合,对于减少旅游资源浪费,实现区域间优势互补,促进我国旅游行业均衡、平稳发展具有十分重要的意义。

(一)旅游区域整合的概念与特征

所谓"整合"(Integrate)是指把一些零散的要素通过某种方式彼此衔接,从而实现系统的资源共享和协同工作,最终形成有价值、高效的整体。对于"旅游区域整合"这一概念,旅游业界尚无准确统一的定义,但由于旅游业具有鲜明的区域性,因此可以将旅游区域整合理解为旅游产业通过制定政策规范,形成持续、制度化联合,在界定的地理范围内不断扩大合作范畴,实现整体效益最大化的过程。本书所指的旅游区域整合包括区域内整合与跨区域整合两层含义。旅游区域内整合指直接对区内旅游要素进行有机组合,形成一个联动的整体,其主体往往是单一性的;跨旅游区域整合指以区域协作、区域合作、区域联合等为主要形式,进行区域间旅游要素的对接,最终实现旅游区域一体化的目的,其主体大部分为多方的联合体。

目前,我国旅游区域整合的特征可以归结为以下几点。

1. 整合范围大尺度、大规模

随着大旅游格局的不断演进,我国旅游区域整合的范围及规模也在不断扩张。从旅游区域整合的地理范围来看,粤港澳金三角、湄公河次地区、东北亚等一些跨国、跨境的区域性合作机制已经形成,国内的旅游区域整合也不再囿于景区、旅游区、行政区域的限制,大部分省份(地区)开展了大跨度的旅游区域整合,大大强化了区域之间联系。从旅游区域整合主体的范围及规模来看，旅游区域整合主体涉及的主体已由原来的双方扩展至多方，国内以流域、山脉、走廊、历史、文化、重大事件等为依托的大旅游区域整合层出不穷，如黄河沿岸城市、大太行山、丝绸之路、亚欧大陆桥、长城、红色旅游、奥运旅游等，部分已扩大到全国范围。

2. 整合对象大分散、小集中

当前，我国旅游区域整合对象呈现出大分散、小集中的特点。从地理空间上看，我国参与大旅游区域整合的省（市、自治区）遍布全国，位置较为分散，但主要集中在经济基础较好、旅游发展优势明显的东、南部省（市、自治区），旅游基础条件相对薄弱的中西部地区参与大旅游区域整合较少。从行业发展角度看，参与旅游区域整合的企业数量众多、地域分散，且行业资本有向优势大企业集中的特点。目前实力雄厚的专业化企业广泛通过延长旅游产业链、整合旅游资源来占据旅游经营的制高点。旅游企业通过收购、控股、签订合约等形式实现了相互之间的产业联合，如广之旅参与广东省封开县旅游资源合作开发，中青旅控股乌镇景区，部分企业（如芒果网）对线下旅游资源和线上网络平台的紧密捆绑等，不同程度地延长了产业链，促进了大旅游区域整合向产业内部纵深发展。

3. 整合机制重实效、重创新

在整体利益最大化、利益均衡态势的引导下，中国部分区域的旅游整合逐渐跳出宣传、研讨等务虚层面，注重整合的实效性进展。从微观层面上看，区域之间建立各种实际议题，创新整合方式，通过开放市场、新增航线、商旅合作、统一规范等促进旅游区域的面域整合。从宏观层面上看，组织机构之间建立新型合作关系，创新整合机制，通过政企联合、企业联合、政府部门协作、集体合作等推动旅游区域的深度整合。

（二）中国旅游区域的整合模式

跨国、跨区域旅游整合已然成为当今国际旅游的发展潮流。在中国，以资源整合为载体、以产品整合为方式、以政策整合为主导、以市场整合为动力的"四位一体"旅游区域整合模式已占据旅游区域整合的主导地位。各种因素共同作用、相互依存，成为中国旅游区域全方位整合不可或缺的内容。

1. **资源性整合是旅游区域整合的基础载体**

旅游资源整合是旅游区域整合的基础，整合内容包括自然资源、人文旅游资源，以及人力资源、信息传媒、产业集群、基础设施、社会服务等经济社会发展资源，是资源类型、等级、功能、时空关系的全面整合，这种整合可以有效改善旅游资源散、小、乱的局面，构建旅游资源区域体系。有资料显示，当前以流域、山脉、气候与植被条件等自然资源为代表的大区域旅游整合进程较快，已成为中国最为流行的整合方式，如三峡、香格里拉、太行山、武夷山等区域均已开展跨区域旅游资源整合。

2. **产品性整合是旅游区域整合的必要方式**

旅游产品是由吃、住、行、游、购、娱等多种要素组合成的综合性产品。产品性整合主要包括要素、线路、文化、品牌等相关因素的整合。当前，旅游线路整合在各省区内及跨省区旅游产品中十分广泛，能够通过对旅游线路的调整、优化、组合等方式，及时满足不同层次的游客需求;旅游文化整合主要是延续中国传统文化的脉络,辅以现代、生态文化等,以文化为专题开展大尺度的文脉整合,提升区域的整体竞争力;旅游品牌整合主要依赖精品景区、品牌形象、黄金线路、优质服务等,扩大产品的品牌效应,满足区域认知,达到区域利益的最大化。

3. 政策性整合是旅游区域整合的主导力量

当前的旅游区域整合具有涉及产业部门多、范围广、层次高的特点,政府作为地方整体利益的代表,是实现区域利益最大化的主导力量。自国家旅游局提出政府主导型旅游发展模式以来,中国的旅游发展一直延续政府先行、企业跟进的联动机制,并通过颁布法律法规、制定标准、召开会议、统筹规划等方式,对旅游区域的整合模式、合作机制、行为结构、保障措施进行优化与整合,以实现资源、设施、客源、市场、信息、利益、形象的跨区域共享。政府部门已成为中国旅游区域高层次整合的重要推动力量,促进了旅游市场的繁荣与旅游区域合作的发展。

4. 市场性整合是旅游区域整合的重要动力

市场性整合主要包括市场类型、空间、行业、营销手段、企业管理机制、运行模式和旅游形象的整合。目前,中国的旅行社、风景区、旅游运输企业、酒店等旅游企业在资金实力、服务水平、基础设施等方面差距较为明显,处于亟待整合的状态。在内部竞争与外部支持的驱动下,部分企业已在整合的深度、广度与跨度上取得了实效性进展。各地区、部门之间通过签订协议、共享信息、互惠互利等优化整体结构,吸引游客并引导游客的出行,减少恶性竞争,规范市场秩序,促进客源市场与目的地市场的整合。

随着经济和谐发展和旅游业产业地位的提高,区域旅游整合与合作日益加强,发展落后的旅游区越来越受到重视和关注。只有清楚认知旅游区域间的差异所在,才能采取有效的整合手段实现旅游区域资源、市场、产品等方面的有机结合,从而带动相对落后的旅游区域的进步,实现中国旅游业的整体、均衡、稳步、快速发展。

本章小结

1. 本章按照国际旅游、中国旅游、中国旅游区域三个层面,分别对其发展状况、影响因素、发展特点等问题进行了分析探讨,旨在全面认识和理解旅游活动和旅游现象。

2. 国际旅游是指跨越国界的旅游活动,受客源国因素、目的地国因素及客源国与目的地国相互作用因素的影响。国际旅游的主要特征体现为:欧洲、亚太和美洲继续引领国际旅游发展;各洲之间的差距呈逐渐缩小态势;以短程旅游为主体,中远程旅游逐渐兴旺。

3. 我国旅游市场可分为入境旅游、出境旅游和国内旅游三大部分。在入境旅游方面,我国入境旅游呈现出以下特征:外国客源市场份额有所回落,港澳台市场主力地位依旧;主要客源国构成略有变化,近距离国家占据绝对优势;客流扩散的等级性与近程性显著,扩散路径持续多样化;空间流向和流量西低东高,具有一定的集中性。在出境旅游方面,随着近年来我国居民可自由支配收入的提高,我国的出境旅游表现出积极发展的态势,具体体现在近距离旅游保持领先,远距离旅游逐步上升;出境旅游市场区域垄断格局逐渐形成等特征。国内旅游是指人们在居住国境内开展的旅游活动,通常是一个国家的居民离开自己的常住地到本国境内其他地方去进行的旅游活动。在我国经济持续稳定发展的大背景下，我国居民旅游需求日益发展，国内旅游业呈现出空间流动性、时间集中性、旅游需求多样性等几方面特征。

4. 旅游区域是以行政区划为基础的旅游活动联系相对紧密的旅游要素集中区域，在此范围内，各组成部分有着较高的近似性、较接近的文化背景或类似的旅游产品形式，具有地理共同性及资源结构上的相似性。在中国旅游区域的研究方面，本章介绍了我国学术界基于不同视角对旅游区域的不同划分方法，分析了不同的旅游区域间可能存在的差异，如旅游资源分布的区域差异、旅游产业发展的区域差异、旅游市场需求的区域差异及旅游人才培养的区域差异，并在此基础上探讨了以资源整合为载体、以产品整合为方式、以政策整合为主导、以市场整合为动力的"四位一体"中国旅游区域整合模式。

延伸阅读
新常态下中国区域旅游发展战略若干思考

"新常态"从字面上解，"新"就是"有异于旧质"；"常态"就是经常发生的状态。"新常态"就是不同以往的、相对稳定的状态。这是一种趋势性、不可逆的发展状态，意味着中国经济已进入一个与过去 30 多年高速增长期不同的新阶段（田俊荣等，2014）。"新常态"包含着经济增长速度转换、经济发展方式转变、经济增长动力变化、资源配置方式转换、产业结构调整转型、经济福祉包容共享等在内的丰富内涵和重要特征（张占斌，2014）。作为对现阶段中国经济发展全局性、方向性、战略性的判断，认识新常态，适应新常态，引领新常态，不仅是中国旅游业发展的"新常态"，更是当前和今后一个时期内中国旅游业发展的大逻辑。

一、新常态下区域旅游发展新特征

旅游业作为国民经济的战略性支柱产业和人民群众更加满意的现代服务业，已呈现出与经济新常态基本特征相吻合的发展趋势，新常态对中国旅游业的影响也开始显现。

（一）规模扩张和个性消费同步提升，"旅游强国"特质开始显现

"新常态"首要特征就是"模仿型排浪式消费阶段基本结束，个性化、多样化消费渐成主流"（习近平，2014）。但"新常态"没有改变中国经济发展总体向好的基本面，也就是说旅游消费需求持续增长趋势不会改变，而旅游消费向大众化与家庭化、个性化与多样化、散客化与自助化、休闲化与体验化、品质化与高端化发展的方向转变，标志着中国旅游业全面进入"量、质"同步快速发展阶段。需要指出的，目前中国已经拥有全球最大的国内旅游市场，也是世界第一大出境客源国与出境旅游消费国。旅游业发展的规模效应和空间效应开始在国内和全球扩散。2014 年，出境旅游达到 1.09 亿人次，约占年全球出境旅游人次的 1/10。中国出境游已成为后危机时代国际旅游发展的主要引擎。这种影响力不仅仅停留在经济层面，也开始在国际政治关系处理、社会文化交流等各个领域彰显价值，对提升中国国际影响力等也具有积极意义，"旅游强国"特质和影响力已经开始凸显。

（二）跨界、跨行业企业集团逐步主导产业发展，并在全球范围谋篇布局

新常态下，世界经济格局的变化给予中国旅游业前所未有的进行大开放和全球布局的机遇，一些新技术、新产品、新业态、新商业模式的投资机会大量涌现，旅游业投融资方式也呈现新的特点。首先，跨界、跨行业旅游企业迅速崛起。如以携程、万达、京东、众信等为代表的知名企业围绕旅行和旅游服务的诸多环节加快了横向和纵向的兼并收购，并开始在线上和线下实现旅游业发展融合。这种非传统、非国有旅游企业集团的形成与发展，昭示着旅游经营管理进入了一个新阶段。其次，跨领域旅游投资强度不断加大。这也成为中国投资结构调整优化和产业转型升级的重要方向。据国家旅游局不完全统计，2014年中国旅游直接投资6 800亿元，同比增长32%，比全国投资增速高16.2个百分点。其中投资超百亿项目150多个，这种投资往往以跨界企业投资为主体（李金早，2015）。其中，全国排名前5位的房地产企业，全国排名前10位的互联网企业中有9家，国内排名前10位的风险投资公司中有8家开始涉足旅游投资。此外，许多能源、水利、电器、农业、保险等大型企业集团也开始把旅游业作为转型投资的重要方向（国家旅游局规划财务司，2014）。最后，旅游跨界投资逐步国际化。这主要体现为，中国开始从简单的"出境旅游客源输出"转向更高级的"旅游资本输出"，双向交流、同步推进，如万达、海航、复星、绿地、安邦等国内企业加紧海外并购的步伐。

（三）区域旅游产业地位日渐凸显，旅游业协调发展成为重要目标

旅游业作为新常态下的经济发展新增长点，对中国经济社会发展全局具有重要战略意义。在目前国家经济整体运行速度放缓背景下，中国旅游业仍然长期保持较高的增长速度，并在调整优化经济结构、扩大消费拉动内需、增加就业、改善民生等方面发挥积极作用（李金早，2015）。2014年中国旅游业实现平稳增长，国内旅游36亿人次，比2013年增加10%；年旅游总收入约3.25万亿元，增长11%。同年，以皖南国际文化旅游示范区的建立为标志，旅游业首次作为主导产业上升到国家战略层面引领区域社会经济发展。在《国务院关于依托黄金水道，推动长江经济带发展的指导意见》（国发〔2014〕39号）中，旅游业被赋予特殊重要的地位，成为推进长江经济带产业转型升级、新型城镇化和改革开发等领域的先导先行产业。可以预见，新常态下，统一全国市场、提高资源配置效率会成为经济发展的内生性要求，这也直接影响到区域旅游市场发展，将推动区域旅游业协同发展和纵深推进。这不仅为在全国范围内统筹旅游发展提供有效的腾挪空间，也为中、西部旅游业发展相对落后的地区提供了契机。

（四）"第二次人口红利"开始释放，旅游服务引领"中国服务"建立

随着人口老龄化趋势加重，社会剩余劳动力减少，经济增长中科学技术和资本投入贡献将逐渐增加。过去旅游业被认为是劳动密集型产业，且普遍存在就业人口素质不高，收入水平相对较低，从业人员流动性大，人才难培养易流失等问题，这也成为目前旅游服务水平低的重要原因。新阶段，个性化旅游需求要求精致化的高品位服务，这也为全面提升旅游服务质量，建立"中国服务"提供了市场需求基础。从目前就业情况看，老龄社会的逼近意味着中国传统的人口红利开始消退，"第二次人口红利"巨大潜力开始释放，这包括"来自养老保障需求和制度供给，来自教育资源的扩大，来自劳动参与率的扩大"（蔡昉，2012）。其中中

国多年高等教育大发展的"叠加效应"开始显现,"大学生就业难"与"民工荒"并存,每年700多万大学生毕业压力已经使大学就业起薪与农民工平均工资开始拉平,而这恰恰是中国从人口大国迈向人力资源强国的关键。以大学生和高素质人力资源为核心的"第二次人口红利"开始替代低端劳动力为核心的传统人口红利,为"自主创新,具有中国品牌的特色服务"奠定了良好的人力资源基础。

(五)"互联网+"新型发展模式全面渗入,逐步拓展旅游业发展版图

新常态下,"产业结构的优化升级,企业兼并重组、生产相对集中,新兴产业、服务业、小微企业作用更加凸显,生产小型化、智能化、专业化将成为产业组织新特征"(习近平,2014)。近年来,以移动互联为代表的现代科技应用正改变着传统旅游业。其实早在2009年,国务院发布的《关于加快发展旅游业的意见》(2009年41号文件)就指出:"以信息化为主要途径,提高旅游服务效率。积极开展旅游在线服务、网络营销、网络预订和网上支付,充分利用社会资源构建旅游数据中心、呼叫中心,全面提升旅游企业、景区和重点旅游城市的旅游信息化服务水平。"从发展趋势看,目前互联网对旅游业的影响已远远超出原来预期。互联网作为整个社会媒介系统中具有第一影响力的媒介手段,正在重塑社会公众出游方式和市场选择,进而不断创造新的旅游企业和商业模式,加速旅游业和其他行业和领域的融合,并根本上改革旅游业产业链条和产业生态。

(六)"以人为本"的绿色发展模式导入,全面助推现代生态文明建设进程

新常态的指向是国民生活质量提高,老百姓的"获得感"提升,就业稳,价格稳,民生保障更完善(刘畅等,2015)。以资源的永续利用为基础,满足旅游者需求为核心目标是旅游业发展的内生规律。体现在旅游业发展上,就是良好的自然和人文环境以及更加舒适的旅游体验。进入新常态,随着旅游活动成为公民生活方式,中国旅游业发展将面临更大的现实挑战。如果按照"到2050年中国成为初步富裕型国家,实现从全面小康型旅游大国到初步富裕型旅游强国的新跨越,年人均出游达10次的标准"测算,届时中国旅游人次将达到每年140亿人次(李金早,2015),在保障和满足如此大规模的旅游需求和实现旅游生态环境可持续发展之间保持动态平衡是需要关注的问题。新常态下的旅游业,必须始终坚持可持续发展的理念,积极发展生态旅游、绿色旅游、低碳旅游、循环经济,更加严格地保护生态环境,实现旅游业的可持续发展。

二、新常态下区域旅游业发展总体思路

当前,中国旅游业正处于转型升级的关键时期,积极地寻找战略突破口,培育新的竞争优势,全面打造区域旅游业"升级版",以转型升级应对"新常态"。

(一)以跨区域旅游目的地建设为突破口,全面推进区域旅游协同发展

跨区域旅游目的地建设以生态文化功能区整体开发为基础。这些生态文化功能区通常是区域"山水人文精华"核心集聚区,也是实现区域旅游协同发展的重要"润滑"区,也基本上是国家扶贫攻坚关注的"老、少、边、穷"的重点关照区,跨区域旅游目的地规划建设,不仅直接关系到区域旅游业发展联动,生态功能区与区域城市群的协同发展,更关系全面小康社会目标的实现(黄静波等,2013)。因此,要以跨区域旅游规划为平台,实现

区域旅游系统要素在地区之间进行重新配置、整合与优化，形成规模更大、结构更佳、品牌更高的旅游目的地；全面对接城市群发展，协调城市群与生态功能区之间的关系，打造城市群完整生态功能区和游憩空间。要按照"分类指导、分区管理、差异化推进"原则考虑现阶段旅游业发展水平，与城市群规划建设关系以及在社会经济发展中的地位作用进行顶层设计；充分发挥旅游业综合带动作用，使旅游业在解决区域发展问题中扮演更为重要的角色。

（二）以重大项目投资驱动为突破口，形成区域旅游投资与创新双轮驱动发展

中国区域旅游业发展正处于加快发展和转型升级的关键时期，随着传统精品旅游资源开发殆尽，区域旅游发展正在从"资源依赖型"向"资本依赖+智力依赖驱动型"转变，大资本、大项目带动成为新阶段的主要特点。无论是东部旅游业转型升级，还是中西部旅游全面开发建设，投资仍是主要驱动力量。这些领域主要集中于在旅游业休闲度假化转型升级的旅游主题小镇和特色旅游城镇、现代农业和新农村建设相结合的乡村旅游产品开发、新型工业化相结合的大型旅游装备制造业、医疗健康旅游和养生养老旅游产品、旅游房车、自驾车营地建设等十大类旅游投资领域，成为重要热点。而随着旅游消费对旅游产品质量需求的提升，以科技创新为支撑，以投融资创新为动力，以产业创新为内容，资本、科技、创新将成为推动区域旅游产业发展的新动力，并驱动旅游业从粗放经营到集约发展的转变。

（三）以全面改革开放为突破口，推进区域旅游内外源联动发展

改革开放是新常态下旅游业发展的主要动力和重要源泉。这需要以产品开发、市场开拓、公共服务等合作模式创新为核心，建立互联互通旅游基础设施网络、市场共建共享价值，构建务实高效、互惠互利区域旅游合作体，以跨区域企业主体培育和国家公园体制试点为等关重点突破，全面推进区域旅游合作机制的改革。要对接国家重大区域战略，深化对外旅游交流合作，有序推进出境旅游发展，重点支持有条件企业开展国际旅游业务经营，积极开拓国际市场。加大边境旅游开放政策探索，以通过边境旅游合作示范区建设和出入境便利化改革推进为重点，探索边境旅游全面开放开发模式。

（四）以国家层面统筹协调为突破口，形成多层次区域旅游治理模式

区域一体化推进和国际化开放需要建立国际、国家和区域层面3个层次的协调，并形成纵向通畅、横向协调、统分结合、多层次推进的统筹协作机制。其中，国家层面跨区域旅游统筹协调是核心突破口，这对于跨区域旅游合作区建设和具有全球影响力精品旅游目的地培育非常重要。要把跨区域旅游合作区建设纳入到国务院部际联席会议议程，在国务院层面统筹流域性重大旅游基础设施、重大旅游项目、重大旅游政策等关键问题；建立由国家旅游局牵头、各合作区参与旅游合作联席会议制度和专项议事制度，落实国务院旅游工作部际联席会议决定，并统筹协调跨区域旅游发展规划，编制年度计划，组建跨行政区域的旅游协调机制和旅游推广同盟等。要建立区域或者次区域旅游合作协调机制、地区间横向帮扶机制、与周边经济区和城市群合作机制；实施沿海沿边开放带动战略，支持上海自贸区旅游服务模式探索，支持边境旅游合示范区规划建设作开放，全面推进与"一路一带"沿线地区旅游国际合作交流。

（五）以跨界渗透和兼并重组为突破口，培育区域化和国际化旅游市场主体

旅游企业是旅游改革发展和市场配置的主体，改善企业经营环境，提高旅游企业市场化程度，促进旅游企业集团化、品牌化、特色化建设，力争形成在国际具影响力和竞争力的旅游企业集团。首先要引进和培育形成跨行业跨地区旅游集团。改善投资环境，积极引进国外知名品牌和运营商、投资商；鼓励和支持区域内优势旅游企业逐步扩大对外投资，以国际收购、兼并或建立海外营销网络等方式，促进旅游企业进行专业化和规模化的跨国经营。发挥大型旅游企业的资源集约化开发、组织集团化发展等功能，在全球范围内延伸完善产业链，创新旅游发展模式。其次，大力推进区域内旅游企业整合。通过适当的旅游产业引导和扶持政策，围绕旅游资源和产品整合，鼓励采取政府调控引导下的集团化企业投资经营管理模式，组建若干以大型旅游项目为载体的旅游企业集团，成为市场主体。通过多种形式进行联合重组，引导规模实力较强的各类旅游核心企业组建"联合舰队"，培育综合型的旅游企业集团，实行规模化、一体化经营。鼓励旅游行业采取品牌连锁、特许经营等新形式，扩大企业规模，拓展经营网络。鼓励旅游企业跨地域经营，尤其是鼓励本土旅游企业走出去拓展经营空间。推出一批优质旅游企业，鼓励、支持有实力的企业通过合资、合作、联合、兼并等方式，组建跨区域、跨行业的旅游企业集团和经营合作网络。最后，要扶持中小旅游企业的网络化经营。加大对旅游中小企业的政策、资金扶持力度，形成促进中小企业发展的有效激励和引导机制，积极引导中小旅游企业向经营专业化、市场专门化、服务细微化方向发展。鼓励中小旅游企业之间加强合作，构建旅游企业战略联盟，形成经营网络。引导扶持中小旅游企业建立与大型旅游集团的网络服务协作。

（六）以综合旅游风险防范为突破口，实现区域旅游业可持续发展

同其他传统过剩行业相比，旅游业是处于高速发展和快速成长阶段的新型现代服务业类型。尽管目前中国旅游业不存在供给过剩的问题，但是旅游业自身特质使其市场脆弱性风险、波及性风险、关联性风险不可轻视。除传统旅游突发性自然、政治、经济事件以及季节变化等突发性风险外，一些新型旅游发展风险也值得关注：其一，大规模旅游投资风险日益凸显。旅游投资和技术门槛较低，不能忽视区域范围内旅游市场过度进入和过度竞争问题；其二，旅游国际化风险。出境旅游发展和从事境外旅游经营活动企业增加，风险不可回避。其三，跨界企业旅游经营风险。这主要是因为，跨界企业盲目进入到旅游业经营开发活动带来不可预知预期（明慧，2013）。因此，必须探索建立综合性旅游风险防范措施。要善于运用底线思维的方法，增强忧患意识和风险意识。要积极利用现代科学技术，建立各种类型旅游安全风险预警系统，探索建立正确识别与估量旅游综合风险的方法和路径。要完善风险防范机制，运用风险管理技术和方法，强化对旅游综合风险的控制和处理，全面积极应对旅游业发展可能出现的各种风险挑战。

[资料来源：葛全胜，席建超.新常态下中国区域旅游发展战略若干思考[J].地理科学进展，2015（7）.]

结合阅读思考：

1. 谈谈新常态下区域旅游发展的新特征有哪些。

2. 新常态下中国区域旅游应如何发展？

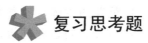 复习思考题

1. 试分析国际旅游的特征。
2. 论述国际旅游的发展趋势。
3. 试分析我国入境旅游的特征。
4. 试述我国出境旅游的特征。
5. 简述我国国内旅游的特征。
6. 我国旅游区域发展的差异主要表现在哪些方面？试举例说明。
7. 如何认识和理解我国旅游区域的整合模式？

参考文献

[1] 罗明义．国际旅游发展导论［M］．天津：南开大学出版社，2002．
[2] 张传丽．中国出境旅游市场发展及影响因素研究［D］．上海：华东师范大学，2010．
[3] 濮静娟，朱晖．我国大陆地区旅游季节气候分区初探．旅游论丛，1987（4）：65-67．
[4] 郭来喜．中国旅游资源的基本特征与旅游区划研究［C］//郭来喜．中美人文地理学研讨会论文集．北京：科学出版社，1988．
[5] 陈传康．中国旅游资源的开发评价、途径和对策［J］．人文地理，1991（2）：24-36．
[6] 邸明慧，王然．中国旅游区域整合的新发展［J］．地理与地理信息科学，2008．

第八章

旅游的效应观

 本章导读

　　旅游效应，又称旅游影响，是指因旅游活动而引发的种种利害关系。关于旅游效应一般都从旅游的经济效应、旅游的社会效应、旅游的环境效应和旅游的空间效应四个方面来探讨。就旅游效应的社会价值性质而言，旅游效应既有积极效应，也有消极效应。唯有全面、正确认识旅游效应的两面性，才能在旅游业的发展过程中趋利避害，将其消极影响降到最低，实现旅游业的可持续发展。

 学习目标

1. 理解旅游对经济的积极与消极影响；
2. 理解旅游对社会文化的积极与消极影响；
3. 熟悉如何正确引导旅游对社会文化的两方面的影响；
4. 理解旅游与生态环境之间的关系；
5. 理解旅游的空间效应。

 核心概念

经济效应　社会效应　旅游文化冲突　生态环境　空间效应

第一节　旅游的经济效应

　　旅游的经济效应是指在合理开发旅游资源和保护生态环境的前提下，人们的旅游活动对旅游目的地经济发展方面所起的作用及产生的直接和间接影响。旅游快速发展的势头以及对目的地国家和地区经济的推动作用，使得旅游经济效应成为旅游学界和业界重点关注的问题之一。

一、旅游对经济的积极效应

　　旅游在经济方面巨大的积极影响，是现代旅游得以迅速发展和走向大众化的最主要原因。概括起来，旅游对目的地经济的影响主要体现在以下几个方面。

　　1. 带动其他产业的发展

　　旅游者在旅游目的地的消费行为给当地旅游企业提供了商机，促进了旅游业的发展，旅游业又带动了旅游相关产业的发展，从而促进旅游目的地的经济发展。旅游业可以产生乘数效应，乘数效应（Multiplier Effect）是一种宏观的经济效应，是指经济活动中某一变量的增减所引起的经济总量变化的连锁反应程度。乘数效应是一个变量的变化以乘数加速度方式引起最终量的增加。

旅游业的发展一方面有赖于其他经济部门或行业的配合和支持，另一方面还带动和促进其他经济部门或行业的发展。因此，旅游业的关联带动功能，不仅表现为直接给饭店、旅行社、旅游景区和旅游交通运输企业带来客源，还表现为间接地带动和影响了农业、工业及信息、金融服务等第三产业的发展。

旅游者的消费需求要求旅游业必须提供足够的设施、设备和消耗物资，旅游业也因此成为许多其他行业产品的消费市场，如交通运输、商业服务、建筑业、邮电、金融、房地产、外贸、轻纺工业等行业，以及市政、道路、自来水、供电、电信等城市基础设施，从而刺激和促进了这些行业和设施的发展。此外，旅游的发展还可以扩大外界对旅游目的地的了解，有助于当地的招商引资，进而促进其他行业的发展。

旅游业作为第三产业中的龙头产业和能向第一产业和第二产业辐射的产业，其对相邻产业的关联带动作用，不仅有利于促进资源合理配置，优化产业结构，还能拉动其他经济部门发展，改善国民经济结构。正是由于旅游业的关联带动作用，其作为国民经济先导产业的功能日益凸显，致使我国许多省、市、自治区把旅游业作为支柱产业或新的经济增长点来培育和扶持。

2. 增加外汇收入

外汇指以外币所表示的、用于国际结算的支付手段。一个国家拥有的外币（外汇）的多少，在一定程度上标志着这个国家经济实力和国际支付能力的强弱。发展旅游业可以实现旅游创汇，促进旅游目的地经济发展。旅游创汇成本低、见效快、利润高，同时，旅游创汇是在旅游目的地发生的，是就地创汇，避免了商品出口贸易中的关税、检验、检疫的障碍，不受对方国家或地区贸易保护的限制，避免了包装、保险和储运的麻烦，也不必长期等候对方付款和办理繁杂的进出口手续，创汇方便，且换汇率高。此外，旅游创汇是一种"清洁创汇"，合理的旅游开发可保护生态，改善环境，不像其他商品的出口那样要消耗资源和能源，并污染环境。

国际旅游还可以弥补旅游目的地国家的贸易逆差，平衡国际收支。造成国际收支不平衡的原因是多种多样的，往往也是难以避免的。发展国际旅游，积极创汇，可以弥补贸易逆差，增强旅游接待国的国际支付能力，有助于平衡国际收支。

3. 有助于货币回笼

商品回笼（商品出售）、服务回笼（服务赚钱）、财政回笼（税收）、信用回笼（信贷），是国家回笼货币的四大渠道。就国内旅游而言，它对经济的重要作用之一便是有助于拓宽货币回笼的渠道，加快货币回笼的速度和扩大回笼量。任何实行商品经济的国家都必须有计划地投放货币和回笼货币，从而使整个社会经济得以正常运行。货币的投放量和回笼量大致应有一定的比例，即货币投放于社会之后，必须有一定数量的回笼。由于流通的货币数量必须与流通的商品数量相适应，因此，如果在商品投放量不变或增加不大的情况下，社会上流通的货币量过多，则会出现通货膨胀，产生货币贬值。因为随着人们手中货币量的增加，他们的购买需求也会相应提高。这种购买能力的增加将对有限的商品市场构成威胁，即便人们将积蓄的钱存入银行而暂不投入市场，由于这些钱可自由存取，仍会对市场构成一种潜在的威胁。如果有效的商品供给不能增加，则这种结余存款的数量越大，其潜在的威胁也越严重。鉴于上述原因，国家投放货币后都要设法将其回笼。

回笼货币的方法：一是要向市场投入相应数量的物质商品；二是供应服务性消费品。在国家的物质商品生产能力有限、一时难以扩大国家的物质商品投放量的情况下，转移人们的购买去向，鼓励人们多消费旅游和娱乐类的服务性产品，则成为必要的货币回笼渠道。在这个意义上，通过发展国内旅游来促进货币回笼，不仅可以起到稳定货币流通量和商品供应量之比的作用，同时也是稳定物价的一种手段。

4. 增加就业机会

旅游业作为第三产业的重要组成部分，在解决就业问题方面意义尤为重大。就创造就业机会来讲，旅游业具有很大优势。

首先，旅游业是劳动密集型行业，创造就业机会的成本比其他行业低。旅游服务是人性化服务，许多工作都必须靠手工完成，因而需要大量的劳动力。以酒店业为例，在低成本地区，如亚洲和非洲，平均每增加1间客房，就可以为1.2~2.0人提供直接就业的机会，与之相关的其他旅游企业便相应增加2.5~3.0人的就业机会，也就是说，整个旅游业的直接就业人数同当地饭店客房的比例为4.5∶1。作为劳动密集型行业，旅游业既能吸纳大量直接从事旅游服务工作的劳动人员，也能带动相关旅游行业的发展，吸纳大量间接为旅游企业服务的劳动人员，创造大量新的就业机会，有助于解决我国目前就业难的问题。

其次，旅游业就业岗位层次多，就业门槛较低。旅游业的岗位层次众多，而且多数岗位的技术性要求较低，这就为广大尚不具备技术技能专长的青年提供了就业的机会。当然，这并不是否认旅游业对知识和技术的需求。要想保证并提高旅游产品及服务的质量，同样需要大量高素质的旅游从业人员，必须对旅游从业人员进行有针对性的岗前或在职培训。

二、旅游对经济的消极效应

旅游对目的地经济的消极效应主要表现在引起物价上涨、造成产业结构失衡和影响国民经济稳定等方面。

1. 引起物价上涨

旅游业是通过向旅游者销售旅游产品获取经济收益的行业。大量旅游者的进入，打破了旅游目的地消费品的供需平衡，一些紧缺商品在价值规律作用下价格上涨。同时，由于外来旅游者的收入水平通常较高，且在旅游时的消费更是远远高出日常花销，其消费能力要明显高于旅游目的地的居民，有能力购买各种高价位的物质商品。这也就不可避免地引起旅游目的地的物价上涨，进而损害当地居民的经济利益，特别是衣食住行等生活必需品的价格上涨，无形中降低了当地居民的生活质量。

2. 造成产业结构失衡

一般而言，旅游业的发展能使当地的产业结构朝着合理化方向发展。但如果过分依赖旅游业，则可能对产业结构产生不利影响。因为随着旅游业规模的扩大，效率和效益的提高，会有越来越多的农村劳动力及其他行业的劳动人员流转到旅游行业中来。由此引发了两种相反的情况：一方面旅游业的发展扩大了对农副产品的需求，另一方面却是农副业产出能力下降，进而影响到社会安定与经济发展。例如，苏州的旅游业发展很快，却对当地传统丝绸业产生了明显的冲击，原因是通过对收入及工作强度的综合比较，青年人尤其是青年女性更多地选择从事旅游工作，致使丝绸业招收不到女工。

3. 影响国民经济稳定

一个国家或地区不宜单纯地依靠旅游业来发展自己的经济，对于像我国这样一个大国来说，更是如此。首先，旅游需求是不稳定的，它受旅游客源地各种因素影响，诸如政治局势、战争、经济危机、自然灾害、旅游流行时尚等，其中多数因素难以控制与把握。一旦发生不可预测事件，必然导致旅游需求萎缩，旅游接待地就很难保持和扩大其市场占有率，进而影响经济发展。其次，旅游需求也受到旅游接待地各种政治、经济、社会乃至某些自然因素的影响，一旦这些非旅游业所能控制的因素发生不利变化，也会使旅游需求大幅下降，导致旅游业乃至整个经济严重受挫。如"9·11"事件使世界旅游受到了冲击，特别是使西方旅游业蒙受重大灾难。2002 年 10 月印度尼西亚巴厘岛恐怖爆炸使其旅游经济效益大幅下降。受 2003 年的"非典"疫情影响，我国旅游业损失 2 768 亿元。最后，作为现代旅游活动主要组成部分的休闲度假旅游有很强的季节性。虽然旅游需求的季节性波动有时可以通过旅游营销的努力而减小，但毕竟不可能完全消除。因此，旅游目的地在把旅游业作为基础产业的情况下，淡季时不可避免地会出现劳动力和生产资料的闲置，给旅游目的地带来经济和社会问题。因此，过分依赖旅游业的经济是一座"建立在流沙上的大厦"，随时有倾覆的危险。

第二节　旅游的社会效应

旅游的社会效应是指旅游活动对旅游目的地的社会结构、价值观念、生活方式、风俗习惯和文化特征等方面的影响。

一、旅游对社会的积极效应

旅游对旅游目的地社会的积极效应主要包括加快居民世界观的改变、促进传统文化的保护发展和推动社会文明进步等。

1. 开阔目的地居民视野，加快其世界观的改变

大多数旅游目的地受自身条件的限制，在经济、文化、社会等多方面的发展仍然比较落后，在这样的生活环境与生活条件下，旅游目的地居民的视野都存在一定的局限性。旅游作为文化交流的一种重要形式，具有广泛性、群众性、灵活性等特点。不同宗教信仰、年龄的旅游者来自不同的国家和地区，他们不受党派思想意识、官方外交礼节等的约束，行动比较自由，这为旅游目的地带来了有别于自身的新的行为方式与思想理念。当地居民可以通过多种形式，接触不同民族和阶层的人，了解他们的政治、经济、社会制度、民族文化、风俗习惯，结交各种类型的朋友，进而开阔自己的视野。

同时，由于大多数当地居民从未接触过外面的世界，可能会对外面的世界有着盲目的崇拜或排斥等情感，而旅游活动的开展或与外来旅游者的接触，可以加快当地居民世界观、人生观及价值观的转变，更快更好地融入旅游活动为他们带来的新的社会生活中去。

2. 促进传统文化的保护和发展

随着旅游的开展和接待外来旅游者的需要，旅游目的地一些原先几乎被人们遗忘了的传统习俗和文化活动重新得到开发；传统的手工艺品因市场的需要获得新的发展；传统的音乐、舞蹈、戏剧等又得到重视和发掘；濒临灭绝的历史遗产获得了新生，成为一种独特的文化资源。例如，云南丽江古城原是一个"被遗忘的王国"，20世纪50年代初当地政府作出了一个明智的决策："保留古城，另辟新城"。1986年丽江古城被确定为国家历史文化名城，古城保护便不断升级，并出台了《丽江历史文化名城保护规划》，使古城的保护走向科学化、规范化。1997年，丽江古城获得了"世界文化遗产"的殊荣。丽江旅游业的迅猛发展，在促进经济发展的同时，也促进了丽江传统文化的发展，许多濒临失传的纳西族传统文化在旅游大潮的触动下开始复苏，并融入了旅游市场，得到了重构重建。重要文物古迹如木府、文峰寺、洛克故居等得到修复，勒巴舞、白沙细乐及东巴舞蹈、音乐、字画等民间艺术得以复活，打铜、制陶、打银等传统手工艺也获得新生。丽江政府将旅游收入中的一部分返还于古城修复与文化保护，从而又促进了传统文化的保护，使丽江进入了经济发展与遗产保护良性循环的发展轨迹。

3. 促进科技文化交流，推动社会文明进步

旅游的发展与科学技术的进步有着密切的联系，旅游的发展离不开科学技术进步的支撑，反之，旅游又对科学技术的发展产生重要影响。旅游活动从来就是科学研究和技术革命的一种手段，在旅游发展的各个阶段，都曾有不少人以科学考察为目的，为完成某项科研任务而参与旅游活动。有些人主观上出于其他目的而旅游，但客观上也起到了传播和交流知识与技术的作用。例如，现代商务旅游、会议旅游、公务旅游、文化旅游、专项旅游等都使得这种交流的广度和深度不断得到拓展。另外，旅游在发展过程中又不断对科学技术提出新的需求，特别是在交通工具、通信、旅游服务设施和设备方面，要求更加快速、便利、舒适和安全，从而推动了相关领域科学技术的发展。

相对来说，旅游目的地多是发展比较落后的地区，因此旅游对当地科学技术发展的带动作用表现得更为明显。同时，为了满足旅游业发展的需要，吸引旅游者前来参观游览，接待地也会增加新的文化设施，优化社会文化环境，不断地改进物质条件，这也在无形中加快了当地科学技术的发展和社会文明的进步。

二、旅游对社会的消极效应

对社会来说，旅游是把双刃剑，既有积极的一面，也有消极的一面。旅游对旅游目的地社会的消极影响表现在以下几个方面。

1. 导致旅游者和目的地居民之间的文化冲突

所谓文化冲突是指生活在某一种文化中的人，当他初次接触到另一种文化模式时，在产生了思想混乱与心理压力后所发生的变化。在旅游的过程中，必然发生两种文化的碰撞与交流，也必然会产生文化冲突现象，它是客观存在的。文化冲突可能导致旅游者或当地居民产生一些不良心态：一是希望并努力适应陌生文化环境时产生的紧张感；二是失去原本熟悉的环境和拥有的社会地位而产生的失落感；三是对新环境的繁荣而产生的自卑感；四是个人的

信念与价值观念在新环境下的混乱感;五是环境适应、人际交往力不从心而产生的沮丧感;六是对异质文化的憎恶痛恨感。

2. 影响旅游目的地居民的正常生活

一方面,当越来越多的外来旅游者大量涌入旅游目的地时,为了满足旅游者某种特定的经历或使其享受符合游客水准的生活条件,当地旅游行业往往把质量上乘的消费品优先供应给肯出高价的旅游者,各种服务也优先保证旅游者的需要,这就造成了旅游者直接与当地居民争夺有限资源的情况。另一方面,任何旅游目的地的承载力都是有限的,旅游者的大量涌入会使当地居民的生活空间相对缩小,损害当地居民的利益,特别是在接待地的综合接待能力有限的情况下,外来游客的大量增加和游客密度的提高,会影响当地居民的正常生活。这种情况发展到一定程度的时候,当地居民对旅游者的态度就有可能从起初的友好热情转为不满甚至怨恨。

3. 造成旅游目的地传统文化内涵的丧失

由于大量旅游者涌进来,在外来文化和现代时尚的冲击下,传统文化失去了它的原始面貌。主要表现如下:

(1)地域文化和民族文化的异化。一些地域文化保存得相对较好、较完整的地区,往往在外来旅游者的冲击下发生异化,使原有的传统习俗、服饰、生活方式、举止行为、人生观、价值观等在不经意中逐渐发生改变。一些偏远地区,由于历史、社会、交通等方面的原因,与外部世界交往少,具有相对封闭性,使独特的民俗风情、民间歌舞、传统节日、婚丧嫁娶和宗教仪式、建筑风格等民俗文化被完整保存下来,这是难得的旅游资源。但由于旅游者大量进入而产生的文化异化现象,当地居民特别是年轻人放弃传统的生活方式,使民族传统特色逐步消失,导致地方文化的独特性被削弱。如云南大理白族女子的传统特征是头缠绣花毛巾,头巾边侧飘着一束白色的缨穗,身穿白色上衣,外套绣花丝绒领褂,下着绣花宽裤,腰系紧身绣花圆腰带。而随着大理传统文化、民俗风情的对外开放和旅游业的发展,白族女子的传统服饰正悄然地被同化和发生异变,穿传统服饰的白族妇女明显减少,取而代之的是各种形式的超短裙、T恤衫、牛仔裤等。

(2)传统民族文化的仿造与伪造。任何一种文化都是人们在特定的自然和历史条件下,通过长期的生产、生活实践创造积累而形成的。因此,无论是传统的民间习俗、庆典活动,还是传统工艺都有其特定时间、特定地点和特定内容及方式,但游客却需要观赏"即兴文化",需要"快餐"式地体验当地文化,于是一些具有观赏性、表演性的传统文化,就不再按照传统规定的时间和地点举行,而是随时都会被搬上"舞台"。更有甚者,为了迎合旅游者的需要,以获取最大的经济利益,旅游经营者干脆以假乱真,精心打造各种内容和形式都完全脱离传统文化的"伪民俗文化",使传统文化在很大程度上失去了传统意义和价值。

另外,为了满足旅游者购买当地手工艺品的需求,旅游地的经营者常常采用机械化、自动化手段生产传统手工艺品,造成了大量粗制滥造的"伪手工艺品"充斥着旅游目的地市场的局面,这些实际上不能体现传统风格和制作工艺的纪念品也起着传播"伪文化"的作用。

4. 加速旅游目的地道德标准的扭曲和异化

任何文化都有其积极的一面,也有其消极、落后的一面。因此,旅游者会把其自身文化中积极的和消极的因素一并带入旅游目的地。作为旅游目的地的国家和地区,在发展旅游过程中难免受到外来社会生活方式和思想意识的影响,从而使当地的传统观念发生裂变和扭曲。由于许多旅游目的地是发展相对落后的国家和地区,在旅游者"现代化"消费样板的诱惑下,在主客之间生活水平悬殊这一客观事实的刺激下,接待地的部分居民极易丧失淳朴的美德,甚至堕落到罪恶的泥淖之中,造成当地社会问题的尖锐化。

正是因为看到了旅游业对社会文化的消极影响,1999 年 9 月在智利首都圣地亚哥举行的世界旅游组织第十三届大会通过了《全球旅游道德规范》,其中专门提出了"旅游对人民和社会之间相互了解与尊重的贡献",要求人们遵守以下旅游道德规范:

(1)抱着一种对不同宗教、哲学和道德信仰容忍的态度,了解、促进和人性一样的道德观念,既是负责任旅游的基础,又是负责任旅游的结果;旅游发展的利益相关者与旅游者本身应当遵守各个民族——包括那些少数民族和当地土著人的社会文化传统和习俗,并承认他们的价值。

(2)旅游活动的开展应当与东道地区和国家的传统与特征保持一致,并尊重其法律、习惯和习俗。

(3)东道社区为一方,当地专业人员作为另一方,都应当熟悉和尊重前来访问他们的旅游者,发现他们的生活方式、品位和期望;对专业人员的教育和培训有助于促进友好的接待。

(4)在旅游中,旅游者不应当有任何犯罪行为或者任何根据所访问国家法律被认为是犯罪的行为,旅游者应当有意回避那些被当地人感到是冒犯和伤害的行为或者可能会破坏当地环境的做法;旅游者应当阻止所有有关违禁的药品、武器、古董、受保护的物种和产品、危险品和根据国家规定禁止的物品的交易。

三、正确认识旅游的社会影响

1. 旅游对目的地社会既有积极影响,也有消极影响

旅游的发展是一个从个别的、偶然的现象到大众的经常的现象的历史过程,当旅游还处在低水平的发展阶段时,个别的、偶然的旅游活动或行为主要表现为对个人发展的影响,而对社会并不能产生大的影响。直到进入了大众化时代,旅游者与旅游企业的行为才开始逐渐地影响着人类社会的发展趋势。

人们对旅游效应问题的认识,最早出现的流行观点是"赞歌论",即在突出称赞旅游业发展能够带来经济收益的同时,也强调旅游发展在保护自然和文化遗产方面以及在促进国家间相互了解方面所具有的潜能,也就是说,这一观点只看到旅游带来的积极影响,而不谈同样有可能带来的消极影响。但随着旅游活动规模的扩大,一些人开始不赞成上述观点,认为旅游发展带来的影响是"祸"而不是"福"。应当说,这两种观点都是片面的。实际上旅游的影响不可能仅有一个方面,应该同时包括积极与消极两个方面。当然我们希望旅游的积极影响大于消极影响,但是这些影响的产生都是有条件的,由此,对条件的有效控制就能有效引导旅游影响。

2. 旅游对目的地社会的影响需要科学管理和有效控制

（1）健全管理体制，实施科学管理。旅游接待地区的政府和主管部门，要通过行政手段，对旅游的消极影响加以控制。首先，要颁布与旅游相关的政策、法律、法规及各种规章制度，加强对旅游污染的控制和治理；其次，要健全管理体制，建立专门的组织机构，严格执行国家的各项政策，禁止和打击不良现象；最后，要吸收先进的管理理念和管理经验，实施科学管理，提高管理的成效，达到控制旅游发展对社会的负面影响的目的。

（2）制定合理规划，积极发展旅游。为了避免旅游者大量涌入造成旅游接待地区承载力不足、资源供应紧张的状况，政府部门要根据当地的自然条件和社会经济条件，制定合理的旅游发展规划，防止旅游接待超负荷运行，降低大规模旅游带来消极社会影响的可能性，既保证旅游者的权益，也维护当地居民的利益，在合理的范围内积极推进旅游业的发展。

（3）加强旅游宣传，引导教育大众。旅游宣传和教育的对象包括外来旅游者和当地居民。对外来旅游者，要引导他们对旅游活动有正确的认识，以健康、向上的心态参与旅游活动；对当地居民，要使他们充分认识到发展旅游业给当地带来的积极的经济效益和社会效益，以友好、开放的心态对待外来的旅游者和外来的文化。在旅游者与当地居民中间，则要提倡相互尊重和理解，使他们认识到彼此发展自身文化的权利，提倡双方在平等的基础上进行文化交流，以加深了解，增进友谊。

历史已经证明，一个国家和地区的社会要发展进步，外来文化的促进是一个重要的条件。正确认识旅游对社会的影响，主要目的是要在澄清认识的基础上采取措施，发扬旅游对社会文化的积极作用，抵制和最大限度地缩小其消极影响，保证旅游事业积极健康地发展。

第三节　旅游的环境效应

旅游的环境效应是指旅游活动对旅游目的地生态环境的作用和影响，如对自然生态环境的保护和改善，以及带来噪声和垃圾等污染。

一、旅游对环境的积极效应

旅游对旅游目的地环境的积极效应主要表现在增强居民的环境保护意识和改善旅游目的地环境条件两个方面。

1. 增强目的地居民的环境保护意识

没有高质量的生态环境，便不能很好地发展旅游。为了发展旅游，人们必须比以往任何时候都更加注意保护旅游环境和改善环境质量。由于有这一共识，旅游开发越来越强调科学规划，注重对环境的保护，以减少因发展旅游而对环境造成的污染和破坏。旅游这种高层次消费活动的开展，增加了旅游目的地居民的科学文化知识，提高了他们自觉维护生态环境的意识。还有人利用旅游活动开展环保宣传，如绿色和平组织成员以旅游的形式跨国家、跨地区宣扬保护环境、保护野生动植物、保护地球大家园的重要性和意义。旅游使不同种族、不同民族、不同政治观念和宗教信仰的人们在环保方面达成共识并付诸行动，促进了环境的改善。

2. 改善旅游目的地的环境条件

旅游目的地的环境与旅游之间有着密切的关系。第一，无论是自然旅游资源，还是人文社会旅游资源，其本身都是目的地环境的组成部分，目的地环境既是旅游者旅游的背景与依托，又直接构成了旅游吸引物，因此环境的好坏不仅决定旅游者的旅游数量，也决定了旅游者旅游体验的质量。第二，旅游作用于环境，对环境产生效应。旅游对目的地环境的影响从一开始就不是潜在性的，而是事实上的影响。这些影响有些是直接的，有些则通过间接与诱导的方式表现出来。

优质的环境是旅游发展的前提，为了吸引旅游者并满足旅游者的需求，旅游开发必然力求造就并维持良好的旅游环境，这些开发建设活动客观上会起到改善旅游目的地物质环境的作用。具体表现为：改善道路，改善交通运输服务等基础设施；增加休闲娱乐场所以及相关设施的数量；维护、恢复、整修古迹遗址和历史建筑；改善旅游接待区的环境卫生；对旅游目的地居民进行旅游教育，提高居民的素质等。

值得注意的是，上述各项旅游对环境的积极影响是否属实，最终取决于当地的社会认同。原因在于，旅游研究者乃至旅游者对上述的环境变化都给予了积极的肯定，而当地社会对此是否认同则因地而异。例如，英国苏格兰地区的旅游协调委员会在1992年提交的环境影响报告中，列举了旅游的开展对当地物资环境带来的一系列具体影响，其中积极的影响基本上都包含前述的各项。然而，在非洲的一些地区，野生动物园的设立在当地居民中不仅没有被看作对当地环境具有保护作用的积极之举，反而被认为限制了当地游牧部落的放牧土地，制约了当地的食物生产能力，因而，设立野生动物园对于这些地区而言则具有消极作用。

二、旅游对环境的消极效应

旅游在对旅游目的地的环境产生积极效应的同时，也对旅游目的地产生了诸如造成环境污染、破坏植被和土壤、加速旅游资源的损耗和造成旅游景观的破坏等消极效应。

1. 造成环境污染

有人认为，旅游是无烟产业，不像其他产业那样会对生存环境产生污染；还有人认为，旅游资源主要是由可再生性资源组成，旅游消费基本上是"精神消费"，因此不存在旅游资源耗竭问题。这些观点是错误的。旅游也会给环境带来负面影响，特别是受经济利益的驱动而对旅游资源的放任开发，超过环境容量的过度接待等，都可能对资源和环境造成难以挽回的破坏。

旅游过程中所造成的环境污染是旅游活动最典型的负面影响之一。旅游是一种高层次的消费活动，其消耗的各种能源比平常多得多，因此，旅游中丢弃的废弃物也特别多，交通工具排放的废气（特别是汽车），人体的分泌物、排泄物，饭店的废水、煤烟等均会造成严重的空气污染；景区的各种流出物及垃圾也会造成水质污染。此外，一些旅游者乱弃废物以及乱刻乱画的行为，也使当地的环境和景观受到破坏；旅游者在自然界中收集纪念品的行为以及对某些区域的过度踩踏，都会损害这些地区的环境质量。

2. 破坏植被和土壤

虽然各地区都在强调旅游开发中要注重生态环境的保护，但由于大部分生态系统的生态承受能力目前还不清楚,利益驱动带来的短期行为很容易破坏旅游生态环境。有的旅游目的地打着发展生态旅游的幌子,却从未真正考虑过其行为对旅游生态环境所造成的破坏。总体来说,旅游对生态环境的破坏作用主要体现在两个方面:

一是对植被的破坏。首先,旅游离不开车辆,而机动车辆进入旅游区,尾气形成的烟雾会使森林、植被受害;其次,随着旅游业的发展,许多树木植被因筑路、建宾馆、造停车场、修娱乐设施而被砍伐、清除;最后,植被因旅游者的攀爬、践踏而枯萎死亡。此外,旅游者的任意刻画、采摘,不适当的狩猎行为、野营活动等也严重地破坏了植被。

二是对土壤的破坏。这类破坏除了旅游活动造成的空气污染、水体污染、景观污染、森林破坏、植被损毁所产生的连带效应外,更多来源于旅游业的建设性破坏。旅游业进行旅游开发,难免要大兴土木,如削高填低、挖石取土、奠基筑路、叠坝蓄水等,由此造成土壤质量大大降低。另外,大量游人的踩踏,也会直接破坏长期形成的稳定落叶层和腐殖质层,造成水土流失。

3. 加速旅游资源的损耗

旅游对接待地旅游资源的损耗可分为以下两类:

一是旅游者的破坏。这主要指由旅游者行为所造成的破坏。如照相机的闪光灯,游客的汗水、呼吸和指印,使得埃及尼罗河谷一些庙宇中的壁画和雕像受到腐蚀;成千上万旅游者的脚步,几乎将意大利佛罗伦萨和威尼斯等名城的博物馆内珍贵的镶嵌画地板磨平。更有甚者,有不道德的旅游者还触摸攀爬、乱刻乱画,这些都使旅游资源受到很大的损耗。

二是旅游业的破坏。接待地的历史文化遗产有可能因开发和保护不当,被当地人士借发展旅游的名义毁坏或改造。比如,因旅游规划与管理不当,一些古都、古城的历史风貌逐渐消失,一些古建筑被毁坏或者变得面目全非。又如,一些旅游景区受经济利益的驱使,在旅游旺季并不限制游客的数量,而大量旅游者的涌入远远超出了景区的容纳范围,造成景区环境压力过大,进而影响了景区的原始风貌和寿命。

4. 造成旅游景观的破坏

旅游资源的不当开发会对旅游景观造成破坏。比如,为了接待大量游客,旅游目的地无节制地兴建宾馆、商店,或者在景色奇、秀、幽、险之处,兴建大量的人工设施,如索道、凉亭等,或者在当地人文景观环境之中随心所欲地兴建一些建筑。旅游目的地的上述做法严重破坏了景观原有的质朴和美感。例如,湖南省张家界市武陵源风景区 1992 年被联合国教科文组织列入世界自然遗产名录。然而,大规模的旅游开发导致景区出现"城市化"倾向,被联合国教科文组织出示"黄牌"警告。又如,作为世界"双遗产"的黄山景区,由于片面追求眼前利益,在核心风景区内开山炸石,伐木毁林,盲目兴建大量娱乐设施,致使其自然景观遭到严重破坏。

第四节　旅游的空间效应

一、旅游的空间效应概述

随着我国经济的持续快速发展和城镇化进程的加快,人口迁移、产业集聚以及由此衍生的社会经济结构变迁不仅将直接或间接引导旅游消费模式的转变和旅游产业技术创新能力的提升，而且将大大促进旅游的网络化分布，进而促使特定区域的社会经济结构、生态环境状况、生产技术水平等发生巨大改变，由此便引发了旅游空间效应的形成。

旅游的空间效应是近年来国内学者对旅游业的影响所做的更深层次的研究，是指特定区域范围内旅游系统中的旅游要素构成、地理分布特征以及经济、文化、社会等诸多要素共同作用的结果。不同的地域文化和分布特征所产生的旅游影响必定会通过某种经济、文化和社会形态在一定地域内表现出来，从而在空间范围对旅游业的发展产生不同的影响。

旅游的空间效应是在漫长的时间里，特定区域内的经济、社会、文化、生态等因素自然整合的结果。它不像旅游的经济效应、社会效应和环境效应那样会在短时间内就有正面效应、负面效应或积极效应、消极效应等明显外在表现，并迅速为人所感知，而是需要经过较长的时间逐步形成的。虽然并不是所有的旅游空间效应的形成都是自然产生的，其中不乏有目的、有规划的人为因素影响，但是可以肯定的是，旅游空间效应主要是一种自然形成的客观存在，人们可以根据区域经济、社会发展的需要对这种空间效应进行适当的调控与引导，而不能也不需要对其进行主观的判断与评价。事实证明，能够受到人的因素影响的仅仅是那些中小规模的旅游目的地，而更大规模的旅游目的地空间效应仍是自然形成的结果。

二、旅游空间效应的影响因素

旅游空间效应的形成受多种因素的影响和制约，其中旅游资源分布、客源市场区位、集聚与扩散机制、交通网络发展和政府决策引导等因素是影响旅游空间效应的主要因素，这些因素共同作用于旅游规划开发以及旅游空间布局，彼此关联、相互整合。

1. 旅游资源分布

旅游资源分布对旅游空间效应的影响作用主要体现在：旅游资源区位往往就是旅游企业区位，旅游景区（点）型旅游企业需要依托旅游资源来开发核心旅游产品，进而促进旅游空间开发，旅游资源空间布局状况直接影响到旅游企业空间布局状况。一般来讲，旅游资源的空间结构可能呈现出带状、圈状、点一轴状、星云状等不同形态。由于旅游资源尤其是自然旅游资源的形成是一个长期的过程，而且在一定区域内旅游资源空间集聚的现象非常普遍，如世界遗产地、国家级风景名胜区、国家级历史文化名城等地域往往是旅游资源的集聚地。旅游资源的集聚会带来旅游产业的集聚，旅游资源的空间形态对旅游企业空间布局形态产生重要影响，进而影响区域整体空间结构。

2. 客源市场区位

一般情况下，如果以国际旅游市场为主要客源定位，则星级饭店、国际旅行社等旅游企业宜布局在国际性大中城市，这些城市往往是出入境口岸城市或具有国际航班连接主要国际客源市场，旅游的发展将进一步促进旅游中心城市的发展。如深圳市作为新发展的特区城市，其本身的旅游资源并不丰富，但却云集了近10个主题公园，原因在于它对港澳市场来说近水楼台，客源区位优越。如果以当地休闲市场为主要客源定位，则可以布局在居民集聚区、城郊交错地带等，从而促进旅游功能区的培育和开发。由此可见，不同类型的客源市场区位，对旅游空间效应发挥具有不同的影响。

3. 集聚与扩散机制

集聚与扩散是旅游空间配置的两种形式。集聚效益对旅游空间效应的影响主要表现在：可以降低交易成本，可以共塑特定区位的旅游形象，又可以进行旅游合作。如旅游企业进行旅游市场联合营销来减少经营成本；旅游产业内部各企业通过产品的互补来满足旅游者的多样化的需求，通过分工合作提高旅游产品的生产效率；旅游者的出游行为具有多目的性，可能会同时选择数个旅游产品，同时光顾数家旅游企业，利用客源共享可减少旅游企业营销成本；促使旅游企业共享旅游设施，尤其是旅游交通基础设施，使其不需要单独对旅游区域的基础设施进行专项投资，进而节约成本。当集聚发展到一定程度时，就出现了集聚不经济，此时企业和要素就会为避免集聚不经济而从集聚地迁移出去，即发生所谓的扩散现象，即优先开发区带动落后地区旅游业的发展。由于扩散机制的作用，旅游者、要素以一定的速度由核心区流向边缘区，从而带动了边缘区的旅游发展。

4. 交通网络发展

交通网络发展是旅游企业空间选择的重要影响因素之一。如果城市旅游核心区与边缘区有城市轨道交通、高速公路或城市交通干道等快速交通方式连接，则旅游企业便可以把原本在核心区的布局转移到在边缘区布局。城市旅游空间区域一般都具有较好的旅游可达性，游客可以便捷地抵达。因此，旅游企业区位选择多偏向在城市旅游空间集聚区布局，进而促进旅游空间布局优化与旅游空间结构的调整。一般情况下，旅游空间布局主要向旅游资源富集及旅游交通设施便利的区域聚集，具体旅游景点空间主要分布在高速公路、国道及铁路等主要交通干线附近，这主要与旅游景点的开发建设离不开交通设施建设有关。由此可见，旅游交通网络发展对旅游资源开发、旅游产业布局以及旅游空间布局体系的形成均具有重要的影响。

5. 政府决策引导

在我国旅游的大发展大繁荣过程中，政府始终扮演着极其重要的角色，政府对旅游空间效应的影响主要体现为两方面。一方面，颁布政策法规，为旅游空间效应提供政策指向，规范和引领区域旅游的合理规划。政策法规的颁布不仅能对旅游产业尚未集聚的地区进行空间布局的促进，还能对空间分布较为成熟的地区进行科学管理和控制。另一方面，政府在旅游发展中提供大量人力、物力、财力，完善各类基础设施，规范市场秩序，提供优惠服务，发展交通枢纽，为旅游合理化空间分布提供配套服务，包括重大项目的落实和选址，无不体现了政府决策与行为的强大引导功能。

三、旅游空间效应的表现

旅游空间效应的表现主要涉及旅游空间的客源地市场和旅游目的地市场两方面，具体体现为：第一，旅游产业空间结构将不断优化；第二，从客源地吸引更多的国内外游客；第三，旅游空间的基础设施的建设得到改善；第四，旅游需求的旺盛，推动旅游线路朝多元化方向发展；第五，旅游景区的知名度和影响力不断提高，推动旅游空间的形象提升。

1. 优化旅游产业空间结构

旅游的空间效应会促进旅游产业空间结构的优化升级。一方面，旅游经济的增长引发了人才、科技、资金、资源等旅游发展要素的集聚，为旅游、酒店、饮食、运输、商业、娱乐等行业在集聚地的发展提供了有利条件。旅游企业吸引了大量的旅游发展要素后，将其用于设备管理与技术改进，大大提高了旅游产品的种类和档次。另一方面，旅游的空间效应驱使旅游产业供应链日益完善，促进产业链上的各个相关企业间的合作与分工，使物质流、信息流、资金流等更加合理化，实现优势互补、资源共享。此外，旅游产业的空间效应使大量旅游相关企业之间地缘接近，联系紧密，互通有无，促进了相互学习与借鉴，使得一些创新成果和创新技术在特定空间内快速扩散，获得很大的知识外溢性。这些都会促进旅游相关企业技术进步，进而推动产业结构升级。

2. 增加国内外旅游客流量

当一个国家或地区旅游的空间效应比较鲜明时，势必会吸引大量国内外的旅游者前来体验，从而引起旅游目的地相关产业需求的变化，推动区域旅游空间的发展。一个旅游者的满意度不仅取决于某一处景观的引人入胜，还有赖于其所在空间范围内的其他景区以及其他行业的经营状况和服务质量。旅游的空间效应引起旅游产业中各企业之间广泛联结，相互依赖，如旅行社的优质服务将促进餐饮、住宿、娱乐、零售等企业的成功。空间效应使得许多旅游产品在满足顾客的需求方面互相补充，以往知名度较弱的旅游景区会因其空间优势而被注入新的活力，从而获得单个游离的旅游企业无法拥有的竞争优势，以此吸引大量国内外旅游者参观体验，促进旅游产业的持续、健康发展。

3. 改善旅游的基础设施

基础设施是旅游活动顺利开展的必要条件。旅游空间效应是区域资源、技术和制度等因素共同作用的结果，旅游建设发展的蓬勃兴起，可以并且在很多地方已经带动了欠发达旅游地区基础设施、配套设施及相关产业的同步发展，为旅游地区发展新兴产业奠定了良好的发展基础，也为外来投资提供了一个良好的投资环境。实际上，往往经济欠发达地区同时也是旅游资源富集的地区，与发达地区相比，这些地区往往存在着基础设施差，进不来、出不去等问题，从而严重制约了当地的经济发展。空间效应的产生可以推动旅游基础设施的超前建设，以城市交通设施和城市旅游设施的增加尤为明显。

4. 推动旅游线路多元化

旅游线路是旅游产品的重要组成部分，从产品的角度出发，旅游线路的数量多少及质量好坏直接影响当地旅游业的发展。旅游线路的设计通常根据各地实际情况，因地制宜地满足市场需求。但每条成功的线路在设计、开发上都必须通盘考虑其旅游资源的特点、旅游区的空间格局、客源市场等因素，而这些重要的影响因素恰恰是旅游空间效应作用的结果。旅游景区景点的空间格局直接影响到旅游线路的数量和结构体系。旅游目的地的其他景点若是围绕主要旅游景点集中分布，则有利于设计以主要旅游景点为中心的多条环形或辐射形旅游线路；若景点远离主要旅游景点或深居边远地带则不利于形成旅游线路，但如果这类边远的景点旅游质量很高，对游人的吸引力会很强；若干个景点成群分布，则有可能以此主要景点为依托形成次一级的旅游线路。总之，旅游的空间效应在很大程度上使旅游景区景点的空间布局得到优化，从而推动了多元旅游线路的开发，促进旅游景区的可持续发展。

5. 提升旅游空间影响力

旅游的空间效应能够大大提升旅游空间的知名度，而知名度的提升则会显著提高某一特定区域作为人们旅游目的地的概率，不仅可以给旅游目的地带来大量的客源，而且对旅游的可持续发展也会产生重大积极的影响。一方面，旅游产品实际上是向旅游者提供的一场活动体验，旅游者去体验整个旅游空间的产品服务，而不仅仅是某个单一的景点，将在很大程度上提升旅游者对旅游产品的满意度。另一方面，旅游品牌的定位与空间影响力的提升除了需要遵循一般品牌共同的原则外，还应遵循所在空间的民族化和地域化原则，而旅游空间效应对于形成民族化和地域化是一股强劲动力。因此，无论是从旅游者体验的角度，还是从旅游目的地品牌建设的角度来看，旅游的空间效应都能在很短的时间内改变该地区的旅游形象，大大提升旅游空间影响力。

四、旅游空间效应的调控对策

从一定意义上来说，旅游的空间效应是以非物质性为核心属性的旅游活动和以物质性为核心属性的地域空间相互作用、有机结合的结果。旅游空间是一种多元复合空间，包括社会、经济、文化、生态等多个方面。它既是旅游产生的地域与空间条件，也是旅游发展壮大的空间基础。旅游的空间效应主要是一种自然形成的客观存在，不像旅游的经济效应、社会效应和环境效应那样具有明显的正面效应和负面效应，因此，可以根据区域经济、社会发展的需要对这种空间效应进行适当的引导与调控。在研究和探讨旅游的空间效应的基础上，对这种效应进行适当的引导与调控，对旅游目的地的持续发展具有重要的理论与现实意义。

1. 加强区域协调与合作，促进旅游一体化

区域旅游合作是一种世界性的发展趋势。实现区域旅游经济协调发展，并不意味着要抑制发达地区旅游经济水平的提高，而应通过区域交流与合作，强化资本、技术和人才的空间溢出效应，促进旅游区域均衡和协调发展目标的实现。从区域发展环境来看，旅游目的地的发展不能脱离区域的支撑，应强化与周边区域的旅游合作开发，将资源在地区之间重新配置、组合，实现"资源共享""市场共享"，更好地实现旅游资源和旅游产品的互补，以获取最大的经济效益、社会效益和生态效益，保证旅游目的地持续、健康、快速发展。这还需要政府及政策部门在制定旅游产业政策和规划时，强化区域间的旅游协调与合作，打破行政区划壁垒和行政体制束缚，推动区域旅游一体化发展，促进旅游业物质资本、劳动力等生产要素的跨区域流动和集聚，推动区域整体旅游业的持续快速增长。

2. 实现资源的合理化配置，培育区域增长极

我国旅游发展区域差异明显，尤其是中、西部地区若不能在短期内实现旅游经济水平的整体性提升，可将有限的资源集中投入到区位条件优越、旅游资源丰富的地区，使其成为区域旅游发展的增长极，并通过辐射和带动作用诱发周边地区旅游经济的发展。培养旅游增长极，就要对旅游目的地进行有层次的开发建设。一般情况下，可根据对目的地周边的辐射带动作用强弱，将旅游发展区域分为数个旅游增长极。以旅游增长极为依托，以旅游资源密集带和交通干线为支撑，以旅游产业发展为纽带，实施"点—轴—面"发展的战略，形成旅游景点、旅游城市和区域旅游产业科学合理布局的旅游空间网络体系，实现区域旅游产业的优

势互补和均衡发展，推动旅游产业空间布局的优化。

3. 提升旅游品牌形象，增强旅游空间吸引力

旅游产品和服务是旅游空间吸引的核心，深挖旅游产品的文化内涵，塑造旅游品牌形象，是提高旅游目的地吸引力的重要途径。文化内涵根植于旅游目的地地理空间内，在塑造旅游品牌形象时，要深化文化内涵的挖掘，根据旅游目的地的空间背景挖掘内容，并根据其地域特点进行整体包装、提升和推广，通过无形资产的增值带动有形资产的升值，从而提高旅游品牌的整体价值。如民族节庆活动是民族地区以宗教、传统艺术等文化背景为依托，在其他相关行业配合下，围绕一个鲜明的主题而举行的固定或非固定的盛大庆典活动，展现的是民族地区的历史文化传统、文化习俗和人文精神，具有文化传承和文化营造的功能。通过组织民族节庆活动，能有效地将传统文化和现代文化相结合，是深刻挖掘和创新旅游目的地文化内涵的重要途径，有利于提升旅游品牌形象，增强旅游空间吸引力。

4. 保障居民参与旅游开发，实现区域旅游的可持续发展

旅游目的地居民参与旅游开发的程度高，会有效避免或减轻旅游活动对旅游空间的负面影响。因此，提高旅游目的地居民参与旅游开发的程度，不但有助于达到空间控制的目的，更有助于促进区域旅游的可持续发展。要切实保障旅游目的地居民能够深度参与旅游开发活动，必须在以下几方面做出努力。一是提高居民的参与意识。让居民认识到当地文化资本对旅游发展的价值，也要认识到不管他们参与旅游开发与否，他们都会无可避免地承受旅游带来的影响。因此，积极参与符合他们的利益。二是赋予居民参与旅游开发的权利。当地居民是地方民族文化的载体，政府理应赋予他们在旅游开发和民族文化保护上发言权和控制权。如在当地的旅游规划过程中引入居民参与机制，在当地旅游管理决策中给他们提供参与机会等。三是提高居民自身的科学文化素质。居民由于缺乏参与能力，往往在旅游开发之初就被排斥在旅游决策之外。但是，居民的参与能力是可以成长的。这一点往往被目的地方政府和开发商忽略掉。从居民参与的内容来看，主要包括参与地方旅游规划、参与地方旅游宣传、参与地方旅游经营管理等。

本章小结

1. 旅游效应又称旅游影响，是指旅游活动所引发的种种利害关系。旅游是一把双刃剑，对经济、社会和环境有着正反两方面的影响。

2. 旅游的经济效应是指在合理开发旅游资源和保护生态环境的前提下，人们的旅游活动对旅游目的地经济发展方面所起的作用及产生的直接和间接影响。旅游在经济方面的积极影响，是现代旅游得以迅速发展和大众化的最主要原因。概括起来，这种影响主要体现在以下几个方面：带动其他产业的发展；增加外汇收入；有助于实现货币回笼；增加就业机会。旅游对经济的消极效应主要表现在：引起物价上涨；造成产业结构的失衡；影响国民经济的稳定。

3. 旅游的社会效应是指旅游活动对旅游目的地的社会结构、价值观念、生活方式、风俗习惯和文化特征等方面的影响。旅游对旅游目的地的积极效应有：拓宽居民视野，加快其世界观改变；促进传统文化的保护和发展；促进科技文化交流，推动社会文明进步。旅游对社

会的消极效应主要体现为：导致旅游者和目的地居民之间的文化冲突；影响旅游目的地居民的正常生活；造成旅游目的地传统文化内涵的丧失；加速旅游目的地道德标准的扭曲和异化。

4. 旅游的环境效应是指旅游活动对旅游目的地生态环境的作用和影响，如对自然生态环境的保护和改善以及带来噪声和垃圾等污染。旅游对环境的积极效应主要表现为：增强旅游目的地居民的环保意识；改善旅游目的地的环境条件。旅游对环境的消极效应主要体现为：造成环境污染；破坏植被和土壤；加速旅游资源的损耗；造成旅游景观的破坏。

5. 旅游的空间效应是指特定区域范围内旅游系统中的旅游要素构成、地理分布特征以及经济、文化、社会等诸多要素共同作用的结果。旅游空间效应的形成受多种因素的影响和制约，其中旅游资源分布、客源市场区位、集聚与扩散机制、交通网络发展和政府决策引导等因素是影响旅游空间效应的主要因素。旅游的空间效应主要表现在：优化旅游产业空间结构；增加国内外旅游客流量；改善旅游的基础设施；推动旅游线路多元化；提升旅游空间影响力。对其调控的对策主要有：加强区域协调与合作，促进旅游一体化；实现资源的合理化配置，培育区域增长极；提升旅游品牌形象，增强旅游空间吸引力；保障居民参与旅游开发，实现区域旅游的可持续发展。

延伸阅读

关于旅游效应——对社会文化正负影响问题探究

目前旅游业正处在蓬勃发展阶段，各地也在积极推进旅游业，这说明旅游业的确具有很大的发展前景。旅游业的发展能带来很多的效应，但是它发展的同时也带来了一些不可忽略的负面影响，只有当它的积极影响大于负面影响的时候，旅游业才能够顺利发展。所以为了旅游业的长期、健康发展，我们要客观地认识旅游影响，发挥它的积极影响，削弱不利影响。

自19世纪托马斯·库克的旅行社诞生拉开现代旅游的序幕至今已有一百多年的历史，旅游也经历了从个别到大众经营的历史发展过程。当旅游发展还处于低水平阶段时它对社会的影响并不大，而当现代旅游兴起后，随着旅游规模、参与人数的不断扩大，旅游对社会的发展产生了很大的影响。这些影响也逐渐成为学者关注并加以研究的对象。

一、旅游对社会文化会产生较大的影响

旅游影响社会文化的变迁，促进文化的互动和交流。影响文化变迁的因素很多，有自然环境的改变、文化内部的冲突、文化的传播等。人们外出旅游是本土文化与异地文化接触的过程，属于地道的文化传播过程。尽管旅游不是文化的主体，但它可以加速文化信息的传播。传播又可以导致不同文化之间的冲突与融合，它们构成了当代社会中影响文化传播的重要原因。旅游者与目的地居民直接或间接的接触造成了文化的互动和交流，这种文化交流的特征表现在：

（一）旅游是种有效的文化传播媒介

在旅游者和居民的交往过程中，如果从属于不同的社会条件和文化背景，他们的相互影响程度会有很大的差别。旅游者与目的地居民在价值观念、宗教信仰、文化程度方面大致相同时，双方的交流就顺畅而频繁。因为主客双方的经验范围重叠越多就越容易沟通，这在文化传播学中叫作同属文化传播现象。同属文化传播使得双方原有的知识、观念，在一定程度

上有所改变，取得一定文化交流的作用与效果，因为旅游者总是在寻找文化的差异性，而文化的差异性会长期存在下去。一旦主客双方属性完全趋同，那么人们就没有外出旅游的必要了。这种文化的差异性在民俗文化中体现得尤为典型，例如西藏、新疆、云南之所以会成为广大旅游者最为向往的地方，很大的原因是因为双方的文化差异性，这种差异性越大就对旅游者越具有吸引力。通过旅游活动，旅游者和目的地双方会有更多的接触与交流。

相反的情况是，各种属性完全相异，这种交往所能影响的范围就会缩小，信息交流就会受阻碍。这种情况较容易发生在不同民族之间，由于在语言、信仰、心理素质方面存在较大的差异，因此，可能会出现矛盾与冲突，引起目的地居民的抵制。这是文化的异属传播现象。为避免这种现象，游者应先寻求观念的沟通，尊重目的地文化中的传统，对变革传统的非强制性和长期性要给予足够认识。

（二）旅游所导致的文化交流具有不平衡性

主客双方交流不平衡表现为接受过程的不平衡。对于发展水平并不对等的双方，其接受模式常见为垂直接受。在垂直接受的模式中出现文化的强弱差别，强势文化更多地将自己的观念、思维和价值标准强加于弱势文化，使后者在文化上有所适应，而这种适应与传播过程并不对等，在强势文化的主导下弱势文化短时间内较难取得平等交流的机会，许多旅游目的地正是处于这种弱势地位，当地居民从提高旅游业收益的宗旨出发，往往被迫从属于外来旅游者的态度和价值观。与强势文化交手的另一结果，是在目的地居民中产生一种模仿和示范作用，而其中一部分是消极的、有害的。

（三）旅游影响旅游目的地的文化变迁

大众旅游是现代文明的产物，也是发达社会的一种发展模式，当旅游者将外来文化携带并传播到目的地时，必将对当地的传统生活方式和观念造成一定的冲击，从而影响当地的生活方式、社会构造等方面。因此，带来了环境的变化和人的变化，然后引起了文化的变迁。

二、旅游对客源地和旅游者的社会文化具有正反两方面影响

（一）积极影响

旅游能促进旅游者对旅游地的文化了解。不同时期、不同民族、不同地域的旅游者或多或少都会存在文化差异，也因此呈现出多姿多彩的文化格局和丰富多样的文化内涵。旅游者离开常居地到达一个新的地方，会接触到不同的文化。例如不同国家、不同民族有不同的喜好和禁忌，中国喜好红色，认为它象征吉祥，而德国却忌红色；中国喜梅而日本忌梅。这是不同的文化背景和生活习惯的影响所致。旅游服务者有义务向游客介绍当地的文化和习俗并及时提醒，旅游者也应该事先了解当地的各种风俗尤其是禁忌，做好"入国问禁，入乡随俗"的准备，增进对目的地文化的了解。

旅游能增强旅游者所属民族的内聚力。来自同一地区的旅游者往往具有本民族的某些特征和共性，当他们与目的地居民接触时，文化的差异与冲突便凸显出来，于是某种一致和亲近感出现在旅游者群体中，冲突又促进着群体的团结，整合着他们内部的一致性。来自同一国家或地区的旅游者会自觉使用内部的语言或其他的交流方式，这种小集团的共性与其他集团之间形成了鲜明的差异性。因此，在旅游活动过程中每个成员更多地趋向于团体活动而非

个人活动。这无形中整合了集团内部的一致性。世界旅游组织1981年颁布的一项考察报告也表明：从社会文化观念出发，旅游对输出国的影响是积极的，它能加强旅游者所属民族政治共同体的内部一致性。

（二）消极影响

由于旅游是旅游者在一个时期内支付能力的一次集中展示，他们花钱大方，与当地居民之间有报酬的交往关系容易使他们产生物质和文化上的优越感，甚至言行傲慢。同时旅游者停留时间的短暂性和相对隔离的状态使他们不能深层了解当地文化，而只是表层认识。另外旅游机构追求的是商业利润，将当地文化作为商品来出售，旅游者体验到的是包装的带有虚幻色彩的异质文化印象，在这种情况下旅游者未必能从旅游中获得更多教益。

虽然中国旅游历史悠久，但作为一个系统出现并发展却是20世纪70年代以后的事。因而我国对旅游影响的研究起步较晚，并相对滞后于旅游的发展。对旅游影响方面研究的必要性就在于我们要对旅游及其后果要有客观切实的认识与理解，调解各方的矛盾与冲突，促进旅游者与目的地居民之间的交流，推进旅游业的健康发展，尽可能使各方关系协调。高度和谐是旅游业的至高境界。

[资料来源：苑晓赫，杨辉.关于旅游效应——对社会文化正负影响问题探究［J］.华章，2013（14）：71.]

结合阅读思考

1．旅游者为什么要寻找文化的差异性？
2．怎样理解从社会文化观念出发，旅游对输出国的影响是积极的？

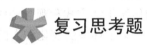

复习思考题

1．为什么许多国家和地区把旅游业作为支柱产业或重点产业来发展？
2．旅游在解决就业问题方面有哪些优势？
3．分析旅游对社会文化的积极影响和消极影响。
4．旅游开发中旅游目的地的文化往往会面临本土化和国际化的冲突，如何看待和解决这种冲突？
5．旅游对环境的效应表现在哪些方面？
6．旅游的空间效应有哪些表现？如何对其进行引导和调控？

参考文献

[1] 谢彦君．基础旅游学［M］．4版．北京：商务印书馆，2015.
[2] 孙洪波，李广成．旅游概论新编［M］．武汉：华中科技大学出版社，2008.
[3] 张超广．旅游学概论［M］．北京：冶金工业出版社，2008.
[4] 张众．旅游学概论［M］．南京：南京大学出版社，2010.
[5] 刘伟．旅游学概论［M］．北京：高等教育出版社，2009.

[6] 吴必虎，宋子千. 旅游学概论[M]. 北京：中国人民大学出版社，2009.

[7] 李肇荣，曹华盛. 旅游学概论[M]. 北京：清华大学出版社，2009.

[8] 魏芬，曹晖. 旅游概论[M]. 长春：吉林大学出版社，2014.

[9] 孟娜. 旅游效应两面性之探析[J]. 经济研究导刊，2010（18）：162-163.

[10] 俞霞，郑向敏. 论旅游地的集聚效应[J]. 桂林旅游高等专科学校学报，2007（5）：647-650.

[11] 谢春山. 旅游产业的区域效应研究[D]. 长春：东北师范大学，2009.

[12] 袁尧清. 湘西地质旅游资源群旅游发展的空间效应及整合开发模式研究[D]. 长沙：中南大学，2010.

第九章 旅游的产业观

本章导读

旅游的产业观主要从产业的视角分析探讨旅游产业的概念、特点、结构、功能以及旅游产业的空间布局、发展对策等，旨在深入理解人类旅游活动与旅游产业之间的密切关系，并为旅游产业的持续发展提供有益的理论指导。

学习目标

1. 理解旅游产业的概念内涵；
2. 理解旅游产业的特点；
3. 掌握旅游产业的结构与功能；
4. 掌握旅游产业空间布局的特征及发展趋势；
5. 分析和理解旅游产业发展的对策。

核心概念

旅游产业　旅游产业布局

第一节　旅游产业的内涵与特点

随着旅游需求的不断增长和旅游投资活动的日益频繁，我国旅游业迅速发展并取得了巨大的成功，各地纷纷将旅游业作为区域经济的主导产业或支柱产业来培育，旅游产业已经成为区域经济发展中的一支重要力量。对旅游产业的内涵与特点的把握和理解有助于更清晰地衡量旅游业的产业地位，也是深入分析和理解旅游产业活动及其影响的前提条件。

一、旅游产业的内涵

"旅游产业"一词对于国内旅游界和学术界来说早已是耳熟能详的概念，但长期以来，由于旅游产业所涵盖的范围比较广泛，学者们对旅游产业的本质与内涵的认识及其定义的语言表述呈现出一定的差异性，主要观点有：

（1）王兴斌（2000）认为，旅游产业是指旅游业和为旅游业直接提供物质、文化、信息、人力、智力服务和支撑的行业和部门。

（2）张陆等（2001）认为，旅游产业是指旅游业和为旅游业直接提供物质、文化、信息、人力、智力、管理等服务和支持的行业的总称。

（3）施卫东（2001）认为，旅游产业是以旅游者为对象，为旅游活动创造便利条件并提供其所需要产品和服务的一项经济性产业。

（4）李天元（2003）认为，旅游业就是以旅游者为对象，为旅游活动创造便利条件并提供其所需商品和服务的综合性产业。

（5）李季（2004）认为，旅游产业有广义与狭义之分。广义的旅游产业是指以旅游资源为凭借，以旅游设施为条件，为人们旅行浏览提供服务，从中取得经济效益的所有行业和部门；狭义的旅游产业是指与旅游活动相关程度最为密切的产业和部门，包括旅行社业（游）、旅游商品业（购）、旅游娱乐业（娱）、旅游餐饮业（吃）、旅游接待住宿业（住）和旅游交通业（行），它们共同支持着旅游产业这个庞大的体系。

（6）周玲强（2005）认为，旅游业不仅仅是传统意义上的服务业，也不是一般的第三产业，而是关联度高、带动性强、经济文化环境效益好的综合性产业，它在国民经济和第三产业中处于一个产业群的核心地位，发挥着带动其他产业发展的核心作用。

（7）宁泽群（2005）认为，旅游业一般是指以旅游资源为凭借，以旅游设施为条件，为旅游者提供服务而取得经济效益和社会效益的一系列服务行业。"旅游业从实际运行的特点来看，它的确也是一种产业现象"，"应该作为产业来看待，但是，旅游业的构成并不是一个单一的产品，更准确地说，它应该是一组产业群"。

（8）戴斌、乔花芳（2005）认为，从"产业规定的实用性"出发，应直接把为旅游者提供相关服务的企业的集合体称为旅游产业，其典型代表为旅行社和饭店。

（9）张辉等（2006）认为，旅游产业本质上是若干产业或若干市场构成的集合体，实际上是由众多相互依赖的利益相关者构成的一个产业集群。这一产业集群由住宿业、交通业、餐饮业、旅游吸引物、旅行社业等直接为旅游者提供服务的行业构成，还包括了政府管理部门、行业组织、培训机构、基础设施等提供支持性服务的组织。

（10）还有学者认为，旅游产业即旅游业，它是凭借旅游资源和设施，专门或者主要从事招徕、接待游客，为其提供交通、游览、住宿、餐饮、购物、娱乐六个环节的服务并获取经济收益的综合性产业。

从上述各位学者关于旅游产业定义的表述中可以看出，目前国内学术界在旅游产业的本质与内涵的认识上既存在一定的差异性，又存在较高程度的一致性。差异性主要表现在，上述观点中的（7）（8）和（10）未对旅游产业和旅游业进行明确的区分，而是直接将旅游业视为产业；而观点（1）（2）的阐述表明，旅游产业不仅包括旅游业，还包括除旅游业外直接为旅游者提供物质、文化、信息、人力、智力、管理等服务和支持的其他行业。一致性主要表现在，除了有的学者直接将旅游产业等同于旅游业，或认为不仅仅包括旅游业的分歧之外，几乎所有的学者都认为旅游产业是一个"综合性产业""经济性产业""企业的集合体"或"产业集群"。换句话说，目前学术界对旅游产业的本质与内涵的认识上的分歧主要集中在旅游产业仅是旅游业，还是不仅仅是旅游业。

上述分歧的存在实际上反映出两方面的问题：一是旅游业的范围究竟有多大；二是旅游产业的范围究竟有多大，直接为旅游者提供物质、文化、信息、人力、智力、管理等服务和支持的其他行业是否应该包括在旅游产业的范围内。对这两个问题的回答是我们认识和理解旅游产业内涵的关键所在。

第一,关于旅游业的范围问题。日本学者土井厚(1983)认为,旅游业就是在旅游者和交通、住宿及其他有关单位中间,通过办理旅游签证、中间联络、代购代销,为旅游者导游、交涉、代办手续,并利用本商社的交通工具、住宿设备提供服务,从而取得报酬的行业。这种观点实际上是将旅游业等同于旅行社行业,其弊端在于将旅游业的范围限定得过于狭窄。而另外一种关于旅游业的惯常说法是,旅游业包括旅行社、旅游饭店和旅游交通三大支柱产业,这一观点实际上是将过去常说的旅游媒体等同于旅游业,其弊端同样是将旅游业的范围限定较窄。

相对来说,张陆和谢彦君有关旅游业的观点和认识是较为科学的。张陆等(2001)认为,所谓旅游业是指直接为旅游者在旅游活动中的食、住、行、游、购、娱等活动提供产品和服务的行业的总称。它包括的行业有:旅游饭店业、旅游交通运输业、旅行社业、游览娱乐业(旅游资源开发经营业)、旅游购物品经营业(旅游商业)等5个行业。旅游业的经营活动是直接围绕着旅游者的食、住、行、游、购、娱等活动来展开的,它内部的5个行业形成了以旅游者为直接服务对象,以他们的食、住、行、游、购、娱为主要环节的行业群。从旅游业的行业构成来看,旅游业明显属于第三产业的范围。

谢彦君(2011)认为,旅游业可以分为狭义旅游业和广义旅游业。狭义旅游业就是由各个提供核心旅游产品以满足旅游者的旅游需求的旅游企业所构成的集合,即通常所说的旅游观赏娱乐业;而广义的旅游业是由各种提供组合旅游产品以满足旅游者的所有需求的旅游企业和旅游相关企业所构成的集合,即通常所说的旅游业,包括旅游观赏娱乐业、餐饮住宿业、旅行社业、交通通信业和旅游购物品经营业。

应当说,张陆和谢彦君的观点较为科学地反映了旅游业的实际情况,也是我们认识和理解旅游业的本质和内涵应当坚持和遵循的观点。从这个意义上来看,尽管两人没有直接表述,但他们所论述的旅游业实际上就是通常所说的旅游产业。遗憾的是,张陆又进一步人为地扩大了旅游产业的内涵,认为旅游产业不仅仅包括旅游业,还包括其他的相关行业。

第二,关于旅游产业的范围问题。王兴斌(2000)认为,旅游产业不仅包括第三产业的许多行业和部门,还包括与旅游业密切相关的、为旅游业提供物质及非物质供应和支撑的第一产业与第二产业的众多行业和部门。在此基础上,张陆等(2001)认为旅游产业所包括的行业涉及第一产业、第二产业和第三产业的众多行业。这些行业主要有:旅游业本身所包括的行业;为旅游业提供物质支撑的属于第一产业的农业、林业、畜牧业和渔业的相关部分;为旅游业提供物质支撑的属于第二产业的轻工业、重工业和建筑业等部门和行业中的相关部分;属于第三产业中的邮电通信业、金融业、保险业、公共服务业、卫生体育业、文化艺术业、教育事业、信息咨询服务业等行业中的相关部分,以及国家机关中与旅游相关的部门,如旅游行政管理部门、海关、边检等。

上述观点从理论上来说似乎没有什么问题,毕竟产业是一种社会分工现象,在不同的历史时期和理论研究中,产业的含义是不同的。在重农学派流行时期,产业主要是指农业;在资本主义工业产生以后,产业曾被用来专指工业;到了近代,随着社会生产力的发展,社会分工越来越细,出现了许多新兴的服务部门,如商业、运输业、邮政、咨询、金融、贸易、航运、信息等。此时,产业的含义已经扩展到包括农业、工业、服务业三大产业及其细分各产业。同时,在实践上,人们确实无法清晰地区分广义旅游业中的餐馆、商店等是为了满足旅游者消费,还是满足当地居民消费,抑或是二者兼而有之;人们也不能清晰地确定狭义旅游业中的景点是否应当排斥当地居民观赏消费。也许人们还会说，旅游产业给旅游统计带来的难以克服的困难，正是其特殊性之所在，等等。

然而，上述观点首先在逻辑上是解释不通的。不但"旅游产业所包括的行业涉及第一产业、第二产业和第三产业的众多行业"一语分明就已经表明旅游产业和它所涉及的众多行业并不是一回事，而且"产业的含义已经扩展到包括农业、工业、服务业三大产业及其细分各产业"也并不意味着农业、工业、服务业之间的界限可以任意混淆。在实践上，如果过于人为地扩大旅游产业的界限，其后果是严重的：它不仅使人们没法划分旅游产业和其他产业之间的界限，更使人们难以准确地计算旅游业对区域经济、社会和环境等方面的真实影响和贡献。从一定意义上来说，旅游产业的地位和贡献之所以到现在都备受争议，最根本原因恐怕就在于过于扩大了旅游产业的范围。因此，旅游产业的范围应当限定于旅游观赏娱乐业、旅行社业、餐饮住宿业、交通通信业和旅游购物品经营业5个方面，不宜再扩大。

鉴于以上的分析，我们认为，旅游产业是指为旅游者提供旅游产品和旅游服务的旅游企业和旅游相关企业的集合体，包括旅游观赏娱乐业、旅行社业、餐饮住宿业、交通通信业和旅游购物品经营业。其中，观赏娱乐业是旅游产业的核心部分，旅行社业是旅游产业中最活跃的部分。

二、旅游产业的特点

旅游业是综合性很强且外延非常广泛的产业，具有很强的关联带动作用，发展旅游产业对服务业乃至整个国民经济在总量上的影响是不容忽视的。探讨旅游产业的特点，有助于更加深入地了解旅游产业重要的产业地位以及其产生的积极效益。张凌云认为，旅游产业具有多样性、社会性和公共性的特点。孔建新认为，旅游业的性质特征有两种，一是文化和经济的二重性；二是自发、随意性，即所谓的天然导向性。本书认为，由于旅游产业本身内涵的多样性，旅游产业在产业性质、产品生产、产业范围、产业结构、产业关系、空间布局、发展进程等方面都有不同的特征表现，呈现出鲜明的多样化特点，下面分别从这些层面加以分析和解读。

1. 产业性质的双重性

旅游产业具有文化和经济的双重属性，它是满足人们对异质文化的消费的经济产业，人们通常称之为文化经济产业。从旅游与文化的关系看，人们外出旅游的重要目的之一就在于寻求一种文化的享受和熏陶。旅游者的文化需求，要求旅游产业必须经营和提供旅游文化产品，使得旅游产业体现出明显的文化属性。同时，旅游产业为了满足旅游者的需求，就必须对各种旅游景区景点及旅游基础设施进行开发建设，并从旅游者的付费中获得旅游收入。旅游产业的这种投入产出活动本身就是一种经济活动，具有经济性质。旅游产业在发展过程中，遵循着从经济性质逐渐向文化性质转化的规律，即在旅游产业发展的初级阶段由于需要大量的资金投入和建设，往往经济性质占主导地位，当旅游产业进入发达阶段以后，由于文化消费的日益增多，文化性质便逐渐占据主导地位。

2. 产品生产的组合性

旅游产品从构成上可以分为两种：一是核心旅游产品，二是组合旅游产品。核心旅游产品是旅游产品的原初状态，具有能满足旅游者愉悦需要的效用和价值；而组合旅游产品则是旅游产品的终极状态，是旅游企业或旅游相关企业围绕旅游产品的核心价值而做的多重价值追加，这种追加可以发生在生产领域，也可以发生在流通领域，既可以由旅游产品的生产企业来完成，也可以由旅游产品的销售企业来完成。因此，旅游产品的生产过程不是一个一次性的投入产出过程，而是逐步投入与不断产出的连续生产过程，但这一过程各生产环节的产品是相互联系的，某一环节的生产状态与经济效益直接影响和制约着其他生产环节，使旅游业的发展表现出生产过程的整体性和产品生产的组合性。

3. 产业范围的宽泛性

现代旅游产业所涵盖的范围表现出较强的宽泛性。仅按为旅游者提供旅游产品和旅游服务这一基准来判断，旅游产业就包括旅游景区（景点）、旅游娱乐场所、旅行社、餐饮住宿、交通、通信、旅游购物品销售等众多的旅游企业和旅游相关企业。旅游产业是上述旅游企业和旅游相关企业的集合体，其中，有的企业以旅游者为唯一的或主要的销售对象，向其提供旅游产品与服务，而有的企业除了向旅游者提供产品和服务外，还向数量众多的非旅游者提供产品与服务，这就使得人们有时很难清晰地划分旅游产业和非旅游产业的界限。因此，旅游产业是一个涵盖范围较为宽泛、较为模糊的产业。

4. 产业结构的层次性

旅游产业有着极其严密的结构体系，不但在横向上表现为由众多大小不等、经营水平不一的旅游企业和旅游相关企业构成，而且在纵向上因这些企业在整个旅游产业中的地位、作用以及发展的先后顺序等的不同而呈现明显的内在层次性。旅游者对愉悦体验的终极需要决定了以提供观赏与娱乐为主要职能的旅游观赏娱乐业在整个旅游产业中居于内在的核心地位，而为旅游者的旅游提供便捷服务的旅行社业、旅游饭店业、旅游交通业、旅游购物品经营业等则是旅游产业的外围附属部分。此外，旅游产业有一个不断合理化的过程，各层次上各行业之间的比例关系也不断变化，优化旅游产业结构，提升旅游产业竞争力已成为业内各界的努力方向。

5. 产业关系的关联性

作为一个综合性的产业，旅游产业与众多的产业发生关联。一般来说，旅游产业的产品与服务的提供涉及第一产业、第二产业和第三产业的众多行业，如第一产业的农业、林业、畜牧业和渔业，第二产业的轻工业、重工业和建筑业以及第三产业中的邮电通信业、金融业、保险业、公共服务业、文化艺术业、信息咨询服务业等行业中的相关部分，涉及面极其广泛。据澳大利亚有关方面统计，旅游产品的提供涉及29个经济部门的109个行业。这种产业关联性的存在，一方面使旅游产业的发展带动了这些部门和行业的发展，而另一方面上述相关部门和行业的发展又为旅游产业的发展奠定了强大的物质基础。

6. 产业空间的聚集性

旅游产业的空间聚集性表现在：组成旅游产业的众多行业、部门在地理区域内常常以某一大型旅游资源企业（旅游景区、景点、旅游娱乐场所）为核心，在其外部聚集着数量众多、层次不一的旅行社、旅游饭店、旅游交通运输企业伴随游客的旅游活动而形成的旅游中介行业群，形成规模庞大的旅游产业集群。这些产业在地理空间布局上呈现出明显的"核心—边缘"特征。除了旅游景区景点和大型旅游娱乐场所外，一些著名的旅游城市往往也成为旅游产业空间集聚的核心,在这些城市中都有都市旅游的核心区——RBD(游憩商业中心区)的存在,并在城市的外围形成环城游憩带。城市旅游产业的发展也体现出"核心—边缘"的集聚特征。

7. 发展进程的跨越性

与传统产业相比较,旅游产业具有发展过程跨越性的特征。因为,旅游产业的发展主要依赖旅游资源和旅游产品,而多数处于自然禀赋状态的旅游资源往往直接成为旅游产品的一个组成部分,无须经过过多的人工开发。同时,旅游产业的发展不需要传统产业的厂房、加工设备、产品的粗加工与深加工、专用的物流体系等,使旅游业的发展门槛与投入成本大大降低,具有启动容易、见效快的产业发展优势。因此,旅游产业的发展可以超越本国、本地区生产力发展的阶段,实现一定范围和意义上的跨越式发展。

第二节 旅游产业的结构与功能

随着我国旅游经济的不断发展,旅游产业在整个国民经济中的地位日趋提高。旅游产业的结构与功能是影响旅游经济增长的关键因素。旅游业综合性的特点决定了旅游产业结构的多元化和旅游产业功能的独特性。认识和理解旅游产业的结构与功能,不但能加深人们对旅游的本质与内涵的理解,而且有利于充分发挥旅游产业在经济和社会发展中的积极作用。

一、旅游产业的结构

旅游产业结构反映的是旅游产业间的经济技术联系及其比例关系。由于学界对旅游产业内涵及其范围的认知与界定存在较大差异,因此对旅游产业结构构成范畴的理解也存在较大差异。王大悟、魏小安提出,旅游产业结构指旅游经济各部门、各地区、各种经济成分及经济活动各个环节的构成与相互联系、相互制约的关系。王起静提出,旅游产业结构主要包括旅游产业行业结构、地区结构、所有制结构、产品结构以及组织结构。罗佳明提出,旅游产业结构的核心是旅游中各行业结构的合理化,即食、住、行、游、购、娱六大要素的合理配套。楼嘉军等认为,旅游产业结构主要表现为饭店业、旅行社业、旅游景区、旅游配套设施的空间分布与规模。通过前文对旅游产业概念及内涵的分析,本书认为旅游产业包括旅游观赏娱乐业、旅行社业、餐饮住宿业、交通通信业和旅游购物品经营业五个部分。需要强调的是,从一定意义上来说,这五个部分不一定全是纯粹意义上的旅游产业结构中的内容,或者说,有的并不一定以旅游者为唯一的服务对象,或许与其他产业范畴有所交叉。但是,从旅游学界的角度看,以旅游产业为核心,这五个部分是旅游产业结构中最重要的部分,毋庸置疑。

1. 旅游观赏娱乐业

旅游观赏娱乐业主要包括旅游景区、景点和特色娱乐场所。旅游者出行的目的主要是为了游览和娱乐,目的地的旅游景区、景点和特色娱乐场所常常是吸引旅游者旅游的主要因素。因此,在旅游产业结构中,旅游观赏娱乐业处于旅游产业的核心地位,它所提供的是能满足旅游者愉悦需要的核心旅游产品。而旅行社业、餐饮住宿业、交通通信业和旅游购物品经营业等处于附属地位,它们实际上是提供核心旅游产品之外的旅游产品追加价值的部分。即使是在旅游产业中承担设计旅游线路、接待旅游者、组织旅游者旅游活动的旅行社，其地位和作用也是同旅游观赏娱乐业无法相比的，尽管从表面看来，其在给旅游者提供一次完整的旅游经历中具有无可替代的作用。因为从旅游最原始的意义来说，人们外出旅游首先是观光娱乐，然后才是在此基础上拓展的其他内容。旅游观赏娱乐始终在旅游者的旅游经历中占据核心的位置。

当然，我们说旅游观赏娱乐业属于旅游产业，并不意味着所有的旅游观赏娱乐业都是只针对旅游者，因为，在实践中，旅游景区、景点和旅游娱乐场所很难将本地的观光者和娱乐者排除在外，常常是既接受旅游者，也接受本地居民，但总体上还是以接待旅游者为主。同样，我们说旅游观赏娱乐业属于旅游产业的核心部分，也不意味着旅游者来旅游目的地旅游就一定要观赏旅游景观或到娱乐场所娱乐。虽然旅游者可能仅是被目的地的民族风情和社会风貌等吸引而前来旅游，既没有同旅游观赏娱乐业发生直接的联系，也没有在观赏过程中发生付费行为，但他却无法避免旅游住宿业、旅游交通等其他旅游相关企业为其提供的各种服务。因此，他在旅游活动中还是要享受广义旅游产业所提供的产品或服务。

2. 旅行社业

旅行社业是一个典型的中介服务型产业，由各个向旅游者提供产品组合、信息、导游、陪同和预订等服务的企业组织构成，是旅游产业结构中的重要组成成分，也是整个旅游产业中最具特色和活力的部分。作为整个旅游活动的实际组织者，旅行社不但要向旅游者提供旅游信息咨询、导游和陪同等服务，还要安排或协助旅游者申办护照、办理签证、兑换外汇、办理海关查验、旅行和住宿预订手续等，此外还要接受旅游投诉并处理其他应急事件。作为连接旅游者和旅游产品开发者之间的媒介，旅行社一方面要根据旅游者的需求以旅游景区（点）为节点，以交通路线为线索，为旅游者设计旅游产品，以包价或半包价的形式出售给旅游者；另一方面，还要及时向旅游产品生产企业提供旅游消费者的需求信息反馈，以便于旅游企业根据旅游市场的需要开发适销对路的旅游产品。

从一定意义上来说，正是旅行社的存在才使旅游者的旅游活动变得如此的便利和舒适，也正是旅行社的存在才使得旅游产品的销售变得如此的顺畅和简洁。因此，旅行社在整个旅游产业中具有重要而独特的地位，它是旅游产业中唯一纯粹意义上的旅游企业，发挥着其他产业不可替代的作用。

3. 餐饮住宿业

餐饮住宿业包括餐饮部门和住宿接待部门。餐饮部门有以专门接待旅游者为主的餐馆或旅游定点餐馆，同时还存在为数众多的非旅游定点餐馆。餐饮场所的业务交易量很大，虽然餐饮消费活动的主体多是当地居民，但餐饮也是旅游者所钟爱的一种消遣娱乐活动，如果没有了旅游者市场，餐饮部门将会面临困境。在实际操作中，非旅游定点餐馆接待旅游者的比例以及消费支出难以清晰界定而给是否将其纳入到旅游产业之中造成了一定的困难，但毫无疑问的是，对于那些非景区周边的餐馆以及一些缺乏餐饮特色、规模较小的餐饮企业，应果断将其排除在旅游产业之外。

住宿接待部门具有许多种形式，不仅有酒店和宾馆，还有家庭小旅馆、企事业单位招待所、小旅社。当然，还包括邮轮和其他形式的交通工具上的住宿，如提供卧铺的火车等。住宿接待部门是旅游产品的重要组成部分，通常情况下，住宿很难成为引发旅游者旅游的动因，但是这并不影响住宿接待业使旅游者给目的地带来的巨大经济效益。对于大部分旅游目的地来说，酒店是住宿接待业的核心元素。目前学术界的共识是将酒店业纳入旅游产业，有必要剔除那些家庭小旅馆、招待所、小旅社等与旅游住宿关联度不高的住宿接待部门。

4. 交通通信业

交通和通信业是旅游产业实现旅游者和旅游信息的空间位移的基本凭借，在旅游产业中具有重要的地位和作用。从一定意义上来说，没有现代交通和通信业的迅速发展，就没有现代旅游产业，但这并不意味着可以将交通与通信业全部纳入到旅游产业的范围之内，否则将会严重夸大旅游产业的总产值，造成旅游产业貌似繁荣的假象。

以交通业为例，与旅游出行有关的交通企业主要有航空公司、铁路运营企业、旅游汽车公司、出租汽车公司以及城市公交公司等，以往的许多研究中常常将这些企业全部纳入旅游产业之中，这是有待商榷的。一般来说，旅游汽车公司、旅游巴士专线运营企业是专门从事旅游运输接待的企业，直接目的就是为旅游者服务，无疑应当将其纳入旅游产业中。而航空公司、火车、出租汽车公司以及公交公司虽然也为旅游者提供旅游出行服务，但这常常只占其收入中的很小的一部分，即使没有旅游者，这些交通运输企业仍可通过接待其他客源来获取经营收入，不会严重影响到企业的生存，如果将其纳入旅游产业的范围之内必然会受到诸多的质疑。通信业也如此，理论上讲，旅游者在旅游过程中只要使用通信设施就必然给通信业带来收入和效益，但实际上这些效益究竟有多大，还应当进行科学的分析与计算。

5. 旅游购物品经营业

旅游购物品是旅游者在旅游过程中所购买的各种物品，主要包括旅游工艺品、旅游纪念品、文物古玩及其复制品、土特产品、日用品和其他商品。旅游购物品经营业是旅游产业不可缺少的组成部分。世界上许多国家和地区都对旅游购物品的开发与生产给予高度重视，有的国家或地区甚至将旅游购物作为专项旅游。如在美国，旅游者在各种类型的商场购物已成为一项重要的休闲活动。美国有 12 个以上的州已把购物当作旅游者首要的 5 项活动之一，5 个州把购物列为首要的 3 项活动之一。有研究表明，在旅游发达的国家和地区，旅游购物收入占旅游销售总收入的 50%—60%，而在我国平均约为 30%，有的省份仅为 10%左右，这既说明我国在旅游购物品的开发上同世界先进水平尚有较大的差距，同时也表明我国的旅游购物品开发在未来的一段时间内还是大有潜力，前景广阔的。

二、旅游产业的功能

我国的旅游业起步较晚，起点与旅游发达国家相比较低，但随着我国经济和社会的不断发展，旅游业已经成为我国国民经济中的重要产业，旅游产业的功能也在逐渐地发生变化。我国早期发展旅游的主要目的是"扩大对外政治影响、为国家吸取自由外汇"，随着我国经济实力的不断增强，旅游产业的功能也不再仅限于此。如今，旅游产业不仅可以拉动内需、促进就业、陶冶国民情操、提高国民素质和生活水平，而且可以平衡国际收支、缓解贸易摩擦和人民币升值的压力，对我国国民经济的健康和可持续发展发挥积极的作用。

1. 促进区域经济发展，缩小区域差异

旅游产业关系的联动性、发展进程的跨越性、产业空间的集聚性以及产品生产的组合性等特点，决定了旅游产业已经并将继续成为促进区域经济发展的重要力量。旅游产业对区域经济发展的促进作用突出表现在增加就业机会、增加外汇收入、带动相关产业发展、优化产业结构、拉动内需等方面，成为区域经济新的增长点。2009年12月国务院常务会议通过的《关于加快发展旅游业的意见》中明确提出要"把旅游业培育成国民经济的战略性支柱产业和人民群众更加满意的现代服务业"。这必将进一步强化旅游产业在促进区域经济发展中的作用。同时，旅游还可以实现世界财富和国内财富的再分配，缩小国别间的差距，缩小区域间的差距，实现国民经济的协调发展。一般来说，经济较发达的地区外出旅游的人数较多，经济欠发达的地区外出旅游的人数较少。当经济欠发达的地区的旅游资源足以吸引经济发达地区的居民前往旅游时，这些旅游者在旅游目的地的旅游消费不仅对当地旅游业的发展是个促进，而且由于旅游产业的连带性，对整个区域经济社会的发展也是个促进。经济欠发达地区通过兴办旅游产业，促进经济社会发展，做到一业兴而百业旺，可以摆脱贫困，走向富裕，缩小自己与经济发达地区的差距。

2. 带动相关产业发展，缓解就业压力

同其他产业相比，旅游产业具有明显的乘数效应和加速效应。旅游产业作为一个服务性产业，需要购买许多其他行业的服务和产品，从而推动这些行业市场需求的增加，带动相关产业的发展。据测算，在国外，旅游业每收入1美元，可促进国民经济增长2.5美元；在我国，旅游业每收入1美元，可使国民经济增长3.12美元，使第三产业相应增加10.7美元，利用外资金额增加5.9美元。旅游产业的关联带动性要求我们对其功能定位时必须深刻认识和把握旅游产业、其他产业、旅游区域之间的相互依存、相互影响的关系，以实现旅游产业的持续、健康发展。旅游产业属于劳动密集型产业，可以提供大量就业机会，缓解就业压力。为旅游者直接提供产品和服务的旅游景区（景点）、旅行社、旅游饭店、旅游交通、娱乐购物等服务项目不能仅凭现代化手段来发展，更需要大量的劳动力资源，进而增加了旅游目的地的直接就业机会。同时，旅游产业是一个关联性极强的产业，不仅自己可以直接提供就业机会，而且还可以通过产业链增加包括农业、制造业、商业零售业、食品加工业等部门的间接就业。因此，增加社会就业在一个相当长的时期内仍将是我国旅游产业的重要功能。

3. 促进区域产业结构调整，实现优化升级

区域产业结构调整与升级是我国经济发展亟待解决的重大现实问题。旅游业作为朝阳产业，是第三产业的龙头已是不争的事实，它所具有的产业结构和资源配置的导向性功能也是不容置疑的。随着旅游经济活动的不断发展，旅游业的发展必将改变人们的消费观念、消费习惯和消费结构。社会需求结构的变化，最终要使社会的资源重新分配，导致产业结构的优化和升级。从我国产业结构演变的整体层面上看，产业结构优化的重点是在推进现代工业化进程中，大力发展第三产业，建立新兴第三产业结构体系。旅游产业需求的快速增长、产业发展的多部门关联性决定了它在区域产业结构调整中的重要地位。在我国产业结构调整过程中，要加大对旅游产业的投入，大幅度扩大产业发展规模，使旅游产业成为区域的主导产业。调整旅游产业的内部结构，强调相关产业对旅游产业的供给保障程度，通过旅游产业的发展促进交通运输、餐饮服务、金融保险、商品开发的规模扩张与结构优化，充分发挥旅游产业对于第三产业结构升级与区域经济转型的拉动、支撑作用。

4. 提高国民文化素质，增进国际交流

国民素质的提高不仅是一个国家屹立于世界民族之林的必备条件，也是未来时代发展的必然要求。旅游的本质是文化，旅游者外出旅游的基本动机之一就是寻求一种文化的享受和体验，在一定意义上，旅游活动是一种广义上的文化交流。通过发展旅游业，可以加深不同区域人们之间的彼此了解，并有力地促进不同文化的相互交融，提高国民文化素质。旅游者文化需求的多样性，要求旅游经营者必须提供类型多样的文化型旅游产品，要求旅游资源必须具有深刻的文化内涵和较高的文化品位。同时，随着世界经济的一体化趋势以及国际交流与合作的迅速发展，旅游产业的国际交流功能必将进一步得到强化。旅游为人与人、人与外界接触提供了机会，而这种机会使不同民族和不同文化之间的相互了解成为可能。此外，发展旅游业有利于加强世界各国之间的政治联系，推进科技文化交流，促进各国间的经济合作。作为一个国家对外关系的窗口，旅游业的发展有利于加强国家间的深入了解，改善国际关系，促进世界经济一体化和区域经济的集团化，增进友好往来，维护世界和平。

第三节 旅游产业的空间布局与发展对策

旅游产业的空间布局是指旅游产业在一国或一地区范围内的空间分布和组合的现象。静态上，旅游产业布局指形成旅游产业的各旅游部门、旅游要素、旅游环节在空间上的分布态势和地域上的组合；在动态上，旅游产业布局表现为各种旅游资源、旅游要素、旅游企业为选择最佳区位而形成的在空间地域上的流动、转移或重新组合的配置与再配置过程。

一、旅游产业的空间布局

（一）空间布局特征

旅游产业的空间布局目的是为旅游活动提供便利。根据旅游产业的层次划分，可将旅游产业空间布局模式分为三类：一是旅游产业的宏观分布，即联系国家经济结构的旅游产业，也就是国家层面的旅游产业集群；二是旅游产业的中观分布，即在某一地域范围内，或地理靠近区域间围绕一定核心吸引物形成的旅游产业集群，地域上可用区域、省、市等概念划分；三是旅游产业的微观分布，即围绕一个或几个核心旅游企业（或吸引物）形成的专业化旅游供应商，在此称其为旅游产业集群的模块（大）或节点（小）。研究不同层次的旅游产业集群呈现出的空间布局特征，对提高区域产业和经济竞争力有着重要影响。

1. 宏观分布的点网性

旅游景区的旅游资源禀赋状况和城市的旅游功能决定了二者在旅游空间结构中的重要作用，它们是旅游产业在空间布局中的核心，是区域内旅游吸引物的聚集中心，也是旅游产品的核心。各旅游景区和旅游城市之间通过旅游线路紧密地联系在一起，形成一个复杂的旅游网络系统。因此，从全国范围的宏观层次上看，我国旅游产业的空间布局明显地呈现出以旅游景区和旅游城市为中心，以旅游线路（旅游交通）为网络连接的点网状分布态势。

（1）以旅游景区为中心的产业布局。旅游产业内部各组成部分功能、作用的不同导致其在空间布局上的不同，呈现出明显的"核心—边缘"特征，即旅游产业的空间布局常常以旅

游景区（景点）为中心，其外围或边缘分布着旅行社业、旅游饭店业、旅游交通业、旅游购物品经营业以及众多的旅游相关产业。从宏观的角度来看，以旅游景区为中心包含外围的旅游中介机构和旅游相关产业在内的众多旅游产业集群被旅游交通线路连接在一起，呈现出显著的点网状分布特点。

（2）以旅游城市为中心的产业布局。作为旅游目的地，城市为旅游产业的发展奠定了稳定的市场客源基础；同时，城市发达的经济、社会、文化水平以及资金、技术、信息等条件又为旅游产业的发展奠定了雄厚的物质基础。因此，在现代旅游产业的发展中，以城市为中心的旅游产业占有至关重要的地位。旅游产业的空间布局常常以旅游城市为核心而产生和发展。在空间上，城市是旅游产业布局的核心，其外围则星罗棋布般地分布着次一级旅游景区和旅游吸引物聚集体。众多以旅游城市为中心的旅游产业集群依靠旅游交通紧密相连，使宏观上的旅游产业空间布局亦呈现出一定的点网状分布特点。

2. 中观布局的圈层性

在旅游城市和旅游景区范围的中观层次上，旅游产业的空间布局常常呈现出圈层式结构特征。

（1）旅游景区的产业布局。就旅游景区本身的空间布局来看，旅游景区的核心部分——旅游景点（或称旅游节点）常常是旅游吸引物的聚集体，可能位于旅游景区的一个单独的地理位置上，也可能在旅游景区内呈簇状空间分布。旅游景区内旅游景点的相互补充，其所产生的旅游吸引力比由个体旅游景点的吸引力简单相加所产生的吸引力要大得多。由于旅游景点吸引力大小的不同，旅游景点在景区内的空间分布上呈明显的等级、层次结构，即主要景点、次要景点和边缘景点等。旅游服务设施作为旅游景区重要的空间组成部分，对旅游景区的空间演化和空间结构产生重要的影响。不同等级的旅游服务设施往往建在不同级别的旅游景点上，从而使不同的旅游服务设施呈现出不同的空间等级、层次结构。

（2）旅游城市的产业布局。在旅游城市中聚集了众多规模不等、层次不一的旅行社、旅游饭店、旅游功能区、旅游交通运输企业、旅游娱乐企业以及众多的为旅游活动提供服务和支撑的旅游相关企业。虽然它们之间存在着专业化分工和生产环节的分离，但却都在城市地域内为旅游者提供食、住、行、游、购、娱等方面的旅游服务，共同完成旅游产品从开发到销售的全过程，在城市中形成一个强大的旅游产业集群。组成旅游产业集群的旅游企业和部门常常布局在旅游城市的繁华地带或特定区域以获得较大的发展空间和发展机会。部分大城市内的一定区域常常形成游憩商业中心区（RBD），作为整个城市旅游产业的核心；在城市的边缘区则形成所谓的"环城游憩带"，成为城市旅游产业的次级集聚中心。

3. 微观选址的节点性

旅游产业的微观选址具有节点性，这突出体现在构成旅游产业的旅游观赏娱乐业、旅行社业、旅游饭店业、旅游交通业、旅游购物品经营业为了获得最大的经济效益在选址方面的特殊要求上。

（1）旅游观赏娱乐业的微观选址主要集中于旅游景区和旅游城市。其中旅游观赏中的自然景观和部分人文景观主要集中于旅游资源地，人造景观、主题公园等主要聚集于城乡结合地带，农家乐等特色旅游主要分布于城市周围的风光优美的乡村地带；旅游娱乐业主要集中在旅游资源地和旅游城市的边缘地带，常常和旅游景观融为一体。

（2）旅行社业是专门从事旅游产品销售的机构，旅游市场规模的大小直接决定着旅行社业的生存和发展。为了便于和旅游者沟通、降低旅游宣传促销的费用，特别是充分利用旅游城市在产品销售中的特殊作用，吸引更多的旅游客源，旅行社业的选址主要位于市场集中的旅游城市。

（3）旅游饭店业作为旅游产业的重要组成部分，为了更好地满足旅游者饮食服务的需要，其选址要综合考虑区位、客流、资源、环境等方面的因素，以获得最佳的经济效益。因此，旅游饭店业的选址多位于旅游中心城市、旅游景区、旅游交通枢纽地带或旅游线路上。

（4）旅游交通业的选址主要考虑对旅游者的方便程度以及对城市环境的影响。因此，航空公司和轮船公司主要分布在城郊结合部，汽车运输公司位于市区内。旅游景区内的交通运输的主要功能是将旅游者从景区外送入景区或把景区内的旅游者送出景区。因此，此类旅游交通运输业主要位于景区外围一定距离处，起连接外界与景区的作用。

（5）旅游购物品经营业选址的原则主要考虑游客市场的大小，因此，其常常位于旅游景区、旅游城市中的客流量集中地带和交通枢纽处，以利于商品的销售。

（二）空间布局影响因素

旅游产业的空间布局受多方面因素影响，其中旅游资源禀赋、区位因素与集聚效益、经济发展水平、旅游规划与开发、旅游市场需求、旅游产业政策是影响旅游产业空间布局比较重要的因素。

1. 旅游资源禀赋

旅游资源禀赋是旅游产业布局的重要影响因素。在发展的最初阶段，旅游业呈现出较强的资源依赖性，旅游资源的分布直接制约着旅游产业的布局。自然条件和自然资源的不可移动性，导致传统意义上的旅游产业的布局多围绕旅游资源展开。从大尺度范围来看，旅游资源往往集聚成区域内的一个点，导致依托旅游资源而形成的旅游产业集群在全国范围内呈现点网状的分布。在中小尺度范围内旅游资源往往呈圈层态势分布，以旅游城市为例，市中心的核心层的旅游资源多为文物古迹、休闲娱乐设施和现代城市建筑景观，城郊结合部的中间层的旅游资源多为人造景点、主题公园、农家乐、渔家乐等，外围层的旅游资源多为自然风光、生态园区、民族风情等。受此影响，城市旅游产业的布局也呈现出圈层分布特征。值得注意的是，随着社会经济的发展，旅游资源的概念内涵在不断变化，由于人们认识领域的逐渐扩大，过去认为不是旅游资源的，如农家古朴穿着打扮、地方方言、节庆活动等，如今都可以作为旅游资源加以利用。可见，旅游产业受制于旅游资源禀赋的情形将会随着人们对旅游资源的理解的更加宽泛而发生一定变化。

2. 区位因素与集聚效益

旅游产业空间布局与旅游企业的区位因素及集聚效益有很大关系。区位因素表现为服务企业的运输成本和旅游者购买旅游产品所花的运输费用，前者包括旅游设施材料运费，以及生活必需品、旅游商品、旅游垃圾运输所产生的费用；后者是指旅游者前往旅游目的地进行旅游消费在交通运输方面的费用。其中，旅游者的交通费虽然不直接表现为旅游企业的成本，是旅游者承担的费用，但这笔费用的高低制约着旅游产品是否能卖出，间接反映了旅游企业的区位成本。旅游产业的投入产出性质决定了在其生产经营活动中必须遵循经济学上的"成本—效益"原则,力求以最小的成本获得最大的经济效益。因此,为了实现区位成本的最小化,旅游产业多位于景色优美、客流量大的旅游景区和旅游城市。这种空间布局一方面直接减少了旅游企业的运输成本和旅游者的运输费用,同时,在成本一定的情况下,因游客的增多而导致的旅游收入的增加也间接地降低了旅游产业的成本投入。不仅如此,众多旅游企业和部门在旅游城市、旅游景区优势区位的集聚常常形成旅游产业集群,既可以促进集群内企业技术创新,获得差异化竞争优势,发挥资源共享效应,又可以形成区域旅游品牌,促进资本集聚,扩大区域旅游产业规模。

3. 经济发展水平

旅游产业的发展需要大量的资金、技术、人才、信息等方面的投入,因此,一个地区经济发展水平的高低直接决定着旅游产业的发展和空间布局。一般来说,如果地区的经济实力雄厚,文化教育业发达,交通便捷,基础设施支撑能力强,则该地区旅游产业具有较强的发展水平和发展前景。在旅游资源丰富的地区,尽管旅游资源的质量、品位、富集度都较高,但没有巨大的财力作支撑,只能是"养在深闺人未识"而难以开发成供人欣赏的旅游产品。而在经济发达地区即使没有旅游资源,同样也可以造出著名的人造景观,形成著名的旅游产品,如深圳的锦绣中华主题公园就是成功的一例。随着经济和社会的发展,旅游产业的空间布局正在走出资源依托型的约束,而逐渐向资源脱离型的方向发展。经济发展水平同时也大大促进了与旅游产业关系密切的交通、邮政、金融、保险、食品、通信等行业的发展,使旅游产业的空间布局的范围不断扩大。因此,经济发展水平是旅游产业空间布局的物质基础。

4. 旅游规划与开发

旅游规划是对旅游产业的发展进行结构性筹划的过程,其宗旨在于实现旅游资源的优化配置与旅游系统的合理发展,要求规划者和设计者必须重视及克服旅游目的地各区域之间的边界限制及旅游目的地内的行政区域边界所带来的问题,目的是使各旅游区能加强地域合作而共生共存。在资源富集地区,旅游规划依据旅游资源的类型和特色,通过旅游资源与区域的科学整合,形成不同类型的景区、城市、城镇等,直接影响着旅游产业的空间布局。在缺少旅游资源但经济发展水平高、交通条件便利的地区,规划建造各种人造景观、主题公园、旅游设施等,在该地区形成一定规模的旅游产业集群,从而在空间上左右着旅游产业的地域布局。目前,城市旅游规划正在成为旅游规划的重要内容,这必将进一步影响旅游产业的空间布局。

5. 旅游市场需求

随着人们经济收入提高,支付能力趋强,自由支配时间增多,旅游市场需求也在不断增长。旅游市场是旅游产业发展的前提和基础,又是旅游产业发展的动力源泉,从而大大地影响着旅游产业的空间布局。但是旅游市场需求的空间分布并不是均衡发展的,主要集中在经济发达、人口众多的地区。一般来说,旅游客源市场范围的大小直接决定着旅游产业规模的大小。因财力、时间、距离的影响,旅游者的出游半径不可能无限延伸,总是以居住地为中心,呈现出由近及远的特征。受此影响,近客源地的旅游资源往往会率先得到开发。因此,旅游产业的布局和旅游者的出游半径构成某种对应关系,这种对应关系在中小尺度范围内表现得尤为明显。对大尺度范围而言,省外和国外的旅游者主要是冲着一些著名旅游景点而来,旅游者出游目的地呈多中心分布，旅游产业布局受此影响较小。因此，在旅游规划中，必须将客源市场纳入考虑的范围之内，以便对旅游目的地空间进行科学合理的布局，促进旅游产业的发展。

6. 旅游产业政策

政策导向是地区旅游产业发展的一个有利条件。为了促进地区经济发展的平衡，国家常常对不发达地区和次发达地区给予巨大的财政投入，扶持地方产业的发展。部分具有资源优势的欠发达地区的旅游产业由此获得率先发展的机会，一大批"旅游扶贫开发区"纷纷建成。同时在国家相关产业政策的鼓励下，我国也建立了众多的"生态旅游示范区""旅游度假区"等，从而影响了中国旅游产业的区域布局和分布。另外，国家为了提高旅游产业的国际国内竞争力，常常进行产业结构的宏观调控，促进产业结构的优化和升级，致使旅游产业的规模不断扩大，一大批颇具规模的旅游企业往往以城市为中心，形成产业集群，在空间上实现了产业的集聚，带动着相关产业和地区经济的发展。

（三）空间布局的发展趋势

1. 由资源禀赋地转向城市和经济发达地区

随着生活水平的提高和旅游经历的丰富，人们的旅游需求发生了新的变化，传统的大众型、观光型旅游将逐渐被娱乐型、参与型的旅游形式所代替，致使旨在满足旅游者观光需要的以资源禀赋为中心的旅游产业布局已经不能适应时代发展的需要。而城市和经济发达地区凭借雄厚的经济、技术实力，通过旅游资源的开发和景区的经营则能满足旅游者多样化的需求。特别是随着经济发展水平的提高，科学技术、工程技术的进步，各种新材料不断出现，以城市为核心的各种替代型、环保型、生态型人造旅游景观将会出现旺盛的发展势头。因此，未来旅游产业的空间布局将逐渐由过去的以资源禀赋为中心，转向以城市和发达地区为中心，旅游产业发展的资源依赖性将大大减弱。

2. 由旅游资源地进一步向客源市场靠近

未来各地区的经济发展水平和经济实力将会进一步增强，这为旅游产业的发展提供了强大的财政支持和物质保证。各地可不依赖旅游资源，凭借巨大的财力建造各种人造旅游景区、景点，满足旅游者的需要。从经济学的角度来看，企业或产业选址在靠近市场的地方是经济活动的普遍规律之一。随着经济的发展，在经济发达，但自然、人文旅游资源禀赋条件差的地区，各种人造景观、主题公园、民俗村、游乐场等的建设还将不断地有新举措，这必将导致旅游产业的空间布局进一步远离旅游资源而向客源地靠近，旅游产业的资源导向型发展模式将逐渐让位于市场导向型的发展模式。

3. 旅游城市和旅游区的空间互动性将进一步增强

随着交通工具的进步、旅游景区可达性的改善、旅游城市和旅游景区联系的日益紧密，旅游城市与旅游景区的空间互动性将进一步增强，旅游城市和旅游景区必须实现竞争性合作才能共同发展。就旅游城市而言，为了吸引大量的游客，要常常和附近的旅游景区合作，将旅游景区组合到旅游城市的旅游线路中来，通过旅游景区的独特的旅游资源和优美的旅游环境弥补旅游城市本身的不足。就旅游景区而言，必须和相邻城市紧密结合在一起，按照城市的标准完善各种旅游设施和旅游功能，按照人性化的标准提供细致、周到的旅游服务，使旅游者在旅游中享有一种家的舒适、温馨、便利的感觉。旅游城市和旅游景区空间互动性的增强，将促使旅游产业的空间布局发生变化。

4. 区域化趋势显著

旅游者对旅游利益最大化的追求和旅游需求的多样化，使得他们总是希望花最少的费用和时间享受最多的旅游体验。为此，旅游产业只有提供多种多样的组合性的、互补性的旅游产品，才能满足旅游者的需要。如果各旅游目的地孤立、分散地开发，不但存在着单个景区资源单调薄弱、产品结构单一等致命的弱点，也必然会导致各旅游目的地进行客源的争夺战，形成恶劣的价格竞争。面对此种不利的局面，旅游产业要获得更大的发展，必须进行竞争性合作，这是旅游产业发展的必然要求。因此，未来旅游产业空间布局的趋势是打破产业的部门框框，实现产业和区域的整合，通过产业布局的区域化，来进一步提高旅游产品的竞争力，实现旅游产业的集聚效益和规模效益，促进区域经济的发展。

5. 城市将成为未来旅游产业发展的核心

城市不但是旅游产业空间聚集的重要核心，更是旅游产业发展的动力所在。目前我国的国内旅游不但已经在旅游市场中占有重要的份额，而且有不断扩大之势。国内旅游市场的一大明显特征就是"农民进城，市民下乡"。在此背景下，城市将进一步成为未来旅游产业发展的核心。因此，无论是作为旅游目的地，还是作为旅游客源地，城市都将在区域旅游产业的发展中扮演重要的角色。要发展旅游产业必须率先发展城市旅游产业，通过旅游城市这一核心，利用城市极化效应来带动周围休闲娱乐项目的开发和区域旅游经济的发展。

二、旅游产业的发展对策

要实现旅游产业的快速、持续和健康发展，除了要针对旅游产业的特点并综合考虑旅游产业发展中的各种影响因素外，还必须从文化、市场、调控、主次、集群、城市、整合、资源等不同的层面和视角来探寻发展思路与对策。

1. 注重文化内涵的塑造，打造名牌旅游产品

旅游产业具有经济与文化的双重属性。相对于旅游者的文化需求而言，旅游产业向旅游者提供旅游产品的过程实际上是一个文化的包装、组合过程。塑造旅游产业的文化内涵，打造名牌旅游产品是旅游产业文化属性的必然要求。

旅游产业的文化理念，旅游产品的文化底蕴、文化策划与包装，旅游企业员工的文化素质，旅游企业的文化形象、文化管理、文化氛围乃至文化宣传与促销等均构成旅游产业文化内涵的基本内容。将这些内容以不同的方式、手段，包装、组合、融入旅游产品和旅游产业的经营活动中去，不仅是保证旅游产业正常运转的现实需要，更是未来旅游产业成功的关键。

旅游产业的发展在经过产品竞争、价格竞争、资金技术竞争、人才竞争之后，正面临着激烈的文化竞争，这是一种在更深层次、更高水平上的竞争。从文化层面上开发旅游产品，保持文化的完整性和多样性，塑造旅游产品的文化内涵，用文化来参与竞争，正成为旅游产业发展，特别是旅游产品开发中一种新的理念和价值取向。因此，旅游产业的发展必须注重文化内涵的塑造，打造名牌旅游产品。只有这样，才能在激烈的旅游竞争中立于不败之地。

2. 树立大旅游大市场观念，开发组合旅游产品

旅游产业范围的宽泛性、产品的组合性、产业关系的关联性等特点决定了旅游产业的发展是一个系统工程，必须树立大旅游、大市场的观念，通过全社会各方面的通力合作，实现旅游产品的组合开发，促进旅游产业的发展。

旅游产业的发展必须打破"就旅游论旅游"的狭隘观念，应调动社会各方面的力量，加大旅游投入，实行系统化运作和旅游产品的组合开发。既要积极开发旅游资源，建设旅游景区，发展旅游饭店、旅行社、旅游交通、旅游购物等直接为旅游者提供服务的旅游企业或旅游相关企业，同时也要处理好旅游产业同公共服务、信息咨询、商品零售、金融保险、医药卫生等关联行业之间的关系。

旅游产业的发展要突出精品意识和整体意识，通过旅游产品各个组成部分的优化组合，协调互动，实现整个旅游产品质量的提高。发展旅游产业，要大力做好旅游宣传与促销，提高居民和全社会的旅游意识，创造良好的环境氛围。同时，旅游产业的发展必须树立大市场的观念，充分发挥市场在资源配置中的作用。不仅要大力开发区域旅游市场、国内旅游市场，还要积极开拓国际旅游市场；不仅要大力开发旅游市场本身，还要积极借助旅游市场的开发不断带动商品市场、劳务市场、资本市场、生产力市场等的发展，进而促进区域经济的发展。

3. 加强宏观调控，实施政府主导型发展战略

旅游产业范围的宽泛性表明，旅游产业的发展需要一个包含良好的社会、经济、环境在内的综合的大环境。这是一个庞大的系统，涉及众多的产业、行业、部门和企业，其间不仅包含大量的投入产出，更包含各种利益关系的协调，而这所有的一切并不是仅凭一个企业或行业所能解决的。因此，必须实施政府主导型的旅游发展战略。

作为旅游产业发展的开拓者，政府在旅游产业发展的初始阶段要充分利用行政体制动员所掌握的经济资源，为旅游产业的发展提供强大的物质供给和动力支持，使旅游产业的发展迅速形成产业规模，为进一步发展奠定雄厚的基础。

作为旅游产业发展的规范者，在旅游产业的发展过程中政府要借助国家强制力的作用制定、颁布相关的法规和条例，加强宏观调控，为旅游产业的发展提供完善的政策与制度支持，促进旅游产业的持续健康发展。

作为旅游产业发展的协调者，政府要充分调动协调社会各方面的力量，制定宏观旅游发展规划，进行旅游产业整体形象的宣传与促销，为旅游产业的发展创造良好的内外部环境，构建一个国际国内交流的平台。

在部分有旅游资源优势但经济不甚发达地区，制定和实施政府主导型旅游发展战略常常是区域经济发展的突破点，对带动区域经济发展具有特别重要的意义。

4. 突出重点与层次，实现产业发展的有序化

旅游产业结构的层次性要求我们必须有重点、有次序地发展旅游产业。在整个旅游产业的结构中，旅游目的地是旅游吸引力的核心，也是整个旅游产业的核心，没有旅游目的地的旅游吸引物、旅游景区、旅游景点，旅游产业的发展便失去了基础。因此，旅游产业要发展必须优先加强旅游目的地建设，这是旅游产业发展的重点。

旅游目的地要保持强大的旅游吸引力和生命力，并实现可持续发展，必须进行科学的规

划。在此基础上，要保证旅游产业的正常运行，为旅游者提供舒适、方便的旅游产品与服务，就必须加强旅行社、旅游饭店、旅游交通等旅游媒介的建设。

同时，旅游产业的发展还有待于其他旅游相关产业诸如金融保险、医药卫生、文化教育、信息咨询、出版宣传等提供必要的服务与支撑，虽然这些产业不是主要为旅游产业服务的，但往往对旅游产业的发展产生较大的影响，因此也必须高度重视其建设。

5. 建立产业集群，实现旅游集聚效益

旅游产业布局的空间集聚性特点，要求旅游产业的发展必须建立产业群体，实现集聚效益。旅游产业在一定区域内的集聚并形成旅游产业集群不仅降低了成本，更可获得正外部效应，即某个企业的优质服务将促进其他企业的成功。同时，产业内部相互之间资源共享、信息交流、客源输送、利益共享、风险共担的合作关系也将大大增强。产业集群成员数量越多，对客源市场的控制力越强，集聚效益就越大。

同时，旅游产业集群的服务对象都是有着相似需求的旅游者，这为旅游产业内部的分工与协作提供了可能，每个企业、部门只生产或只提供全套旅游产品或服务的一部分，使生产和服务效率大大提高。旅游产业集群的形成还可以形成综合实力，提高旅游产业的竞争力。

因此，旅游产业的发展必须从过去主要谋求资源在经济主体上的聚集，转为谋求资源在地理空间上的聚集，合理规划旅游产业的布局，建立旅游产业集群，从产业和空间、区域互动的角度，谋求旅游产业的发展之路。

6. 优先发展旅游城市，发挥带动作用

城市是旅游产业空间聚集的一个核心，是重要的旅游目的地。作为区域经济的重要集聚地和对外联系的窗口，旅游城市将充分发挥其集聚功能，吸引来自国内外的资金、人才、技术、信息等要素，实现集聚效益和规模效益，并通过扩散效应带动整个区域的发展。因此，旅游产业的发展必须实现旅游城市的优先发展。

要制定科学的城市旅游规划，精心塑造城市旅游形象，建造独具特色的旅游景区和旅游服务设施，打造名牌旅游产品，加大城市旅游市场的营销力度，提高城市的旅游吸引力和竞争力，并通过城市旅游产业的发展来带动相关产业的发展，实现城市社会、经济和环境的全面进步。

同时，旅游城市作为旅游客源地，是国内旅游的主体，城市旅游者的增多不但直接增加了旅游目的地的旅游收益，更带动了目的地观念的更新和资金、技术等的投入，对于加快旅游区域的开发与建设，促进区域经济的协调发展等都具有重要的意义。因此，区域旅游产业的发展要充分发挥旅游城市的带动作用。

7. 实现产业和区域的整合，促进旅游产业的发展

旅游产业的发展和所在区域的发展密切相关。作为区域经济的重要组成部分，旅游产业的发展带动了区域经济、社会、环境等方面的全面进步。同时，区域的经济政策、产业政策、经济发展水平、劳动力的素质、开放的程度等都对旅游产业的发展产生重大的影响。

旅游产业的发展在经历了资源竞争、产品竞争、产业竞争之后，目前正面临着更加激烈的区域竞争。旅游产业要在竞争中立于不败之地，获得生存和发展的空间，必须跳出产业范畴，投向更加广阔的区域范畴，从产业和区域整合互动的角度寻找旅游产业的发展之路。

应通过旅游产业发展的区域观，为旅游产业寻求更大的发展空间和更强的物质支撑，通过区域的支撑实现旅游产业布局的合理化、产业结构的优化、发展基础的强化，提高旅游产业的竞争力，促进旅游产业的持续发展。

8. 发挥资源优势，实现产业的优先发展

进入20世纪90年代以来，我国东部发达地区和中西部部分欠发达地区的发展差距越来越大，造成了一系列的经济、政治和社会问题。为此，中央制定了协调发展的区域政策，实行西部大开发战略，加大对西部地区的扶持力度，这给西部地区的发展带来了机遇。

旅游产业发展进程的跨越性表明，在一定条件下，旅游产业可以超越本国、本地区经济发展水平实现优先发展。经济学原理也表明，当一个地区在发展中不具备绝对优势时，可以通过寻找比较优势实现经济的发展。西部地区虽然经济基础薄弱，但却有着得天独厚的旅游资源。在其他条件暂不具备的条件下，完全可以优先发展旅游产业，通过旅游产业的发展吸引大量的资金、技术、人才，加强对外交流，吸收和借鉴外部的新思维、新观念，促进经济的发展。

这里需要特别强调的是，我们所说的旅游产业的优先发展，并不意味着脱离区域的实际，一定要把旅游产业发展成区域经济中的"支柱产业""龙头产业"或"重点产业"，而是把旅游产业视为"先导产业"，采用"穿针引线""旅游搭台，经济唱戏"的方式，通过会议、展销、展览、培训等途径将生产要素引入西部地区，让当地构筑适合自己需要的"增长点"，促进区域经济的发展。当然，在优先发展旅游产业的过程中要注意资源与环境的保护，贯彻可持续发展的理念。其他地区只要有旅游资源的比较优势，也可以实现旅游产业的优先发展，为区域经济的发展奠定基础。

本章小结

1. 旅游产业是指为旅游者提供旅游产品和旅游服务的旅游企业和旅游相关企业的集合体，包括旅游观赏娱乐业、旅行社业、餐饮住宿业、交通通信业和旅游购物品经营业，其中，观赏娱乐业是旅游产业的核心部分，旅行社业是旅游产业中最活跃的部分。

2. 相对于其他产业，旅游产业具有鲜明的特征，主要表现为产业性质的双重性、产品生产的组合性、产业范围的宽泛性、产业结构的层次性、产业关系的关联性、产业空间的聚集性、发展进程的跨越性。

3. 旅游产业具有促进区域经济发展、缩小区域差异，带动相关产业发展、缓解就业压力，促进区域产业结构调整，提高国民文化素质、增进国际交流等多种功能。

4. 旅游产业布局是指旅游产业在一国或一地区范围内的空间分布和组合的现象。旅游产业的空间布局的特点是宏观分布的点网性、中观布局的圈层性、微观选址的节点性。旅游产业的空间布局受旅游资源禀赋状况、区位因素与集聚效益、经济发展水平、旅游规划与开发、旅游市场需求、旅游产业政策等因素的影响。空间布局的发展趋势体现为：宏观布局逐渐由资源禀赋地转向城市和经济发达地区，进一步向客源市场地靠近，旅游城市和旅游区的互动性增强，布局的区域化趋势显著，城市将成为旅游产业发展的核心。

5. 旅游产业发展的对策包括：注重文化内涵的塑造，打造名牌旅游产品；树立大旅游大市场观念，开发组合旅游产品；加强宏观调控，实施政府主导型发展战略；突出重点与层次，实现产业发展的有序化；建立产业集群，实现旅游集聚效益；优先发展旅游城市，发挥城市的带动作用；发挥资源优势，实现产业的优先发展；实现产业和区域的整合，促进旅游产业的发展。

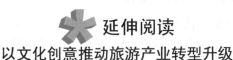

延伸阅读
以文化创意推动旅游产业转型升级

随着宏观经济步入"速度换挡期、结构调整期和动力更新期"，旅游产业发展方式正呈现三个趋于"新常态"的转变：一是目标导向从规模增长向质量效益转变，二是资源配置从以政府为主向市场决定转变，三是要素体系从旅游产业自身小循环向国民经济整体大循环的转变。在此背景下，旅游产业的发展目标、机制和动力亦将发生新的变化，转型升级毫无疑问是未来旅游发展的主旋律。国内外发展实践显示，文化创意是产业转型升级关键期的加速器、创新源和驱动力，开启了旅游产业走向新常态的三条有效路径：在提质增效中塑造品牌、在市场创新中创造价值、在体系融入中拓展空间。

一、以文化创意塑造品牌，促进旅游产业提质增效

品牌建设是旅游产业实现转型升级的必由之路和重要任务。在后工业化时期，文化品牌逐渐成为旅游经济、旅游消费、旅游吸引力和旅游竞争力的核心维度，品牌已经成为旅游产业集聚资源、人才、技术，实现消费价值的最有力的市场竞争工具。在旅游产业的新常态中，拥有旅游品牌比拥有名山大川风景、古镇、古建筑文化遗产遗址等更重要，因此，推进提质增效的内涵式发展模式，品牌思维至关重要。

文化创意为旅游品牌的塑造提供了一个全新的视角。文化资源通过创意转化、展示和演绎，能够以独特的文化元素、文化符号注入旅游产品、旅游空间、旅游活动、旅游环境，有效增强了旅游产品的个性魅力，增添了旅游消费的吸引力，增加了旅游产业的附加值，是助推旅游品牌建设的"加速器"。

文化创意塑造旅游品牌的关键是要发挥创意力，形成以人的创造力为核心要素的软驱动，形成以软实力为核心支撑的旅游品牌。以迪士尼为例，迪士尼是世界级的旅游品牌，也是具有89年历史的老品牌，它并非传统意义上的旅游风景名胜资源，是依靠人的创造力创意形成的旅游品牌，近90年不断地与时俱进，创新创意创造历史，造就了迪士尼品牌的核心竞争力。笔者日前有幸实地调研了即将于2015年启幕的上海迪士尼，体会至深的是一组创新创意的数据：上海迪士尼是全球第12个迪士尼园区，其核心区是以神奇王国为主题的乐园，30个主景点，12类互动表演区。神奇王国乐园是迪士尼的经典产品，但在上海乐园的建设中，提出了引领网络化时代青年人的消费，即针对90后和00后的消费群体，进行创新创意，运用时尚和科技元素创新性地演绎经典。上海迪士尼乐园首创的景点占60%，经典基础上重新创意的占30%，简单复制仅占10%。值得一提的是，迪士尼把品牌理念落实到施工环节，精耕细作，将文化创意贯穿在概念设计与施工落地的全过程，认为游乐场不单单是主题公园，要有故事、有形象、有文化内涵，要以创意为主导，提出要一切围绕游客，使游客一踏进乐园就能够沉浸在艺术氛围中，能够产生魔幻般的感受。为此，对于园区的91栋单体建筑，每一栋

建筑都作为艺术品来建造，采取艺术创造加工程技术的非标施工方式，不惜成本培训施工工人，由现场艺术总监判断施工质量，从概念规划、建筑设计到现场施工的一体化建设模式，以及对艺术创意环境的营造理念、色彩造型的细节把控等体现了一个世界级旅游品牌的核心价值支撑。可见，旅游产业转型升级的品牌之路离不开创新创意，形成旅游消费者心驰神往的品牌，不能局限于领导审美水平和文件行规，需要改革并冲破现有旅游规划的硬束缚，凸显旅游品牌的个性主题和文化营造等软环境，重视建立规划设计师、艺术创意师、技能型施工工人的协同创新机制。

二、以文化创意创造价值，推动旅游产业市场创新

通过市场创新实现旅游产业转型升级已经形成共识，为旅游者创造新的价值是市场创新的关键。旅游产业发展经历了从"跟着资源走"到"跟着市场走"的转型升级，未来"市场跟着创意走"将成为一种新常态，"资源有限，创意无限"，价值创造的过程就是引领市场、创造市场的过程，也是旅游产业升级的新选择。文化创意为旅游者提供"好玩的"消费体验，在市场中发挥价值创造和引领消费时尚的"创新源"功能。

首先，文化创意激发旅游者潜在的消费欲望。随着旅游消费的普及，以功能价值为基础的大众化旅游需求已得到满足，需求更倾向于精神和文化方面的个性化、体验化旅游需求，观念价值成为旅游产业高附加价值的来源。观念价值是指人们因产品内在的文化属性、象征意义以及个人因消费该产品所带来的感受和体验等方面的差异而愿意多支付的价格部分。文化创意创造观念价值，一则故事、一个传说、一段历史、一场记忆、一项技艺甚至一个符号均可以创意成为旅游产品，转化为时尚消费品，激发潜在的消费需求，如台北故宫的"朕知道了"、北京故宫的"朕就是这样的汉子"等产品风靡市场，引发时尚消费热潮；又如"记忆追溯型旅游""大黄鸭旅游""艺术酒店——可以住的美术馆"等都激发了旅游者的文化创意消费需求，开辟了新的市场空间。

其次，文化创意激活无形资源创造新价值。习近平总书记在主持十八届中央政治局第十二次集体学习时指出："要系统梳理传统文化资源，让收藏在禁宫里的文物、陈列在广阔大地上的遗产、书写在古籍里的文字都活起来。"以旅游产品为载体，文化创意使无形资源和文化符号具象化、感性化。如瑞典的"哥德堡号"仿古商船就是一个典型的创意展示品，原汁原味的"景观符号"把古老的历史变成了一个鲜活的文化景观和旅游吸引物，通过"哥德堡号"的"环球航行秀"，向世界展示瑞典的文化和历史，产生了巨大的综合效益。

最后，文化创意传播价值引发市场消费认同。文化创意具有强大的渗透和辐射能力，市场传播效应突出，电影、电视等传统媒体，微信、网络游戏、视频、播客等交互式新媒体，几乎覆盖了各个年龄层次的受众，一方面为旅游推广提供了一个宽泛的旅游营销平台，另一方面对旅游市场中潜在的消费者转变成实际意义的旅游者有着直接的催化作用。例如，《乔家大院》影视剧的热播使原本默默无闻的山西平遥古城的旅游市场迅速升温。

三、以文化创意促进融合，推动旅游产业跨界联动

在转型发展大背景下，旅游产业功能及地位的凸显更加依赖于融入整体社会经济体系的广度和深度。以"吃、住、行、游、购、娱"为核心要素的旅游产业小循环，正逐步走向区域产业体系协同发展的大循环，而深度嵌入国民经济社会的大体系将成为旅游产业发展的一

种新常态。发挥文化创意"驱动力"的功能,以文化为核心,以创意为手段,以技术为支撑,以市场为导向,创造多元化的旅游产品载体,融入区域社会经济大体系,形成融合跨界的发展格局,在促进区域转型中拓展旅游产业的发展空间。

文化创意旅游推进产业融合。以文化创意促进旅游业与各行各业的融合发展,打破行业界限,实现跨界联动,将有效推动区域资源的整合,以及存量资源的深度综合利用。如上海著名的热门旅游景观,外滩、东方明珠等都是在原有空间上叠加旅游功能,是一种不占据新资源的再开发和再利用;比如旧城区可采用文化旅游景区的营造手法,创意性实现"旧瓶装新酒",将文化、旅游、居住、商业、娱乐等功能融合起来,形成区域新地标;再比如文商旅跨界联动、创意农业的发展等,形成高附加值的融合型产业链,产生溢出效应。

文化创意旅游驱动区域转型。通过发展文化创意旅游,能够驱动形成旅游消费的新市场、新业态、新模式,突破硬资源不足和环境污染的束缚,促进区域转型发展。一是以文化创意旅游产品拓展新消费市场,形成旅游新业态,带动相关产业发展,实现区域转型发展。比如,西班牙毕尔巴鄂古根海姆博物馆的经典案例,造就了一座博物馆挽救一座城的奇迹。二是利用现代技术和创意的巨大潜力,对接现代市场需求,形成文化创意旅游消费新模式。比如,法国南特岛借助"机械巨象""机械装置龙马"等创意旅游产品实现区域成功转型。

文化创意旅游改变"千城一面"。文化创意旅游可以有效诠释城市个性特色,固化的旅游景观本身就是城市文化的特色地标,而创意性的旅游节庆则能让人感受城市文化的独特脉搏,有效改变"千城一面"。旅游产业则在释放城市艺术性与消费力的有机结合中不断创新发展。首先,把旅游产业的空间载体拓展到城市的各个角落,城市的大街小巷、山山水水,城市的每一栋建筑都承载着文化,都可以通过创意成为文化创意旅游的载体;其次,丰富旅游产品载体的层次,餐饮、娱乐、购物、住宿、交通、游览等与旅游消费紧密相关的旅游产品,都建设成为消费者近距离感受城市文化的载体;此外,将旅游产业融入城市的文化节庆活动之中,文化创意活动具有强烈的视觉冲击力和感受力,不但吸引了消费者的眼球和注意力,也为其直接参与文化体验营造了轻松愉快的氛围,让旅游产业在秀出"城市处处是风景""城市时时有风景"的文化意境中做大做强。

[资料来源:王慧敏.以文化创意推动旅游产业转型升级[J].旅游学刊,2015(1).]

结合阅读思考:

1. 文化创意从哪些方面推动旅游产业转型升级?
2. 在实际操作中,有哪些文化创意推动旅游产业转型升级的成功案例?

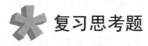

复习思考题

1. 如何理解旅游产业的概念及内涵?
2. 旅游产业有哪些特点?
3. 如何理解旅游产业的结构及功能?
4. 旅游产业空间布局的特征及发展趋势有哪些?
5. 要实现旅游产业持续发展应采取哪些对策?

 参考文献

[1] 张凌云．试论有关旅游产业在地区经济发展中地位和产业政策的几个问题［J］．旅游学刊，2000（1）：10-14．

[2] 孔建新．对旅游产业若干理论问题的探讨［J］．新疆金融，2004（2）：9-12．

[3] 谢彦君．基础旅游学［M］．4版．北京：商务印书馆，2015．

[4] 高仁泽．论现代旅游产业的政府主导型战略［J］．技术经济与管理研究，1999（4）：15．

[5] 钟勉，刘家强．旅游产业与区域经济发展研究［J］．西南民族学院学报（哲学社会科学版），2002（10）：194-197，277．

[6] 赵书虹．试论旅游产业的形态、结构、集群特征和比较优势［J］．思想战线，2010（2）：128-132．

[7] 王起静．旅游产业经济学［M］．北京：北京大学出版社，2006．

[8] 刘佳，韩欢乐．我国旅游产业结构研究进展与述评［J］．青岛科技大学学报（社会科学版），2013（3）：50-55．

[9] 楼嘉军，王晓云，邱扶东．旅游业结构调整与和谐发展［M］．上海：立信会计出版社，2005．

[10] 栾娜．旅游产业结构研究文献综述［J］．开封教育学院学报，2015（7）：277-278．

[11] 申葆嘉．从"旅游产业的范围和地位"想起的［J］．旅游学刊，2007（11）：5-6．

[12] 郑本法，郑宇新．旅游产业的十大功能［J］．甘肃社会科学，1998（4）：52-56．

[13] 杨国良．论旅游产业空间布局［J］．四川师范大学学报（自然科学版），2002（1）：94-98．

[14] 张广海，高乐华．旅游产业集群及其空间布局研究：以青岛市旅游产业为例［J］．中国海洋大学学报（社会科学版），2008（3）：38-42．

[15] 刘春济．我国旅游产业结构优化研究［D］．上海：华东师范大学，2014．

[16] 谢春山，李诚固．试论新时期旅游产业的特征与功能定位［J］．财经问题研究，2005（8）：90-93．

[17] 逯宝峰．区域旅游产业结构评价与优化策略［J］．企业经济，2013（12）：120-123．

第十章

旅游的发展观

 本章导读

旅游的发展观主要从发展的视角来分析探讨旅游的发展问题,包括旅游发展的影响因素、可持续发展的内涵与基本原则、旅游可持续发展的内涵与要求、世界及中国旅游的发展趋势等,旨在通过对旅游可持续发展理论和旅游发展趋势的理解,明确旅游发展的方向和态势,从而对旅游活动形成全面的认知。

 学习目标

1. 了解和掌握旅游发展的影响因素;
2. 理解和掌握可持续发展的内涵及基本原则;
3. 理解和掌握旅游可持续发展的定义及内涵;
4. 分析和理解旅游可持续发展的要求;
5. 了解和掌握世界及中国旅游发展的趋势。

 核心概念

可持续发展 旅游可持续发展 生态旅游 绿色旅游 替代性旅游 低碳旅游

第一节　旅游发展的影响因素

改革开放以来,旅游业在我国得到较快发展。我国旅游业的发展不但了有一个成绩斐然的过去,还拥有一个充满活力的现在,必然也会拥有前景乐观的未来。然而,虽然旅游业前景乐观,但仍会有众多影响因素改变旅游业的现有形态,这些影响因素在给旅游管理部门带来一系列难以克服的现实问题的同时,也为旅游产品的开发和改进创造了更多新的机会。其中,自然环境、经济水平、社会文化、政治制度以及科学技术等因素是目前可以预见的影响旅游发展的具体因素。需要注意的是,在现实中,旅游发展的影响因素是相互联系和相互促进的,例如,经济发展推动了旅游增长,但导致了自然环境变化,对目的地的本土文化造成一定威胁。可见,任何一种影响因素都无法单独占据影响旅游发展的主导地位,我们应对此进行合理分析。

一、自然环境因素

旅游是一个对自然环境高度敏感的产业,自然环境正在成为旅游发展中的核心问题。由于地表自然条件的差异，各地区自然环境要素的不同组合，构成了千变万化的景象和环境，也决定着某一地区作为旅游活动场所的吸引力和适宜性。大自然的鬼斧神工为人们提供了神、奇、美的意境和新鲜的生活空间，吸引人们前来考察、观光、旅游和度假。在一定程度上，自然环境影响着旅游者的体验质量、旅游企业的服务效果以及旅游景观的开发风格等，一个地区旅游发展政策和规划也一定是基于其自然环境来决定的。近年来，水资源可利用量的降低、生物多样性的减少、景观美学价值的降低、海岸侵蚀和洪水泛滥等现象，都在不同程度地影响着旅游发展。由于今后环境问题将受到越来越多的重视，那些经济上可行而环境上不可取的开发项目将不会再有生存空间。不管自然环境如何变化，旅游企业和旅游目的地只有能够适应环境，迅速做出调整、应对，才能使相关风险最小化，最终以经济、社会、环境可持续发展的方式把握新机遇。

二、经济发展水平

经济发展水平是旅游发展的重要影响因素，主要表现在两个方面。一是个人收入对旅游发展的影响。一般情况下，人们旅游需要的强烈程度与收入的高低呈正相关关系，收入越高，旅游需要越强烈，旅游产品的消费能力也越高。个人收入不但影响着旅游者的旅游需求，同时还直接决定着旅游目的地与活动类型的选择、出游时间的长短等旅游决策行为，进而影响着旅游业的发展方向。二是区域经济实力对旅游发展的影响。在旅游发展历程中，我们见证了政府管制的放宽、实行私营化、区域经济整合、全球性公司或跨国公司的作用逐渐增强，这些现象反映出旅游经济将继续在旅游竞争中占据重要地位。如今，我国综合国力不断增强，旅游产业的基础和旅游供给能力已经达到一定水平，从未来经济增长趋势看，我国经济在较长一段时间内仍将保持较快增长，必将有力促进我国旅游的持续、健康发展。可见，经济水平对旅游发展具有巨大的影响作用，离开了经济的支撑与依托，旅游发展便丧失了存在的基础和条件。

三、社会文化因素

社会文化是旅游发展的制约因素之一。首先，客源地社会文化影响旅游者的旅游消费意识。不同社会文化环境下的人在习俗、道德态度、价值观等方面都不同。旅游者团队就是由来自不同社会文化背景下的人组成的，他们选择旅游产品和服务时的不同决策倾向对旅游发展影响较大。如中国传统文化提倡的"父母在，不远游，游必有方"在一定程度上就限制了旅游发展；而西方文化鼓励冒险，在一定程度上推动了旅游发展。其次，旅游目的地社会文化对外来文化开放兼容程度影响旅游发展。例如，宗教保守主义者往往不希望外来游客的打扰。再次，旅游目的地与客源地社会文化差异大小决定了旅游动力大小。如今，大多数旅游者已经不满足于单纯对自然山水的观光游览，而是追求更高层次的文化旅游，旅游目的地独具特色的文化习俗、传统工艺、民族节庆等是吸引旅游者的重要因素。可见，只有民族的、地域的，才是世界的、吸引游客的。总之，旅游发展很大程度上仰仗于旅游目的地特殊的历史、文化和地理等社会文化因素，旅游产业规模才得以形成，这些因素将成为区域旅游发展的强大动力。

四、政治因素

随着旅游业在世界范围内的迅速发展，各种利益诉求和问题的凸显必然导致它与政治发生深刻关系，正是这些利益诉求和问题促使了政治与旅游的联姻。政治所涉及的领域和因素相当宽泛，它包括了以公共权力为中心的政治关系、政治制度、政治思想、政治文化和政治行为等。所有这些都会对旅游的产业定位、旅游发展战略、旅游决策、旅游管理、旅游市场营销以及旅游资源的开发、利用与保护等方面产生重大影响，对旅游发展具有明确的导向作用。在当今时代，旅游活动和旅游业的兴衰成败首先系于政治，而不是经济、自然风光和文化吸引。影响旅游发展的众多因素中，政治因素始终贯穿于旅游决策主体的决策思维、决策目标的选择、决策的实施等多个环节。旅游对政治所表现出来的高度敏感，使得政治气候中的任何风吹草动都会动摇甚至会摧毁旅游活动与旅游业。政治因素对旅游业的经营管理活动提出了明确的规范要求。旅游业只有在政策、法规允许的范围内，严格按照旅游业的国家及行业标准的要求，依法经营才能获得广阔的发展空间，实现可持续发展。

五、科学技术因素

虽然旅游业在传统上是个"与人打交道"的产业，但如今已开始面对过去几十年来已经出现的技术大发展这一现实。在旅游发展过程中，科学技术起着至关重要的作用。现代科技含量的多少，直接影响着旅游发展的深度和广度。一方面，科学技术的发展刺激旅游需求的增长。一般来说，旅游需求量的大小与科学技术的发展水平呈正相关关系，即科技发展水平越高，旅游需求量越大。旅游者可以通过各种高技术的信息手段，便捷地获取多方信息，可以自由选择旅游目的地和旅行方式，也可以自主地安排行程。例如，交通技术的发展如航空、高速铁路等使得旅游者的出行更加便捷，旅游需求量也随之增加。另一方面，科学技术的发展提高了旅游供给的质量。在旅游供给中，由于运用高科技而增加旅游目的地吸引力的典型例子就是人造主题公园。它们充分运用现代高科技结晶，如声学技术、光学技术、计算机模拟系统技术等，成为最具吸引力的旅游景点。因此，旅游发展中积极主动地应用最新的科技成果，不仅可以提高旅游服务质量，还能有效提高旅游业运营管理的效率，促进旅游健康持续发展。

第二节 旅游的可持续发展

旅游发展如今已遍布世界各地，它在逐渐成为强大经济力量的同时，也给旅游目的地带来了巨大的环境和社会压力。一位倡导可持续旅游的先驱者乔斯特·克里彭多夫（Jost Krippendorf，1982）曾明确提出：无限制地发展旅游业会使得它给社会和环境造成的不利影响超越它的经济贡献。为了应对新时期旅游业所带来的挑战，旅游与可持续发展的关系将越来越紧密，发展可持续旅游是必经之路。

一、可持续发展的提出、内涵与基本原则

（一）可持续发展的提出

现代环境退化已成为全球性现象，从天空到陆地，从大陆到海洋，人类赖以生存的主要生态系统——森林、草原、湿地等都面临着严重的危机，生态危机使人类陷入了生存与发展、现在与未来的困境。人类仅仅靠环境的自我调节已不能解决问题，必须从根本上调整人类与

环境的关系并合理制约自己的行为，实现双方和谐相处，共同发展。早在20世纪50年代末，一些学者就指出，人与环境必须保持和谐关系，生命是自然界的伟大创造，对生命要给予极大的尊重，应当爱护所有的生物和资源，保护生态环境。20世纪60年代前后，工业排出的有害物质使环境污染由局部扩展到区域，以至严重的环境公害事件接连出现，震惊了全世界，迫使许多国家不得不采取治理措施。1972年6月，在瑞典首都斯德哥尔摩举行了联合国第一次人类环境会议，发布了《人类环境宣言》，并建议联合国大会将6月5日定为"世界环境日"。同年，第27届联合国大会通过了这项决议。"世界环境日"的意义在于提醒世界注意全球环境状况与人类活动对环境的危害，要求各国政府在这一天开展各种活动，强调保护和改善人类环境的重要性。斯德哥尔摩会议的一个重大成就是使人们认识到，人类在世界任何角落对环境造成的破坏都将影响整个人类的生存与发展。这一点集中地反映在会议口号——"只有一个地球"上，人们从此开始产生共同管理好人类共有的地球家园的意识。

1992年，在巴西里约热内卢召开的联合国环境与发展大会上，包括中国在内的世界100多个国家政府首脑通过了《里约宣言》，共同签署了《生物多样性公约》和《21世纪议程》等重要文件，向世界宣布，各国人民将为遵循可持续发展的模式而采取一致行动。

（二）可持续发展的内涵

1987年，世界环境与发展委员会发表了影响全球的《我们共同的未来》报告。这一关于人类未来的报告中提出了"可持续发展"的概念，认为可持续发展是"既满足当代人的需求，又不对后代人满足其自身需求的能力构成危害的发展"。这一概念在1989年联合国环境规划署（UNEP）第15届理事会通过的《关于可持续发展的声明》中得到接受和认同。

可持续发展涉及自然、环境、社会、经济、科技、政治等诸多方面，由于研究者所站的角度不同，对可持续发展所作的定义也有所不同。如，侧重于自然方面的可持续发展的定义是"保护和加强环境系统的生产和更新能力"，其含义为可持续发展是不超越环境系统更新能力的发展；侧重于社会方面的可持续发展的定义为"在生存于不超出维持生态系统涵容能力之情况下，改善人类的生活品质"；侧重于经济方面的定义是"可持续发展是今天的使用不应减少未来的实际收入""当发展能够保持当代人的福利增加时，也不会使后代的福利减少"；侧重于科技方面的定义是"可持续发展就是转向更清洁、更有效的技术——尽可能接近'零排放'或'密封式'，工艺方法——尽可能减少能源和其他自然资源的消耗"。

总之，可持续发展就是建立在社会、经济、人口、资源、环境相互协调和共同发展的基础上的一种发展，其宗旨是既能相对满足当代人的需求，又不能对后代人的发展构成危害。其概念内涵大致包含以下几方面：

（1）突出发展的主题。发展与经济增长有根本区别，发展是集社会、科技、文化、环境等多项因素于一体的完整现象，是人类共同的和普遍的权利，发达国家和发展中国家都享有平等的不容剥夺的发展权利。

（2）发展的可持续性。人类经济和社会的发展不能超越资源和环境的承载能力，要求在严格控制人口增长、提高人口素质和保护环境、资源永续利用的条件下进行经济建设，必须使自然资源的耗竭速率低于资源的再生速率，必须通过转变发展模式，从根本上解决环境问题。

（3）人与人关系的公平性。发展的本质应当包括改善人类生活质量，提高人类健康水平，创造一个保障人们平等、自由、教育和免受暴力的社会环境。当代人在发展与消费时应努力做到使后代人有同样的发展机会，同一代人中一部分人的发展不应当损害另一部分人的利益。

（4）人与自然的协调共生。人类必须建立新的道德观念和价值标准，学会尊重自然、师法自然、保护自然，要促进人与自然的和谐，实现经济发展和人口、资源、环境相协调，坚持走生产发展、生活富裕、生态良好的文明发展道路，保证人类一代接一代地永续发展。

（三）可持续发展的基本原则

从上面的分析可以看出，可持续发展观具有十分丰富的内涵：就其社会观而言，主张公平分配，既满足当代人又满足后代人的基本需求；就其经济观而言，主张建立在保护地球自然系统基础上的持续经济发展；就其自然观而言，主张人类与自然和谐相处。这些内涵体现出可持续发展的基本原则：

（1）公平性原则。公平即机会选择的平等性。可持续发展的公平性原则包括代内的横向公平和代际的纵向公平两方面内容。代内的公平指可持续发展要满足当代所有人的基本需求，满足他们要求过美好生活的愿望。要给世界各国以公平的发展权、公平的资源使用权，要在可持续发展的进程中消除贫困。各国拥有按其本国的环境与发展政策开发本国自然资源的主权，并负有确保在其管辖范围内或在其控制下的活动，不致损害其他国家或在各国管理范围以外地区环境的责任。代际的公平强调人类赖以生存的自然资源是有限的，当代人不能因为自己的发展与需求而损害后代人满足其发展需求的条件——自然资源与环境，要给后代人以公平利用自然资源的权利。

（2）持续性原则。可持续发展受许多因素的制约，其中，最主要的是资源与环境因素。资源与环境是人类生存与发展的基础和条件，离开了这一基础和条件，人类的生存和发展便无从谈起。因此，资源的永续利用和生态环境的可持续性是可持续发展的重要保证。人类发展必须以不损害支持地球生命的大气、水、土壤、生物等自然条件为前提，必须充分考虑资源的临界性，必须适应资源与环境的承载能力。也就是说，人类在经济社会的发展进程中，必须根据持续性原则调整自己的生产与生活方式，确定自身的消耗标准，而不是盲目地、过度地生产、消费。

（3）共同性原则。可持续发展关系到全球范围内世界各国的共同发展。尽管因历史、经济、文化和发展水平等因素的影响，不同国家在可持续发展的具体目标、政策和实施步骤上存在一定差异，但公平性和可持续性是一致的，这是由地球整体性和相互依存性所决定的。因此，要实现可持续发展的总目标，必须争取全球共同的配合行动，要致力于达成既尊重各方的利益又保护全球环境与发展体系的国际协定。正如《我们共同的未来》所言："今天我们最紧迫的任务也许是要说服各国，认识回到多边主义的必要性。""进一步发展共同的认识和共同的责任感，是这个分裂的世界十分需要的。"换言之，实现可持续发展要求人类共同促进自身之间、自身与自然之间的协调，这是人类共同的道义和责任。

二、旅游可持续发展的内涵与要求

（一）旅游可持续发展的提出及其定义和内涵

旅游可持续发展是可持续发展战略的组成部分，是可持续发展理论的延伸。随着现代经济和社会的快速发展，作为人类社会活动重要的组成部分之一，旅游活动同样也面临着可持续发展问题。为此，1990年在加拿大温哥华举行的全球可持续发展大会上，旅游组行动策划委员会提出了《旅游持续发展行动战略》草案，构筑了旅游可持续发展的基本理论框架，并阐述了旅游可持续发展的主要目标：（1）增进人们对旅游所产生的环境效益和经济效益的理解，强化其生态效益；（2）促进旅游的公平发展；（3）改善旅游接待地的生活质量；（4）向旅游者提供高质量的旅游经历；（5）保护上述目标所依赖的环境质量。

1995年4月27日至28日，联合国教科文组织、环境规划署和世界旅游组织等联合在西班牙加那利群岛的兰沙罗特岛上召开了"可持续旅游发展世界会议"，有75个国家600名代表参加，通过了《旅游可持续发展宪章》和《旅游可持续发展行动计划》两个纲领性文件。《旅游可持续发展宪章》指出："旅游可持续发展的实质，就是要求旅游与自然、文化和人类生存环境成为一体，自然、文化和人类生存环境之间的平衡关系使许多旅游目的地各具特色，旅游发展不能破坏这种脆弱的平衡关系。"其作为全世界都应该共同遵守的准则，在旅游发展史上具有里程碑的意义，对指导21世纪全球的旅游发展具有十分重要的作用。

1997年5月22日，来自世界77个国家和地区的政府和私营团体的代表出席了世界旅游组织和菲律宾共和国政府联合举办的"关于旅游业社会影响的世界旅游领导人会议"。会议讨论了旅游业的社会影响，研究了如何最大限度地发挥其积极影响并最大限度地降低其负面效应。会议强调，旅游业将继续不断地为各国和社区带来社会、经济利益，旅游业并不是造成社会问题或与之相关问题的唯一原因，决心消除产生于旅游业或其相关活动的社会弊端。会议上通过了《关于旅游业社会影响的马尼拉宣言》。

作为对联合国1992年的《21世纪议程》的一个响应，在1997年联合国大会第九次特别会议上，世界旅游组织（UNWTO）、世界旅游理事会（WTTC）与地球理事会（Earth Council）共同向大会发布了《关于旅游业的21世纪议程》，作为旅游业的行动纲领，要求各国政府和旅游业的各个部门采取一致的行动实现旅游的可持续发展。在这份文件中，针对负责旅游业的政府部门、国家旅游管理机构、有代表性的行业组织和旅游企业，分别提出了行动指南，其中包括在每一章中提出一个重要的目标和几个优先考虑采取行动的领域，并对每一个优先领域都确定了具体目标，还对实现该目标可以采取的步骤做了简要说明，使《议程》在真正意义上成为指导旅游发展实践的行动纲领。

1998年10月18日，来自亚太地区29个国家和国际组织的200多名代表在中国桂林参加了亚太地区议员环境与发展大会第六届年会，与会的各国代表团签署了关于环境和资源保护与旅游业可持续发展的《桂林宣言》，就所面临的挑战及有关的战略行动达成了一系列重要的共识。《桂林宣言》呼吁和敦促：各国政府积极制定和实施旅游业可持续发展的战略和政策；加强对本国自然资源和环境以及文化遗产的保护，为旅游业提供可持续发展的坚实基础；各国旅游业经营者选择有利于环保的开发和经营模式及旅游模式；旅游经营者和旅游者自觉遵守所到国家与地区的自然资源和环保等方面的法律；各国旅游管理部门和经营者加强本地区旅游业发展方面的合作与交流，增强各国发展可持续旅游的能力。

由此可见，旅游可持续发展作为人类在新的历史时期的发展观，已经得到世界各国政府、学术机构、民间团体和公众的重视。在可持续发展观的指导下，人类的旅游活动要实现可持续发展，必须充分认识到旅游活动要在自然资源再生和未来生产力发展的许可范围内展开，要认识到当地环境、风俗习惯以及生活方式对旅游者旅游体验的重要贡献；要在满足当代旅游者和旅游地居民的各种需要的同时保持和增进未来发展机会；要将旅游与自然、社会、文化和人类生存环境融为一体，实现经济、社会发展的协调统一。

综上所述，我们可将旅游可持续发展定义如下：旅游与社会经济、资源环境和谐发展，不仅要满足旅游者和当地居民当前生活、文化、精神的需要，而且要保证和增进人类社会未来发展的机会，从而使全球的生态体系、各国的民族文化、人们的生活质量保持完整性、多样性和有序性。具体来说，旅游可持续发展的内涵主要包括以下内容：

（1）满足需要。发展现代旅游，首先要满足旅游者对提升生活质量的渴望，满足其发展和享乐等高层次需要；其次要通过经济创收满足旅游地的基本需要，改善旅游地居民的生活水平。

（2）协调发展。可持续旅游的首要标志就是旅游开发必须在环境承载力的允许范围内，因此，旅游发展必须与环境相协调，实施资源的节约利用和永续利用。

（3）环境限制。资源满足人类目前和未来需要的能力是有限的，不能过度开发，必须考虑旅游环境承载力。

（4）平等享用。旅游业发展既要满足当代人的旅游需要，为当代人创造旅游收入，又要满足未来各代人的旅游需要，保护各代人的旅游供给。

（二）几种符合旅游可持续发展观的旅游理念

从严格意义上来说，无论是可持续发展观，还是旅游可持续发展观，实际上都是宏观层面的基础理论和思想观念，具有世界观和方法论方面的指导意义，但要全面认识和理解旅游可持续发展的内涵，还必须进一步探讨几种符合旅游可持续发展观的旅游理念或旅游形式，主要包括生态旅游、绿色旅游、替代性旅游、低碳旅游等。

1. 生态旅游

"生态旅游"一词，最早是由世界自然保护联盟（IUCN）于1983年提出的，当时就生态旅游给出了两个要点，其一是生态旅游的对象是自然景物；其二是生态旅游的对象不应受到损害。在人类面临生存环境危机的背景下，生态旅游一经提出立即得到了世界范围内的响应，其内涵也得到了不断充实。有的从生态旅游要点之一出发，将生态旅游定义为"回归大自然旅游"和"绿色旅游"；有的从生态旅游要点之二出发，将生态旅游定义为"保护旅游"和"可持续发展旅游"。1993年国际生态旅游协会将其定义为：具有保护自然环境和维护当地人民生活双重责任的旅游活动。

虽然到目前为止，人们在对生态旅游概念的界定上还存在着诸多争议，但对其核心内涵的看法却是较为一致的，即生态旅游首先要保护旅游资源，它是一种可持续的旅游；旅游者在生态旅游过程中身心得以解脱，生态意识得到提高。

生态旅游的特点是：（1）生态旅游的目的地是一些保护完整的自然和文化生态系统，参与者能够获得与众不同的经历，这种经历具有原始性、独特性的特点；（2）生态旅游强调旅游规模的小型化，限定在承受能力范围之内，这既有利于旅游者的观光质量，又不会对旅游目的地造成大的破坏；（3）生态旅游可以让旅游者亲自参与其中，在实际体验中领会生态旅游的奥秘，从而更加热爱自然，这也有利于自然与文化资源的保护；（4）生态旅游是一种负责任的旅游，这些责任包括对旅游资源的保护责任、对旅游的可持续发展的责任等。

自生态旅游的概念提出以来，生态旅游的发展取得了巨大的成功。世界各国纷纷根据各自的国情，积极开展生态旅游，在世界范围内形成各具特色的生态旅游形式，备受旅游者青睐。随着生态旅游的开展，游客环境意识的提高，西方旅游者的旅游热点从"3S"（即：Sun，温暖的阳光；Sea，碧蓝的大海；Sand，舒适的沙滩）转向"3N"，即到"自然"（Nature）中，去缅怀人类曾经与自然和谐相处的"怀旧"（Nostalgia）情结，使自己在融入自然中进入"天堂"（Nirvana）的最高境界。生态旅游发展较好的西方发达国家首推美国、加拿大、澳大利亚等国。在西方发达国家，周末和节假日到大自然中去旅游已成为一种时尚。

2. 绿色旅游

"绿色"常常用来比喻"环境保护""回归自然""健康""生命"等，被视为文明的标志，受到全球人类的崇敬、爱戴和保护。在这种"绿色崇拜"的背景之下，诸如绿色经济、绿色消费、绿色营销、绿色GDP等概念和名词应运而生，"绿色旅游"便在其中。

绿色旅游的定义有广义和狭义之分，广义的绿色旅游是指具有亲近环境或环保特征的各类旅游产品及服务。狭义的绿色旅游是指远离喧嚣与污染，亲近大自然并能获得健康情趣的一种时尚旅游形式，通常指乡村旅游，即发生在农村、山区和渔村等的旅游活动。

绿色旅游具有观光、度假、休养、科学考察、探险和科普教育等多方面功能，对旅游者来说不仅是享乐体验，而且也是一种学习体验，既增加了旅游者与自然亲近的机会，也深化了人们对生活的理解，因而受到旅游者的欢迎。

目前，学术界对于绿色旅游是否是一种全新的旅游形态，尚存在一定的争议。实际上，绿色旅游只是一种比喻的说法，它融入了可持续发展的理念，贯穿了人与自然和谐相处的思想，可以理解为与可持续旅游、生态旅游等相类似的概念，即指在为社会提供舒适、安全、有利于人体健康的旅游产品的同时，以一种对社会、对环境负责的态度，合理利用资源，保护生态环境。绿色旅游强调以认识自然、保护自然、保护生态平衡为前提，倡导经济发展、社会和谐、环境保护的和谐统一，要求经营者和旅游者共同承担起热爱自然与环境保护的责任与义务，在整个旅游过程中的各个环节都必须尊重自然、保护环境，以促进人类与自然、环境的和谐发展。因此，绿色旅游宜于视为旅游者进行旅游活动以及旅游业在资源开发、经营管理和环境保护等方面的一种理论指导，而不宜视为一种具体的旅游活动形式或类型。

3. 替代性旅游

替代性旅游，又可理解为非大众旅游，它是相对于大众旅游而产生的，其包括生态游、文化游、教育游、软旅游、休闲游、绿色游等多种旅游产品。也有学者将其理解为"可选择性旅游"。现在也指寻求用积极的、新的旅游方式来改变不利于可持续发展的传统旅游的运动。

替代性旅游盛行于20世纪70年代和80年代，最初来源于发展中国家，这是由于发展中国家具有丰富的自然资源但又相对在经济、文化上处于弱势，所以促使人们寻求新的旅游形式来促进经济发展及应对大众旅游所带来的各种负面影响。

有关替代性旅游的定义在学术界一直没有统一，这是由于用于描述替代性旅游的变量较多，由此产生多种定义。1981年，德诺主要从接待设施方面对其进行定义，认为"是旅游者直接住在当地居民家里，并能够得到相应的设施和服务"。到1988年，德诺将定义修订为"即由个人、家庭或当地社区为游客提供一系列接待服务"。霍顿（1984）认为，"除大众型旅游外，其他所有形式的旅游都可认为是替代性旅游"。徐嵩龄（2001）将替代性旅游定义为"有别于传统旅游模式的，以保护当地环境、文化和社会价值为前提的旅游模式"。

虽然人们对替代性旅游的具体定义存在诸多争议，但对其特点和功能的认识还是较为一致的。(1)替代性旅游强调环境保护。替代性旅游比大众型旅游更具有环境保护意识,其旨在将旅游活动对自然环境的影响降至最低。(2)替代性旅游注重游客的参与性与文化体验。替代性旅游强调旅游者直接住在当地居民家里,并能够得到相应的设施和服务,积极推动旅游者与当地居民的接触和沟通,增进双方的理解和相互尊重。

总体看来,在人们因不满大众旅游所带来的各种负面影响而开始积极探索新的旅游方式的过程中,替代性旅游是否真的可行在学术界及业界还存在争议。但有一点是肯定的:作为一种理念,替代性旅游对于促进旅游可持续发展无疑具有重要的指导意义。

4. 低碳旅游

"低碳旅游"的概念最早见于2009年5月世界经济论坛《走向低碳的旅行及旅游业》报告中。报告显示,旅游业(包括与旅游业相关的运输业)碳排放占世界总量的5%,其中运输业占2%,纯旅游业占3%。在世界减排的大背景之下,低碳旅游开始备受关注,并引起旅游界的极大反响。

所谓"低碳旅游"即是一种降低碳的排放量的旅游,它是指在旅游发展过程中,通过运用低碳技术、推行碳汇机制和倡导低碳旅游消费方式,以获得更高的旅游体验质量和更大的旅游经济、社会、环境效益的一种旅游可持续发展新方式。

低碳旅游发展的核心理念是以更少的旅游发展碳排放量来获得更大的旅游经济、社会、环境效益。同传统的旅游形式相比,低碳旅游具有鲜明的特征:(1)低碳旅游主张转变现有的旅游运输模式,积极倡导公共交通出行方式和混合动力汽车、电动车、自行车等低碳或无碳出行方式;(2)低碳旅游倡导简约的旅游方式,强化旅游的清洁、方便、舒适等功能,注重旅游文化的品牌性,反对奢华浪费之风;(3)低碳旅游强调旅游智能化发展,主张提高运行效率,同时及时全面引进节能减排技术,降低碳消耗,最终形成全产业链的循环经济模式。因此,作为一种低碳生活方式,低碳旅游应当成为我国旅游可持续发展的重要战略之一。

低碳旅游倡导的在旅游活动中尽量减少碳足迹与二氧化碳的排放,以实现旅游的低能耗、低污染的观念是环保旅游的深层次表现,已被社会各界所认同。低碳旅游既包含了政府与旅行机构推出的相关环保低碳政策与低碳旅游线路,也涵盖了倡导旅游者个人出行时多乘坐公共交通工具,自驾外出时尽可能地多采取拼车的方式,在旅游目的地尽量多采取步行和骑自行车的游玩方式,在旅途中自带必备生活物品,住宿时选择不提供一次性用品的酒店,等等。

当然,这种透着环保、带着时尚的新兴旅游形式能否成为主流的旅游形式还有待进一步观察,但它所强调的"低碳技术"和"低碳消费方式",提倡通过各种低碳技术的革新和旅游消费方式的转变来实现可持续旅游的发展目标,无疑具有较强的可操作性和实践性。同时,低碳旅游摒弃了传统增长模式,采用创新技术和创新制度,倡导通过低碳经济模式与低碳生活方式实现可持续发展,有助于促进生态文明的建设。

(三)旅游可持续发展的要求

旅游可持续发展是一个系统工程,需要旅游消费者、旅游开发商、旅游经营者以及政府有关管理部门积极参与和大力配合。

1. 旅游开发商要合理开发旅游资源，保护生态环境

旅游资源是旅游业赖以生存的基础，是发展旅游业的基本条件。科学合理地开发旅游资源，建设旅游设施，对于实现旅游可持续发展具有极其重要的意义。旅游开发商在进行旅游资源开发时，一定要牢记可持续发展的内核，从地质条件、资源开发类型等诸多方面来考虑开发的可行性，并在此基础上进行开发和建设，从而实现旅游可持续发展。旅游资源开发，一要有计划性，切不可盲目开发，以免造成无法挽回的生态环境破坏；二要贯彻科学性，从经济、社会、环境等方面认真做好旅游资源开发的可行性分析，确保旅游资源开发的科学、合理、规范、有序；三要坚持谨慎性，特别是对那些不可再生的自然旅游资源和旅游景观，一定要认真做好地质、水体方面的测量，要慎之又慎，三思而后行，以免破坏自然景观。

2. 旅游经营者要节能减排，强化环境保护

作为旅游经营者，在其经营活动中，一定要尽可能地节约能源，减少对环境的破坏和污染。旅游是一项涉及吃、住、行、游、购、娱一系列环节的综合性活动，无论是旅游经营者，还是旅游者，都无可避免地要接触到目的地的自然环境。这无疑会对当地的自然环境产生一定的影响，如随着机动船只使用量的增大，当地的水质污染问题会严重；随着旅游交通（包括汽车、火车、飞机等）运输量的增大，当地噪声污染的程度会加重；旅游接待设施的投入使用会使用电量增大而致使发电废气排放量增多，加速当地空气质量下降；等等。为此，旅游经营者在开展旅游活动时，必须采取相应的措施来达到节能减排、保护环境的目的，如生产环保型的旅游产品，降低总体能源的消耗和减少相关废弃物的排放，选择具备生态旅游条件的旅游目的地，适当控制旅游团的人数等。旅游经营者还要正确引导旅游者的消费行为，培养旅游者的环保意识；对导游和领队人员还要进行培训，增加其生态旅游方面的专业知识。旅游饭店可大力发展环保型的"绿色饭店"，减少对环境的污染和破坏。

3. 旅游消费者要严格自律，倡导文明旅游

第二次世界大战后，大众旅游在世界范围内的兴起和迅速发展在某种程度上对环境和资源造成了一定的损害，尤其是对旅游目的地的自然环境损害和社会文化遗产损害。虽然造成这种局面的影响因素较多，但旅游者个人的各种有悖道德的行为无疑是较为重要的因素之一。因此，作为旅游活动的主体，旅游者在旅游可持续发展中负有不可推卸的责任和义务。首先，旅游者要自觉遵守旅游道德，增强环保意识，在旅游决策行为上主动选择和参与各种有利于旅游可持续发展的环境友好型、资源节约型的旅游活动和旅游方式，尽量将旅游活动对自然生态环境和社会文化环境的影响降到最低水平。其次，旅游者在旅游活动中要自觉约束和规范自己的旅游行为，在旅游过程中不大声喧哗、吵闹，不随时随地抽烟；不随地吐痰、扔吃剩的东西、随处大小便、擤鼻涕，不随意丢垃圾，注意环境卫生，杜绝旅游污染；爱护旅游设施，不任意践踏草皮、攀折花木，不乱刻乱写乱画，不损害古迹文物；不食用、不购买被保护生物及其制品，积极参加保护生态的各种有益活动等。

4. 政府部门要依法行政，强化管理

中央及各级地方政府有关管理部门在旅游可持续发展中起着极为重要的作用。第一，要制定可持续的旅游发展规划。如在特别敏感或受保护的地区进行旅游资源开发要做好全面的环境影响评估，制定一个长期与短期相结合的旅游发展规划，使旅游保持适度规模，促进旅

游持续、稳定、健康发展。第二，要加紧制定有关法律、法规，规范旅游市场的竞争行为，通过政府的宏观调控，避免在旅游业各自为政、盲目恶性竞争、重复建设的现象发生。第三，加强对社会全体公民的培训和教育，增强公民的旅游资源忧患意识，规范游人的行为，倡导文明旅游。第四，努力开发以可持续发展为核心的生态旅游、绿色旅游、低碳旅游等新的旅游方式。第五，制定并完善旅游可持续发展的指标体系，科学评价并指导旅游可持续发展。

第三节　旅游的发展趋势

旅游活动是人类社会重要的活动形式之一，几乎同人类的发展历史齐头并进，先后经历了古代旅游、近代旅游和现代旅游等不同的发展阶段，并在不同的历史阶段中呈现出不同的特征。从一定意义上来说，旅游发展是一定历史时期经济、社会、文化和环境发展的必然产物，并伴随着上述因素的变化而变化。近20年来，特别是进入21世纪以后，随着世界经济和社会的发展以及科学技术的进步，世界范围内的旅游发展出现了许多新的变化和趋势，引起了旅游业界和学术界的高度关注，认识和理解这些新的变化与趋势，对于全面认识和理解旅游活动具有重要的意义。

一、世界旅游的发展趋势

旅游业作为世界上最大的新兴产业，每年国际旅游业的交易额已超过3000亿美元。目前，旅游业已取代石油、汽车工业，成为世界上最大的创汇产业。伴随着世界范围内旅游业的发展，旅游活动也出现了一些新的变化和趋势，主要表现在以下方面。

1. 大众化色彩将更加突出

旅游活动已经走出了"富人""富国"的围墙，进入大众旅游时代。在世界旅游的发展过程中，很长一段时间内，旅游尤其是国际旅游，一直是富国和富人的"专利"。据世界旅游组织的统计显示，1950年，所有的国际旅游者几乎都集中在美国等15个经济发达国家，占全球国际旅游者人数的88%，这个比例到1970年降到75%，2005年降到57%。现在世界上有70多个国家年接待外国旅游者超过100万人次，全球范围内用于跨国旅游的开支每年超过了7 000亿美元，即每天国际旅游的花费超过20亿美元。国内旅游开支更是天文数字，几乎没有完全的统计数据。据世界旅游理事会判断，旅游消费已经成为当代人类除了食品之外的最重要的消费了。电影《尼罗河上的惨案》和《泰坦尼克号》等展现的邮轮旅游不再完全由名流富翁们所主宰。在越来越多的国家，包括中国在内的一些发展中国家，旅游也开始被认为是一种正当的消费，已经逐渐成为一种生活方式，人们外出旅游的距离越来越远，频率也越来越高。

2. 旅游发展格局发生变化

国际旅游区域的重心将向东转移，国际旅游客源市场趋向分散化。在全球范围内，国际旅游崛起于20世纪中期，当时几乎完全由欧洲和北美国家所垄断。据世界旅游组织的统计数据，1950年，欧洲拥有国际旅游市场份额的66%，美洲拥有30%，亚太地区仅有1%。20世纪80年代以后，亚洲、非洲、拉丁美洲和大洋洲等地区一批新兴市场崛起，尤其是东亚、太平洋地区近些年来国际旅游增长率大大超过了世界平均水平，使国际旅游业在世界各个地区的市场份额出现了新的分配组合。当前，世界经济正在迅速分化和重新改组，这直接影响各地区国际旅游客源的发生、发展、消长和转移，从而导致客源市场分布格局由集中渐渐走向分散。在21世纪的发展中，欧洲和北美地区国际旅游市场的份额将呈进一步缩小之势，旅游重心由传统市场向新兴市场转移的速度加快。

3. 旅游的功能逐渐调整

就旅游业的发展来看，国际社会最初最关注它对国家外汇流动的作用。在很长的一段时间内，许多国家都非常重视国际旅游的收入或支出对一个国家国际收支平衡的作用。旅游业的另外一个重要的经济功能是促进地区的经济平衡，很多发达国家把促进旅游业的发展作为平衡经济的一个重要工具。随着旅游业规模不断扩大和影响的不断增加，旅游的非经济功能，如旅游的发展对世界和平与稳定的影响、旅游活动在促进知识的积累和提高人类本身的素质与能力方面的作用、旅游发展在促进和构建和谐社会中的作用等也逐渐被认识和重视。正如世界旅游组织在其著名的《马尼拉宣言》（1980年）中所阐述的那样："无论旅游业的经济收益多么现实和重要，都不应当，也不可能成为各国鼓励发展旅游之决策的唯一标准。"因此，在未来的一段时期内，旅游在政治、文化、社会和环境等多方面的多元化功能将越来越受到广泛的关注。近些年来，世界一些国家政府旅游管理部门从原来负责交通、经济、贸易的机构转变为文化管理机构就是一个重要的信号。

4. 中远程旅游渐趋兴旺

旅游距离的远近受限于时间和经济等因素。在20世纪上半叶，人们大都只能借助于火车和汽车进行旅游活动。当时，飞机速度既慢且票价昂贵，还很不安全。因此，那个时代的人一般只能作短程旅游。中远程旅游，特别是横渡大洋的国际旅游的兴起，是第二次世界大战后航空运输大发展的直接结果。目前，飞机的飞行速度越来越快，续航技术日新月异，世界正变得越来越小，距离在旅游限制因素中的作用日趋减弱。人们外出旅游将乘坐更快捷的飞机和高速火车，如新一代的超音速飞机，从伦敦飞到东京，航程9 585公里，只需3小时；短途旅行可坐时速550公里的超导火车，速度比现在的高速火车快了近一倍。加之闲暇时间增多，今后将有更多的人加入到中远程旅游的行列中来。另据国际航空协会估计，世界航空运输中，长途航运将成为主要手段，距离在2 400公里以上的长途客运量可能从目前占航空客运量6%剧增至40%。因此，随着更加快捷、安全、舒适、经济的新型航空客机投入运营，全球性大规模的中远程旅游将渐趋兴旺。

5. 旅游资源观逐渐变化

旅游资源是旅游业发展的基础和重要前提，随着人们对什么是旅游资源以及旅游资源的特点问题探讨的深入，传统的旅游资源观念正在不断地更新和变化，其中有些观点值得特别关注。一种观点认为，旅游的资源是无限的，不可能像对其他"物质资源"那样，对其"储量"进行测量和估计，因为它将随着人类旅游需求的变化和科学技术的进步而扩展和变化，其他产业发展所不能利用的资源可以成为旅游资源，甚至其他产业本身也可以成为旅游资源，如工业旅游、农业旅游等。因此，就总体而言，旅游资源并不存在"枯竭"的威胁。还有观点认为，旅游资源价值的高低不能以其他领域确定的专业标准来衡量，最为重要的是其通过开发能够成为满足市场需求有效产品的能力。对旅游目的地来说，某些既定的旅游资源种类和数量并不是旅游业发展的保证,其关键是是否真正具有市场开发价值。尽管上述观点不一定受到广泛的赞同,但一定程度上反映出人们对旅游资源的认识与理解将随着时代的发展会不断发生变化。

6. 旅游可持续发展渐成主旋律

和其他产业一样,旅游业的不恰当发展也一定会带来麻烦。无论是旅游业赖以生存和发展的自然资源,还是文化资源,都是比较脆弱的,过度或者不当地开发利用都会造成难以弥补的破坏,反过来又会制约旅游业的发展。因此,旅游的可持续发展也成为当今世界的关注点。旅游可持续发展是一项原则,也是旅游利益相关者需要长期为之奋斗的目标。根据《里约宣言》的精神,1997年世界旅游组织等国际组织制定了《关于世界旅游发展的21世纪议程》,提出了政府、企业和旅游者在实现可持续发展目标中应当承担的责任。2002年,世界旅游组织专门发起了一个叫ST-EP("可持续旅游—消除贫困")的倡议,相关的ST-EP项目在世界许多国家开展以便将旅游可持续发展的原则具体化并付诸实践。2008年,世界旅游组织和世界气象组织等机构发布了主题为"气候变化与旅游:应对全球性挑战"的《达沃斯宣言》。《宣言》指出"气候是旅游的基础资源,旅游对气候变化与全球变暖的影响极为敏感……据估计,旅游产生的二氧化碳的排放量相当于全球总排放量的5%",并提出"由于旅游在全球气候变化和消除贫困挑战中的重要性,有必要立即制定一系列政策,鼓励真正的可持续旅游"。因此,旅游可持续发展是当今世界旅游发展的主旋律。

7. 区域旅游合作渐成主流

随着旅游市场竞争的日趋加剧,以实现资源共享、市场互动、效益共赢为目的的区域旅游合作,已成为当今旅游业发展的潮流和趋势。近年来,国际上的南太旅游协会、东盟旅游协会、非洲的旅游服务组织以及其他的一些相关组织积极致力于国际区域旅游合作,并将其做得有声有色。所谓区域旅游合作,是指区域范围内不同地区之间的旅游经济主体,依据一定的协议、章程或合同,将资源在地区之间重新配置、组合,以便获取最大的经济效益、社会效益和生态效益的旅游经济活动。区域旅游合作实质上也是旅游业协调发展的客观要求。区域旅游合作类型多样,从空间上可分为国际区域旅游合作、国内区域旅游合作、省内区域旅游合作、跨市县区域旅游合作四种类型;从功能属性上可分为目的地与客源地之间的合作、目的地之间的合作以及互为目的地、互为客源地的合作三种类型;从合作的紧密程度上看可分为有限合作和全面合作两种类型。区域旅游合作要求合作双方秉承积极、诚信、共赢的态度,从资源共用、市场共享、线路互推、政策互惠、信息互通、节庆互动、交通互联、管理一体化等方面开展合作。区域旅游合作对于区域经济和社会的发展具有重要的意义,它不仅是促进区域旅游保持良好发展态势的必要基础,而且也是促进经济社会快速发展的有效途径,它对旅游业实现双赢和多赢以及旅游的可持续发展具有重要意义。

8. 国际旅游对旅游安全更为重视

在具备闲暇时间和支付能力的条件下,唯一能使旅游者放弃旅游计划的因素就是对安全的顾虑。旅游者考虑的安全因素主要有:局部战争和冲突,恐怖主义活动,旅游目的地政局不稳定,传染性疾病流行,恶性交通事故发生,社会治安状况恶化等。旅游者只有对各方面的安全因素确定无疑后才会启程。近年来,恐怖主义已经成为世界和平与稳定的首要和最大的威胁，在菲律宾、阿富汗、巴基斯坦、伊拉克等一些恐怖主义盛行的地区，绑架旅游者、杀害人质的事件时有发生，迫使旅游者参加国际旅游活动时不得不首先考虑自身的安全问题。与此同时，旅游目的地各国的政局与秩序的动荡问题也对国际旅游的顺利开展构成极大的威胁，如 2010 年的泰国"红衫军"事件、2011 年的埃及骚乱、2016 年的土耳其军事政变等都对本国的国际旅游业造成重大的影响，许多国际游客出于安全的考虑都纷纷取消赴该地区的旅游活动。随着国际政治、经济和社会的不断发展，地区之间的矛盾与冲突渐有加剧之势，特别是中东地区的民族矛盾与恐怖主义恐怕在短时间内难以消除，国际旅游安全问题将在未来的长时间内受到国际社会的高度关注。为了将一些不可预测的不安全因素对市场的冲击力减少到最低程度，各旅游接待国或地区也将越来越重视安全因素对市场营销的影响，力求从每一个环节把好安全关，保证旅游活动的正常进行。

二、中国旅游的发展趋势

进入 21 世纪以来，中国的旅游已经开始逐渐走向常规发展，不仅旅游业的规模不断扩大，旅游的产业结构也逐渐完善，在世界的地位逐渐提高。"十二五"期间，我国旅游业发展迅猛，产业规模持续扩大，产品体系日益完善，市场秩序不断优化，旅游及相关产业增加值占 GDP 比重为 4.33%，逐渐成为国民经济新的增长点。2015 年，国内旅游人数达到 40 亿人次，成为全球最大的国内旅游市场。入境旅游约 1.33 亿人次，出境旅游约 1.2 亿人次。旅游直接就业 2798 万人，旅游直接和间接就业 7 911 万人，占全国就业总人口的 10.2%。值得注意的是，国际社会对中国旅游发展的关注，也已经开始从"中国旅游"（到中国旅游）向"中国旅游者"（欢迎中国旅游者）转变，中国作为旅游大国的地位得以确认。当然，同世界旅游发达国家相比，中国旅游业还存在着诸如发展方式粗放、基础设施建设滞后、服务质量水平不高等问题。为加强统筹规划，提升发展质量，近些年，针对国民旅游，国家采取一系列重要决策，发布了我国第一部《国民旅游休闲纲要（2013—2022）》，确立旅游业为国民经济战略性支柱产业。继第一部《旅游法》正式施行后，2014 年国务院下发《关于促进旅游业改革发展的若干意见》，2015年又通过《关于进一步促进旅游投资和消费的若干意见》，将旅游业发展提升到国家战略层面。这为中国旅游业的发展提供了前所未有的发展机遇，必将促进中国旅游业的迅速发展。

综合考虑目前中国旅游业发展面临的时代背景和发展现状，我们认为，未来中国旅游业发展将呈现出以下趋势。

1. 旅游业将持续快速增长

从未来的发展趋势来看，中国旅游业将持续快速增长。一方面，从国内旅游看，国民人均出游从 1984 年的 0.2 次增长到 2015 年的 3 次，增长了 14 倍；国内游客数量从 1984 年约 2 亿人次扩大到 2015 年 40 亿人次，增长了 19 倍，年均增长 10.2%。特别是自 2000 年以来，国内游客数量呈现持续高位增长，推动中国步入了大众旅游时代，成为世界上拥有国内游客数量最多的国家。另一方面，根据世界旅游组织的数据，2010 年中国已成为世界第三大旅游目的地。入境旅游人数从 1978 年的 180.92 万人次增加到 2015 年的 1.33 亿人次，增长 72.5 倍，年均增长 12.3%；旅游外汇收入从 1978 年的 2.63 亿美元增加到 2015 年的 1 136.5 亿美元，增长 431 倍，年均增长 17.8%。从出境市场看，中国是全球增长较快的客源输出国之一，已成为世界第一大出境旅游消费国。2014 年,中国大陆居民出境旅游人数突破 1 亿人次,达到了 1.09 亿人次,2015 年上升为 1.2 亿人次,比 1992 年的 298.87 万人次增长了 39 倍。目前,中国公民出境旅游目的地已扩大到 151 个国家和地区,中国已成为世界重要的旅游客源国。

2. 旅游业将走上可持续发展之路

近年来,国家大力倡导"洁净旅游"。"洁净旅游"要求所有的旅游目的地尽最大的努力控制污染,减少破坏,提供清洁、卫生、安全的旅游环境;所有的旅游经营者都应当提供不危害旅游者健康的产品,进行公平、正当的经营,不欺诈、不设陷阱,自觉地以诚信为本,行业协会要真正能够发挥行业自律的功能,大力提倡"绿色经营"的观念;所有的旅游者在旅游过程中要对自己的行为负责,为了自己和东道主的共同利益而进行健康有益的旅游度假,提倡"绿色消费""公平旅游"。提倡洁净旅游绝非是仅仅为了在市场上重塑旅游业良好形象、振兴旅游业的权宜之计,而是实现旅游业的可持续发展,进而促进社会文明和整个社会经济可持续发展的重要一环。

3. 旅游产业结构优化将进一步加快

旅游产业形成完善的产业结构,从行业六要素来说,总是在波动中进行,在自然发展的过程中逐步接近目标。首先,对行业结构进行优化。旅游行业结构的优化就是通常所讲的行、游、住、食、购、娱这六要素的优化。中国旅游业自 20 世纪 80 年代开始始终存在短线制约点,一开始的制约点是饭店,后来的制约点是交通,短线制约点在不断地转移,进入 20 世纪 90 年代后便大大缓和了。目前来看,旅游业发展的短线制约点虽已基本不存在,但薄弱环节尚在,如购物环节,海外旅游者到中国购物占总花费的比重为 20%,国内旅游者的购物比重不到 10%,而国际上的一般水平为 30%。其次,市场结构的优化,一方面要大力发展入境旅游,积极发展国内旅游,适度发展出境旅游,另一方面要实现海外市场的多元化和国内市场的多元化,为完善的旅游产业结构的形成奠定基础。再次,产品结构的优化,实现观光旅游、度假旅游和特种旅游产品结构的优化和旅游纪念品的优化。最后就是整个行业联动,实现社会协作。

4. 企业集团化、网络化、品牌化发展趋势将得到强化

超大型集团化企业的成长是现代经济发展的必然规律,也是市场竞争的必然结果。在激烈的市场竞争中形成的大型企业,将成为市场的主导力量。旅游业的现状和未来发展揭示了并将证实这一现象。国际化竞争呼唤中国大型旅游企业集团的诞生,以与跨国旅游集团相抗衡。未来,集团化创新将以经营合作为基础,以品牌合作为导向,以资本合作为路径,以网络经营为手段,以项目开发作为突破口,多层次、全方位地开展。

5. 商务旅游越来越突出

随着经济贸易的发展,国内及国际性的商务考察旅游也越来越突出。据统计,我国各类商务人士有 4 000 万人,以每年平均每人出行 3 次计算,每年全国的商务旅游者在 1.2 亿人次左右。而且商务旅游大军的队伍每年都在以数百万人次的速度递增。商务旅游也呈现出规模化的发展趋势,尤其是大型的商务活动(包括传统的和新兴的商务活动)是促使商务旅游增长的主要因素。据统计,参加商务会议的人数占入境旅游人数的 17.7%,而 25~44 岁商务旅游者占整个旅游人数的 48.6%。因此,旅行业要非常重视商务旅游市场。

6. 自助旅游渐成时尚

传统的旅行社服务因在吃、睡、玩等方面存在较多问题，使旅游变成了只有"旅"没有"游"，给人们留下了许多负面印象而备受诟病。随着道路交通的越来越便利、私家车的越来越普及、酒店预订公司的快速发展，自助旅游的人越来越多。每逢春节、"十一"黄金周及其他大型节假日期间，许多有车族便纷纷通过酒店预订公司解决住宿问题后结伴出游。驱车数千公里，遍览江山美景已成为当下的时尚之选。

7. 旅游产品多元化与特色化逐渐凸显

未来中国旅游业在产品开发和经营上将更加注重多元化、特色化和硬软件的配套发展，以适应不同人群的不同旅游需求。不同人群的旅游动机是不同的，包括观光、休闲、度假、陶冶情操、健身、求知、求乐、求奇、探险、寻根、考察、商务、显示自我等，不一而足，如果旅游产品单一，就难以赢得不同层面的旅游者的认同，这就需要大力推进产品的"多元化"。随着旅游覆盖面的不断扩大和旅游市场竞争的日趋激烈，如果旅游产品缺乏特色，就很容易被别的旅游目的地所替代，这就需要大力推进产品的"特色化"。随着现代旅游者比以往更加成熟，追求物有所值服务愿望的更加强烈，如果旅游硬件、软件配套水平不高就难以令旅游者心满意足，这就需要大力推进旅游硬软件的配套发展。以上总体来说就是：一个国家或地区必须注重旅游产品的"多元化"；一个旅游城市、旅游区（点）和旅游项目必须注重旅游产品的"特色化"；整个旅游产业必须处处注重硬软件的"配套发展"：这将是未来中国旅游业发展的一大趋势。

8. 旅游业的高科技化趋势日益显著

随着现代科学技术的繁荣和进步，中国旅游业的高科技化趋势也将日益显著，主要表现在以下方向。第一，旅游资源开发的高科技化。近年来，高科技主题公园对各种旅游环境的模拟已成为现实。同时，科学技术的发展使得海底游、南北极游等作为大众旅游方式成为可能，已有人预测太空旅游将付诸实践。第二，旅游服务的高科技化。旅游者利用国际互联网进行旅游目的地的浏览、旅游饭店的浏览、旅行社旅游线路的浏览，同时实现网上预订，最后实现旅游业全方位的网络化服务。第三，旅游消费的电子化趋向十分明显，主要是信用卡消费形式的普及化，这在国外已经比较成熟，在中国也已渐成规模并有继续拓展之势。当然，这种消费方式在给旅游业发展带来机遇的同时也对消费安全问题提出了挑战。

本章小结

1. 虽然旅游业前景乐观，但仍会有众多影响因素改变旅游业的现有形态，这些影响因素在给旅游管理部门带来一系列难以克服的现实问题的同时，也为旅游产品的开发和改进创造了更多新的机会。其中，自然环境、经济水平、社会文化、政治制度以及科学技术等因素是目前可以预见的影响旅游发展的具体因素。

2. 随着全球环境状况的退化与人类活动对环境危害的加剧，可持续发展问题备受世界的关注。可持续发展是"既满足当代人的需求，又不对后代人满足其自身需求的能力构成危害的发展"。其概念内涵大致包含突出发展的主题、发展的可持续性、人与人关系的公平性、人与自然的协调共生等几方面。可持续发展的基本原则主要有公平性原则、持续性原则、共同性原则等。

3. 旅游可持续发展是可持续发展战略的组成部分，是可持续发展理论的延伸。旅游可持续发展强调旅游业的发展与社会经济、资源环境和谐发展，不仅要满足旅游者和当地居民当前生活、文化、精神的需要，还要保证和增进人类社会未来发展的机会，从而使全球的生态体系、各国的民族文化、人们的生活质量保持完整性、多样性和有序性。旅游可持续发展的内涵主要包括满足需要、协调发展、平等享用、环境限制等内容。

4. 要全面认识和理解旅游可持续发展的内涵，必须进一步探讨体现和符合旅游可持续发展观的相关旅游理念或旅游形式，主要包括生态旅游、绿色旅游、替代性旅游、低碳旅游等。

5. 旅游可持续发展是一个系统工程，需要旅游者、旅游开发商、旅游经营商以及政府有关管理部门积极参与和大力配合。开发商要合理开发旅游资源，保护生态环境；旅游经营者要节能减排，强化环境保护；旅游消费者要严格自律，倡导文明旅游；政府部门要依法行政，强化管理。

6. 世界旅游的发展趋势是：大众化色彩将更加突出；旅游发展格局发生变化；旅游的功能逐渐调整；中远程旅游渐趋兴旺；旅游资源观逐渐变化；旅游可持续发展渐成主旋律；区域旅游合作渐成主流；国际旅游对旅游安全更为重视。

7. 中国旅游的发展趋势是：旅游业将持续快速增长；旅游业将走上可持续发展之路；旅游产业结构优化将进一步加快；企业集团化、网络化、品牌化发展趋势将得到强化；商务旅游越来越突出；自助旅游渐成时尚；旅游产品多元化与特色化逐渐凸显；旅游业的高科技化趋势日益显著。

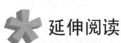

延伸阅读

新 10 年中国旅游发展趋势预测（2011—2020）

2010 年 12 月 10—12 日，中国旅游未来研究会在重庆彭水举行了本研究会 21 世纪第一个 10 年的最后一次学术年会——"中国旅游发展新态势新机遇研讨会"。会上，研究会课题组提出了《新 10 年中国旅游发展趋势预测》的研究报告，同时，与会学者对课题报告和新 10 年中国旅游的发展趋势进行了讨论。

回顾 10 年前，2000 年 1 月中国旅游未来研究会也在浙江宁波召开了一次相似的学术研讨会（会议名称为"奔向 21 世纪的中国旅游业"），会上，与会代表曾就 21 世纪初中国旅游业的未来趋势作了研讨；会后，曾以《众议 21 世纪中国旅游业》为题发表了对此的 38 项趋势预测。2010 年，中国旅游未来研究会专家对该一预测进行了初步的验证性分析，发现其中各项预测还是相当精准的。

2010 年 11 月，研究会专家再次就未来 10 年中国旅游业的趋势进行了讨论，进而形成了《新 10 年中国旅游发展趋势预测》，一致认为，21 世纪第二个 10 年中国旅游业的发展将出现以下更为细化的显著特征：

1. 21 世纪的第二个 10 年将是中国旅游发展新阶段的转折性 10 年。

2. 中国居民的旅游选择将随收入的增长和假日制度改革的深化而有更多增长。

3. 旅游者的满意度将得到更多的注目，满意度亦将逐步提升。
4. 居民消费的国内旅游将从过去偏于观光的选择扩展成更为多样、更为全面的休闲旅游，但观光旅游仍将是居民休闲旅游的重要组成部分。
5. 居民的本地休闲与异地旅游将因其同一的休闲实质而难于作出本质的区分。
6. 社会和经济活跃带来的交流需要，将使事务类旅游在中国获得更大的发展。
7. 用人单位对员工成长的关心，将开辟中国奖励旅游的新时代。
8. 陆上交通的便捷化将使居民近地旅游的出游半径进一步加大，自驾游将是其中的重要组成。
9. 中国公民的国内旅游仍将是 21 世纪中国旅游业的主体。
10. 中国国内旅游的增长仍将快于全国 GDP 的增长。
11. 随着中高收入人群的扩大，中国公民出境旅游的增长仍将高于国内旅游的增长。
12. 人民币中长期的升值趋势对中国出境旅游和入境旅游的正负效应将有更多凸显。
13. 居民赴欧赴美旅游的增长将在出境旅游中更显突出。
14. 老年旅游者将是出境旅游的重要组成。
15. 基于中国公民的国家意识，中国公民出境旅游将因国家关系的波动而波动。
16. 入境旅游将突破世纪初的停滞出现新的增长，但其增长仍将因外来因素而波动。
17. 对旅游的民间投资将出现新一轮的高潮，外资将大步进入中国旅游业。
18. 旅游产业协调发展的配套性投资急需政府的引导与支持。
19. 企业的股份制将使旅游企业所有制的单一划分法逐渐成为历史。
20. 旅游需求的多样性，将酝酿出旅游购买和服务程序的新变化。
21. 产品的体验性和参与性将得到旅游经营者的更多注意。
22. 对旅游购物、旅游演艺的开拓将在经济发达地区变成实际措施。
23. 旅游开发"邯郸学步"的失误将在社会的惋惜中促使决策人觉醒。
24. 旅游文化的理念可望得到进一步的梳理，旅游与文化产业的互动将出现更多的契合点，并将产生出更多引人注目的成绩。
25. 供大于求与供不应求将推动全国旅游饭店布局出现新调整。
26. 网上旅游订购将更具强势，或将迫使传统旅行社和其他旅游企业出现新变革。
27. 旅游企业的业务调整将推动高层管理者做出新的决策。
28. 旅游消费将在国家转变经济增长方式的努力中产生重要作用。
29. 中国公民的出境旅游将在国家平衡外汇和增进国际友好的努力中发挥显著作用。
30. 国务院《关于加快发展旅游业的意见》将使国家相关部委办局的合作得到增强。
31. 立足于社会立法的国家旅游促进法的立法将成为现实。
32. 地区和全国旅游休闲纲要的落实将成为旅游新发展的重要推力。
33. 政府公共服务体系的建立将从经济发达地区快速向其他地区扩展。
34. 旅游标准化的推力将部分取代行政部门的直接管理。
35. 旅游统计的范围和精度可望出现进一步的优化。
36. 旅游者对服务质量的高要求将成为迫使企业改善职工待遇、加强职业培训的动力。
37. 重视导游作用，关注导游人员生存环境，将成为提高中国旅游服务质量的新课题。
38. 零负团费的积弊将会得到一定程度的遏制，或将成为扭转旅游购物恶劣形象的一个转机。

39．受经济利益驱使，不少地方当局将更加注目高端旅游的发展，只有不多地方敢于同时强调平等旅游并将其付诸实施。

40．旅游开发、经营等的失败事例将有更多显现，旅游规划开发与规制管理的新思维将推动产业的不断创新。

41．旅游发展的区域竞争将更加凸显，但旅游负效应将因更多的注目而开始减轻。

42．地方政府的经济压力和部分经营者的小团体视野将推动旅游景区门票的多次涨价，部分国有景区的免费开放将与门票涨价形成鲜明的两极现象。

43．旅游决策对智力的需求更加明显，旅游发展对人才的需求更加迫切。

44．旅游的新发展将酝酿旅游院校的新调整、新拓展。

45．中国旅游科学的研究成果将会得到国际社会的更多认可。

46．旅游学科的地位和发展有望得到新的改变。

47．旅游业的可持续发展将出现进一步的推进。

[资料来源：中国旅游未来研究会课题组，刘德谦.新10年中国旅游发展趋势预测：2011—2020［J］.旅游学刊，2011（3）：93-94.]

结合阅读思考：

1．你认为对中国旅游发展趋势的预测有哪些现实意义？
2．你是如何看待中国旅游未来发展趋势的？

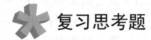

复习思考题

1．旅游发展的影响因素有哪些？
2．可持续发展的内涵和原则是什么？
3．什么是旅游可持续发展？其内涵包括哪些？
4．生态旅游、绿色旅游、替代性旅游和低碳旅游的内涵是什么？
5．旅游可持续发展的要求有哪些？
6．世界旅游的发展趋势有哪些？
7．中国旅游的发展趋势有哪些？

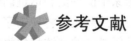

参考文献

[1] 余凤龙，王英利.江苏沿海区域旅游经济发展特征、影响因素与对策研究［J］.资源开发与市场，2016（2）：244-248.

[2] 钟林生.可持续旅游发展历程与未来研究论题探讨［J］.旅游学刊，2014（3）：6-7.

[3] 陆霖.人文和自然环境对旅游政策和规划的影响［J］.理论观察，2015（2）：51-52.

[4] 万绪才，吴芙蓉.中国入境旅游发展的省际差异及其影响因素［J］.山西财经大学学报，2011（12）：63-70.

[5] 章杰宽，姬梅，朱普选.国外旅游可持续发展研究进展述评［J］.中国人口、资源与环境，2013（4）：139-146.

[6] 唐承财,钟林生,成升魁. 我国低碳旅游的内涵及可持续发展策略研究[J]. 经济地理,2011(5):862-867.
[7] 赵东喜. 中国省际入境旅游发展影响因素研究:基于分省面板数据分析[J]. 旅游学刊,2008(1):41-45.
[8] 徐波林,李东和,钱亚林,等. 智慧旅游:一种新的旅游发展趋势:基于现有研究成果的综述[J]. 资源开发与市场,2013(7):781-784.
[9] 格德纳,里奇. 旅游学[M]. 李天元,徐虹,黄晶,译. 12版. 北京:中国人民大学出版社,2014.
[10] 库珀. 旅游学精要[M]. 石芳芳,译. 大连:东北财经大学出版社,2014.